戦後日本の地域金融

The Regional Finance of Postwar Japan: Bankers' Challenges

バンカーたちの挑戦

伊藤正直
佐藤政則
杉山和雄 編著

日本経済評論社

序

本書では、現在の地域金融の基礎を築いたバンカー、五六名の軌跡を扱っている。同時に本書はこれらバンカーの挑戦を通じてみる五六の地域金融史でもある。

金融機関なんてどこでも同じだと思っている方は多いだろう。たしかに生活、行政、企業活動等に不可欠なインフラであるから業務への社会的監視は厳しく、一律さは求められても個性は目立たなくていいのかもしれない。ところが人物に焦点を絞るとかなり様子が変わる。やはり人間模様、たくさんのドラマがある。ましてや地域金融機関は各々で色が違う、地域色が豊かなのである。しかもそれを本書では第二次大戦から高度成長という激動の時代のなかで描く。

現在の地方銀行や信用金庫などは、地域住民、地方自治体、地域の企業が求める金融サービスに包括的な責任を負う金融機関として、地域金融機関ないし地域銀行と呼ばれている。しかしながら、初めからそうした金融機関であったわけではなく、長い年月をかけて金融機関自身、地域社会、金融行政が徐々に変化してきたのである。

明治以来一五〇年のスパンで現在をみれば、一九四〇年代から六〇年代という第二次大戦から戦後高度成長期に及ぶ約三〇年間において生じた変化は重要だと思われる。戦争と平和が厳しく問われたこの時期に金融機関の在り方も大きく変わったからである。そこでは、既存のリレーションシップを一度リセットしている。その上で新たなスタイルが模索され、定着していくのである。

こうした変化を歴史的に読み解くには多面的な検討が必要となるが、本書では、この変化の渦中に飛び込んでいったバンカーたちにスポットを当てている。彼らの経営課題は何だったのか、それをどのように追究したのか、そもそもどうしてバンカーになったのか等々、様々な角度から時代を体現したバンカーたちの肉声を追う。

バンカー五六名の諸相

本書では、まず北海道から沖縄まで全国四七都道府県を網羅することを重視した。次にそこにおいて戦後の基礎を据えるうえで特徴的な役割を果たしたバンカーを対象にした。その結果が五六名のバンカーである。このうち東京都、新潟県、静岡県、愛知県、岐阜県、京都府、広島県、福岡県、沖縄県では複数のバンカーを取り上げた。

　これを金融機関別にみると、戦前以来の強固な基盤をもつ地方銀行が四二行、戦後一九五〇年代前半に新設された地方銀行が四行、一九五一年相互銀行法に基づいて無尽会社から改組した相互銀行が六行、一九五一年信用金庫法に基づいて信用組合から改組した信用金庫が四金庫となる。

　まず五六名のバンカーの生年である。一八六四年生まれの福井銀行・市橋保治郎と駿河銀行（現・スルガ銀行）の創業者・岡野喜太郎から一九二八年生まれの京都信用金庫・榊田喜四夫まで幅があるが、五六名中五四名は明治生まれである。戦時期から戦後の地域金融は、主にこの明治世代に担われていた。

　頭取就任・退任年をとると、一九一〇年から五七年まで四七年間頭取を務めた岡野喜太郎もいるが、過半の四三名は一九四〇年代から六〇年代に就任し、過半の四五名が一九五〇年代から七〇年代に退任している。高度成長の終焉と共に明治世代も役割を終えたということであろうか。さらに銀行業務に関わりはじめてから退任までの期間をみると、四五年以上のバンカーが二三名もおり、地域情報と業務に習熟した経営者像が浮かぶ。

　五六名の過半は、創業家かその出身者、創業に関係した資産家、親銀行出身者、そして内部昇進者である。いわゆるプロパーのバンカーと言えよう。これに対して日本銀行や大蔵省等の出身バンカーが二割程度いる。戦時から戦後にかけて地方銀行の在り方が模索、定着していくうえで、こうしたバンカーたちの役割もまた大きかったと考えられる。

時代が求めた経営課題

　バンカーたちが挑んだ経営課題は大小様々であるが、大きく括れば、次の三つに集約されよう。第二次大戦下では金融機関の統合、敗戦直後では金融機関の再建整備、そして高度成長と共に始まる、いわゆる銀行の大衆化である。もっとも、敗戦から一九七二年までアメリカ政府の統治下にあった沖縄は事情が異なる。

二〇世紀初めの日本には一八〇〇を超える普通銀行があり、全国各地で活動していた。しかし一九四五年末には、破たん・廃業・合併等により六一行となった。この意味では、半世紀近くにわたって銀行の統合・再編が追求されてきたのであり、第二次大戦下でおおむね実現した一県一行は、その終着点と言えよう。しかし同時にそれは、新たな出発点でもあった。

一県一行という地域独占の銀行が歴史上初めて誕生したのである。何をすべきなのか、何をしてはいけないのか、誰にも経験のないことであった。その在り方をめぐる模索は、戦後の再建整備という未曽有の事態のなかで始まるのである。

同様の課題は、無尽会社から相互銀行へ、信用組合から信用金庫へと改組し金融機関としての性格を強化した相銀や信金にも当てはまるだろう。職域や業域の相互金融を超えた地域の金融機関としての機能が期待されていく。地域名を冠した相互銀行や信用金庫の多くが、あたかも地方銀行のように地域住民、地元中小企業、地方自治体と初めて包括的に向き合っていくのである。

もっとも全国的にみれば、事態は今少し複雑であった。一県一行の地方銀行とともに一県複数行も併存していた。地方銀行が存在しない地域あるいは全域をカバーできる地銀が存在しない地域（東京都、大阪府、愛知県、兵庫県）もあった。とくに後者の大都市域における地域金融機能は、相互銀行や信用金庫だけではなく、都市銀行支店も担うことになる。そして、なにより貯蓄機関としては、郵便局が全国津々浦々で活発な活動を再開するのである。

敗戦直後、すべての金融機関は金融機関再建整備法に基づいて、いわば敗戦処理を行った。戦時下において最も安全資産と見なされていた軍需関係の政府補償付き債権などが、補償打切りによって一転した。これら資産に見合う資本金などの負債を正常な資産負債から切り離し（いわゆる新旧勘定分離）、再建を図っていくのである。資本金九割減資を実施せざるを得なかった全国銀行は、六八行中五〇行に及んだ。このほか全額減資が六行、それでも補てんできない銀行が四行あったという。

長い目で見れば、この再建整備による減資とその後の増資は、農地改革と重なって創立以来堅牢であった大株主との関係、つまり既存のリレーションシップを変え、専門経営者の台頭が始まる契機となった。そのうえで、銀行の大衆化という難題に直面するのである。

安全慎重な銀行経営観との葛藤

こうした課題に対してバンカーの思想や行動は、どのようなものだったのだろうか。銀行を中心にその潮流を垣間見れば、次のようになろう。

銀行業が創業していく明治期には、一方で収益性と健全性を共に重視する手堅い経営観をもったタイプ、例えば、池田謙三（第百銀行）などがいた。池田の手法を学んだ戦後のバンカーでは、静岡銀行の中山均、百五銀行の雲井憲二郎などがいる。他方で企業プロモートこそ使命と考えていたタイプ、例えば、松本重太郎（百三十銀行）、岩下清周（北浜銀行）などもいた。岩下に憧れて銀行の門を叩いたのが千葉銀行の古荘四郎彦である。

明治期に主流視されていたのは後者のプロモートタイプであったが、実際には、ほとんどのバンカーがこの狭間で、悩みながら経営に当たっていた。例えば、福井銀行の市橋保治郎もその一人である。地元・福井における変動の激しい絹織物業を発展させねばならず、銀行自身の安全性・信頼性も確保せねばならなかった。

プロモートタイプの経営は、第一次大戦期のブームで頂点に達したが、一九二〇年反動恐慌と関東大震災（一九二三年）を契機に破たんをきたした。一九二六年に設置された最初の金融制度調査会では、こうした銀行経営のあり方も問題視され、プルーデンス経営を極めて重視する一九二七年銀行法につながっていく。そして、一九二七年金融恐慌と一九三〇年代初めの昭和恐慌が、プロモートタイプの経営観を最終的に根絶させた。

ほとんどのバンカーが、程度の差はあれ、二つの恐怖症に罹病したからである。一つは常陽銀行の三宅亮一が言う「預金取り付け恐怖症」（異常な預金の急激な解約）であり、二つには中国銀行の守分十を典型とする「焦付き貸出恐怖症」（不良債権の累積）であった。これらの病状が重ければ重いほど、一九三〇年代から少なくとも一九六〇年代までは、優秀なバンカーと見なされたのである。

預金の支払い準備に常に留意し、小企業へのプロモート的な融資は回避し、できるだけ優良そうな大企業への貸出、超短期のコール取引、有価証券運用などを重視する。他方で経費の節約は徹底的に心がける。総じて安全志向の慎重な経営観であった。戦時期に若干の修正はあったものの、経営者も金融行政も、こうした経営観を妥当なものと考えて第二次大戦後の金融社会を再建していった。

「預金取り付け恐怖症」と「焦付き貸出恐怖症」という二つの恐怖症に罹病した経営観が、臆病なもの、地域社会や企業に対する責任を果たしていないもの、と見なされるようになるのが、高度成長期である。戦後日本の高度成長と金融システムの安定化を予見することは、そもそも無理な話であったが、都市銀行でも地方銀行でも、いち早く二つの恐怖症から離脱した銀行とバンカーが、業績を大きく伸ばしたことは事実であり、その影響は大きかった。その変容は、堀田庄三（住友銀行）・渡邊忠雄（三和銀行）にはじまり都市銀行から地方銀行へと伝播した。いわゆる大衆化路線の展開である。

常陽銀行の三宅亮一は、一九七五年に「もしあのとき三宅亮一が預金取り付け恐怖症にかからなかったならば、今日の常陽銀行はもう少し発展していたかもしれないというような気もする。」（『三宅亮一語集』一九七六年、二四三頁）と述懐している。また戦後、堅実経営のモデルと言われた山口銀行の布浦眞作が、悩みながら打ち出した離脱の方向は「健全なる積極進取」であった。

地域公益という新たな視点

ところで、一九九〇年代からの金融危機は、普通銀行が激減した一九二〇～四〇年代前半の再来かと思わせるような驚くべき事態の連続であった。一九九一年度末に一〇〇〇を超えていた金融機関数は、三メガバンクが出揃った二〇〇五年度末には六〇〇強となり、約四〇〇機関も減少した。とくに信用金庫と信用組合の減少は凄まじく、合併等によって信金は三分の二に、信組は半数以下となった。

現時点でみれば、地域金融に関わる次の三つの新たな事態を確認できるだろう。第一に統合に活路を得た都市銀行や第二地方銀行に対して、大方の地方銀行（全国地方銀行協会加盟行）の強靭性が無視できないこと、第二に信用金庫数の大幅減少のなかで、地銀中位行並みの預金一兆～三兆円を有する信用金庫（いわゆるメガ信金）が続々と誕生してきたこと、第三にメガバンク支店における金融機能が再編されつつあること、である。

今後どのような地域金融システムが生みだされるのか、そこにおける新たな問題は何か、考察すべき課題は多岐にわたる。なかでも地域公益を地域金融システムがどう担うのかは、重要な課題である。地域公益とは、地域金融機関が自己認識し、地域社会が期待・認知する公的な使命のことである。もちろん、地域公益は特定の地域でのみ成立する公益であって、他の地域あるいはより広域な観点からすれば、必ずしも公益とは言えず、むしろ私益や地域利害と映る場合もあり得る。問題は、その限定された世界で成立した地域公益が、どのようにしてより高次の概念へと昇華されてきたのか、ないし昇華されていくのかであろう。

明治以来のほとんどの地域金融組織は、狭隘だが明確な地域公益を意識し認知されて誕生した。しかしその地域公益は、現代の我われが抱くものとは相当な乖離がある。例えば同じく銀行と言っても、特定企業と結びつく機関銀行、地域産業との密接な関係をもつ産地銀行、特定資産家の運用機関である資産家銀行、都市銀行との資本関係をもつ系列銀行等々、様々なタイプがあった。そこでは、地域性や独自性をもたらす固有のリレーションシップに基づく地域公益が成立していた。

二〇世紀日本において繰り返されてきた金融再編（合併や経営統合）は、このリレーションシップを希薄化させ、次第に地域社会全体を包括する地域公益に変えたと考えられる。これは、地域金融組織が特定のリレーションシップを乗り超え、地域公益に寄与する金融機関へと変容していく長期のプロセスでもあった。

このプロセスのなかでも、第二次大戦から高度成長期に及ぶ約三〇年間は、戦前的要素と現代的要素が交錯しながら交替していく、移行期なのである。そこにおいて地域金融を担ったバンカーたちが、何に悩み、何を求めたのか、いわば地域公益の原点に立ち戻って将来を考えることは有効となろう。

編集にあたっては、一九九〇年代の金融危機を受けて刊行され、現在入手が困難になった日経金融新聞編・地方金融史研究会著『日本地方金融史』（日本経済新聞社、二〇〇三年）の構成を踏襲し、その人物編を企図した。

本書の骨格を成したのは、編者たちがかつて『月刊金融ジャーナル』誌の連載「戦後地域金融を支えた人々」（二〇〇五年一月～二〇〇六年一二月）で取り上げた二四名のバンカーである。これに生きのいい書き手が加わり、全国四七都道府県、五六名を取り上げることができた。まだまだ対象にすべきバンカーは多いのだが、次の機会を期したい。

転載を許諾された金融ジャーナル社の中野雅由編集長には、篤くお礼申し上げたい。また書き手も多く煩瑣となる編集作業を円滑に進めて下さった日本経済評論社の新井由紀子氏、中村裕太氏には、感謝以外の言葉が見つからない。

地域公益と組織の永続性に悩みながらも懸命に取り組んでいる地域金融機関のみなさまに、本書が少しでも参考になれば幸甚である。

二〇一九年春

編者を代表して

佐藤政則

目　次

▒近畿地方

人名目次（五十音順）

名前	読み／銀行・信用金庫	収録番号	頁
赤石二郎	（あかし　じろう／近畿相互銀行［近畿大阪銀行］）	34	198
綾田整治	（あやだ　せいじ／百十四銀行）	43	249
蟻川五二郎	（ありかわ　ごじろう／福岡銀行）	46	265
市橋保治郎	（いちはし　やすじろう／福井銀行）	22	127
伊原隆	（いはら　たかし／横浜銀行）	15	84
氏家清吉	（うじいえ　せいきち／七十七銀行）	5	28
大久保太三郎	（おおくぼ　たさぶろう／千葉銀行）	11	65
岡野喜太郎	（おかの　きたろう／駿河銀行［スルガ銀行］）	24	139
小原鐵五郎	（おはら　てつごろう／城南信用金庫）	13	74
片岡久兵衛	（かたおか　きゅうべえ／京都銀行）	31	180
加藤廣治	（かとう　こうじ／名古屋相互銀行［名古屋銀行］）	25	145
亀田源治郎	（かめだ　げんじろう／南都銀行）	33	192
龜山甚	（かめやま　じん／常陽銀行）	10	60
唐牛敏世	（かろうじ　びんせい／弘前相互銀行・みちのく銀行）	2	8
川喜田壮太郎	（かわきた　そうたろう／百五銀行）	29	166
川田栄三	（かわだ　えいぞう／肥後銀行）	52	299
北川昇	（きたがわ　のぼる／滋賀銀行）	30	175
清島省三	（きよしま　しょうぞう／十八銀行）	50	288

工藤昭四郎（くどう　しょうしろう／東京都民銀行〔きらぼし銀行〕）　14　79
熊田克郎（くまだ　かつろう／武蔵野銀行）　12　69
桑原善吉（くわばら　ぜんきち〔第十一代〕／十六銀行）　27　156
小出隆（こいで　たかし／八十二銀行）　18　103
後藤三郎（ごとう　さぶろう／大分銀行）　51　293
近藤敬四郎（こんどう　けいしろう／北越銀行）　17　97
斎藤克郎（さいとう　かつろう／東北銀行）　4　21
榊田喜四夫（さかきだ　きしお／京都信用金庫）　32　186
崎浜秀英（さきはま　しゅうえい／琉球銀行）　55　317
塩田団平（しおだ　だんぺい／羽後銀行〔北都銀行〕）　3　14
四島一二三（ししま　ひふみ／福岡相互銀行〔西日本シティ銀行〕）　48　277
島本融（しまもと　とおる／北海道銀行）　1　3
鈴木良作（すずき　りょうさく／足利銀行）　9　55
須藤仁郎（すとう　にろう／東邦銀行）　7　38
瀬長浩（せなが　ひろし／沖縄銀行）　56　323
鷹野孝徳（たかの　たかのり／鹿児島銀行）　54　311
土屋義雄（つちや　よしお／大垣共立銀行）　28　160
土井末夫（どい　すえお／佐賀銀行）　49　282
中田清兵衛（なかだ　せいべえ〔第十五代〕／北陸銀行）　20　115
名取忠彦（なとり　ただひこ／山梨中央銀行）　19　107
橋本龍一（はしもと　りゅういち／広島銀行）　39　228

名前	読み／銀行・信用金庫	収録番号	頁
長谷川吉三郎	（はせがわ　きちさぶろう／両羽銀行〔山形銀行〕）	6	33
服部敏郎	（はっとり　としろう／岡崎信用金庫）	26	150
平野繁太郎	（ひらの　しげたろう／静岡銀行）	23	135
平山徳雄	（ひらやま　のりお／伊予銀行）	44	255
布浦眞作	（ふうら　しんさく／山口銀行）	41	238
藤田耕二	（ふじた　こうじ／第四銀行）	16	91
本陣甚一	（ほんじん　じんいち／北國銀行）	21	121
増田吉郎	（ますだ　きちろう／宮崎銀行）	53	305
松尾高一	（まつお　たかいち／尼崎信用金庫）	36	209
三木寛治	（みき　かんじ／阿波銀行）	42	245
森俊雄	（もり　としお／西日本相互銀行〔西日本シティ銀行〕）	47	271
森本亨	（もりもと　とおる／広島相互銀行〔もみじ銀行〕）	40	233
守分十	（もりわけ　ひさし／中国銀行）	38	222
山内信次郎	（やまうち　のぶじろう／山陰合同銀行）	37	217
山口孫一	（やまぐち　まごかず／紀陽銀行）	35	203
山本豊吉	（やまもと　とよきち／四国銀行）	45	259
横山太喜夫	（よこやま　たきお／群馬銀行）	8	49

北海道・東北地方

1 北海道銀行と島本融

地域とともに歩む意義と役割を貫く

北海道銀行は、第二次世界大戦後の一九五一（昭和二六）年三月に設立された。四九年一一月、池田勇人蔵相が、中小企業金融の疎通のため、従来の一県一行主義を修正して新銀行の設立を認める方針を明らかにしたことがきっかけであった。この新方針に基づいて設立された銀行は、五四年一月までに一二行にのぼったが、北海道銀行はこのうち四番目の新設銀行であった。

長沼大蔵事務次官からの電話

島本融は、この新設・北海道銀行の初代頭取であり、一九五一年三月の頭取就任後、七一年一二月日銀政策委員会委員への就任を機に北海道銀行会長職を辞するまで、二〇年以上にわたって、同行および北海道経済の発展のため、身命を賭して尽力し続けた。京都生まれで、大蔵省入省後、大戦中は、ベルリン、ベルンで欧州駐在官を務め、敗戦後は、経済安定本部部長、物価庁次長、公正取引委員会委員に就くなど、北海道にまったく縁のなかった島本が、なぜ北海道銀行の頭取に就任したのだろうか。

島本自身の回顧によれば、北海道行きの依頼があったのは、五〇年一一月頃のことという。「ある秋晴れの日の午後、頼まれていた原稿でも書き上げようと、いつもより早めに帰宅していた私のところへ、大蔵省の長沼弘毅次官から電話がかかってきた。自動車を差しむけるからすぐやってきて欲しいというのである。……そこではじめて、北海道にできる新銀行の頭取の人選をたのまれているが、それを引受けてくれないか、という話を聞いた。それより前に、北海道に新銀行設立の胎動があって、それが結実し発起人会がたびたび開かれ、すでに、設立内認可の申請が大蔵省に提出されるなど、その年の夏ごろから新銀行への準備は始まっていたのだ。当時の舟山銀行局長も同席して、新銀行のあらましを説明してくれた。……次官室を辞するときに、私はばく然とではあるが、次官の話をうける決心をしていた」。

人材確保から着手

この回顧にあるように、北海道で新銀行設立の動きが本格化したのは、一九五〇年夏のことであった。大蔵省の新銀行設立認可方針がでた直後から、北海道議会で取り上げられる等、新銀行設立の動きはあったものの、実際には、無尽会社設立が先行し、全道中小企業者大会、全道商工会議所大会において、新銀行設立が満場一致で可決されたのは、五〇年八月になってからであった。これを受けて、一〇月上旬、設立準備委員会が発足し、第二回の設立準備委員会で、北海道商工会議所会頭富樫長吉以下一五名が新銀行の予定役員に選考され、他に五名程度の常勤役員候補の推薦が大蔵省に依頼されることとなった。長沼大蔵次官と島本の会談が持たれたのは、こうした過程を経てのことであった。

頭取就任を受諾した島本が、まず行ったのは人材の確保だった。島本は、銀行業には他の産業にまして人材が必要と考えていた。これに加え、当初の目論見では、札幌本店のほか、道内一〇都市に支店を開設する予定となっており、これらの要員も早急に確保することが必要だった。島本は、三高、京都大学時代からの友人で、もと朝鮮銀行庶務部長だった藤野重夫とともに、一一月中に東京で面接を行い、さらに、一二月上旬には、札幌で面接を行った。札幌での応募者は七八三名に達したが、銀行業務に精通している応募者は必ずしも多くなく、結局、開業時点では、三三名の職員でのスタートとなった。

しかも、この過程で、いわゆる「東京組」と「北海道組」の軋轢が生じ、東京採用者の何人かは開業以前に同行を去った。開業直後、五一年一二月の職員の前歴銀行別をみると、旧道銀二四名、拓銀二一名、満州中銀一二名、朝銀一〇名、台銀七名、その他三〇数行五七名となっており、いかに人材の確保に苦労したかを知ることができる。また、株式の募集も当初は難渋し、予定日を一カ月繰り下げての開業となった。

「人を大事にする」経営

こうした「産みの苦しみ」を経たこともあって、島本の頭取としての経営戦略は、何よりもまず「人を大事にする」ところから始まった。合理的であるとともに、人間的であることが、出発時点から様々な形で追求された。まず、辞

■島本 融（しまもと　とおる）略年譜

1904（明治37）1・31　京都府綴喜郡青谷村に生まれる
1924（大正13）3　第三高等学校卒業
1927（昭和2）3　京都帝国大学経済学部卒業
4　大蔵省入省、理財局勤務
1929・12　鳥取税務署長、以後、長崎税務署長、大阪東税務署長、東京税務監督局経理部長等を歴任
1940・5　為替局外資課長
1941・3　（ベルリン駐在）欧州駐在官
1943・11　（ベルリン駐在）欧州駐在官
1946・3　帰国
8　経済安定本部第五部副部長、物価庁第一部長兼第三部長
1947・5　物価庁次長心得
7　公正取引委員会委員
1951・3　北海道銀行取締役頭取
1965・5　同行取締役会長
1971・12　日本銀行政策委員会委員、北海道銀行会長辞任
1976・1　北海道銀行相談役
5・5　逝去、72歳
9　北海道開発功労賞受賞

令を廃止し、続いて出勤簿をなくした。業者への感謝状も廃止し、銀行員の常である転勤の際の餞別、お中元やお歳暮も禁止した。さらに、「入行前の関係によって、特別の会合をしたり、団体を作ってはならない」という派閥禁止の取り決めも明文化した。

他方、行員との文書によるコミュニケーションも最初から図られた。もともと、島本は文章を書くことが好きだったようで、大蔵省時代に、数多くの調査報告や論文を執筆しただけでなく、『独逸金融組織論』『国際金融経済の発展』『日本経済の再建』などの著書も物していた。頭取就任後は、「毎月の展望」を自ら筆を執り、支店長には「業況通信」を求めた。また、一九五五年の夏には、一〇〇〇名近くにまで増えた全行員に「今日までの私」という作文の提出を求め、そのすべてに丁寧に目を通した。さらに、五八年からは、銀行との一体感、職場の人間関係、管理者の管理状況、給与、福利厚生、仕事の負担など八〇項目を掲げたモラル・サーベイを開始し、以後、定期的に「職員意識調査」を行った。続けて、六三年からは産業会社出向制度を設け、富士通、三洋電機、富士製鉄、住友建設、三菱化成、十条

製紙、NHK、サントリーなどに、毎年行員の「他社留学」を実施した。

支店開設を急ピッチで進める

支店設置も緊急の課題であった。一九五一年三月の本店開店以降、四月から一二月までの間の九カ月間で三七もの支店を開設した。六月には、一カ月で七つの支店を開設している。開業とともに、北海道全域から支店開設の要請が殺到したためであった。現地に出かけ店舗を探す。設営を行う。現地採用の行員を試験する。支店長を送る。本店では金庫、机、用紙類を用意し、挨拶状や広告の準備をする。「まったく戦争状態のような日が続いた」という。翌五二年には二店、五三年には拓銀から二二店を譲り受け、その後も、札幌、小樽、旭川に市内支店を設置し、五六年一二月には東京支店も開設して、五六年末の店舗数は六九となった。

開業第一期（開業一七日後）に、資本金一億円、預金一億五六〇〇万円、貸出一九〇〇万円、従業員三三名でスタートした同行は、こうした島本の合理主義と積極主義によって、急速にその業容を伸ばしていった。道内預金シェアは、五二年三月の五・九六%から、五六年三月一一・〇九%、六一年三月一四・八六%と伸び、六八年三月には二〇%を突破した。しかも、この預金は、小切手、手形の類を含んだ表面預金ではなく、それらをすべて控除した実質預金とするという島本の方針の下で達成されたものであった。預金額の伸びも、五〇年代後半の地銀（第一地銀）のそれが年平均一六～二三%であったのに対し、道銀は二二～三七%と一〇%ポイントも高く、六五年三月には、地方銀行六四行中第二五位の預金量となった。

預金とともに貸出も順調に増大し、道内貸出シェアも、六五年三月に二〇%を突破した。貸出については、第二次産業が低位であるという北海道経済の特徴を反映して、融資拡大のための様々なきめ細かな戦略が立てられ、住宅金融公庫や中小企業金融公庫の代理貸付制度、生損保の外部資金などとの組合せによる融資開拓も積極的に図られた成果であった。こうして道銀は、高度成長半ばには、地銀中堅の地位に到達したのである。

独自の見識で日本経済を展望

このような道銀の躍進のなかで、島本は、地域とともに歩む地銀の意義と役割をより広い視点からとらえようと、一九六六年、日本相互銀行、横浜銀行、埼玉銀行、足利銀行の各頭取と語らって、「五行会」を組織した。五行会は、頭取勉強会としてスタートしたが、中堅行員の勉強会にまで広がり、季刊『五行評論』、『二〇年後の銀行』などを刊行して、地銀経営のみならず、金融経済の現状や日本経済の展望などについて、独自の見識を示すまでになった。また、北海道開発についても早くから注力し、公共投資依存の体質を批判しつつ、自力での経済発展の道筋を模索し続けた。

島本の口癖は、「真似は本物よりようならん」であった。このため、常に島本が強調したのは、「自学の風」であったという。「道銀の成長に今必要なのは、理屈ぬきに強烈なバイタリティと行動力です。私は先頭に立って旗振りをやりますから、アカデミックな注文はご勘弁下さい」と申し出た新取締役に対し、しばらくすると、「直筆の、これを読むようにというメモ付き」で、「赤鉛筆で傍線が引かれ」た各種の本が次々に届けられたというエピソードは、百の真似事より一つの創造を、という島本の精神のありようをよく示している。

島本は、一九六五年、六一歳で頭取を辞任、会長職に退いた。その後、七一年に日銀政策委員会委員に就任したが、政策委員就任後も、北海道の社会・経済・文化に深い関心を持ち続けた。政策委員就任四年後に、体調を崩して委員辞任、七六年五月永眠した。七二歳であった。

（伊藤正直）

◉参考文献

『北海道銀行三十年史』一九八三年。島本礼一・富田朝彦編『島本融　その足跡』中央公論事業出版、一九七七年。島本礼一・富田朝彦編『島本融　その思考』中央公論事業出版、一九七七年。島本礼一・富田朝彦編『島本融　その追憶』中央公論事業出版、一九七七年。地方金融史研究会『戦後地方銀行史』Ⅰ、東洋経済新報社、一九九四年。

2 弘前相互銀行・みちのく銀行と唐牛敏世

金融は信用、事業は人である

みちのく銀行の誕生は普通銀行と相互銀行の合併第一号として注目されたが、地元紙の計画スクープから合併実現までに三年二カ月を要した。「みちのく銀行の誕生は戦後金融史の一里塚であり、その実現をみるまでの苦しい紆余曲折は、当時の日本経済と中小企業金融の抱えた問題点をめぐる紆余曲折であった」。当時の大蔵省銀行局中小金融課長はこのように述べているが、強い反対論に抗して合併計画を実現させた原動力の一つは、九六歳の唐牛敏世の「執念」であった。

「信用」の重要性を痛感

唐牛敏世が弘前相互銀行の前身にあたる弘前無尽会社の設立を計画したのは、一九二三（大正一二）年、四三歳の時であったが、会社を立ちあげるのは容易ではなかった。発起人の引き受け手がなかったのである。一五年に無尽業法が公布、施行され、弊害は減少しつつあったとはいえ、無尽会社はいぜん「ムジナ会社」と蔑視される存在であり、加えて、何よりも計画者の唐牛本人に信用が全くなかったからである。弘前では彼は、「よそ者の山師」と見られていたのである。

じっさい唐牛の前半生は、幾度か相場に手を出しては失敗を繰り返し、職業を転々とする有様であった。

一八七九（明治一二）年八月青森県黒石町に生まれた唐牛は、小学校卒業後、故郷近在の小学校の臨時教員として働くうちに、「教育こそは天職であり、一生の事業である」と確信する。勉学にはげみ訓導（正教員）の資格を得、さらなるキャリアアップを目指して、上京して明治法律学校（現・明治大学）の夜間部に入る。しかし学費を得るために、東京電気鉄道の社長浜政弘の書生として働くにつれ、地味な訓導としての夢は消え、実業界入りを望むようになる。そして浜社長秘書から大日本輸出羽二重会社の庶務課長へと進むに伴い、株式相場にのめり込み、あげく大失敗する。再起を期して北海道に渡り、小樽や函館で米穀商や食料雑貨商などを営むがいずれも長続きせず、結局、にしん漁の投機に手を出して失敗。糊口をしのぐため木炭行商で弘前に渡り、たまたま投宿した宿屋の主人の勧めから計画したのが、無尽会社の設立であった。

最初に組んだパートナーが高利貸であったことも災いした。「二十数年前黒石《くに》を売り東京から北海道まで流れたあげく、弘前へ木炭売りにきたのがきっかけで高利貸と手を組んだということではないか。そんな「よそ者」を相手にしていたらどんな目に遭うか知れん」という雰囲気であったという。

唐牛はやむなく幼友達の鳴海文四郎に窮状を訴え、支援を依頼する。鳴海は大地主で、かつ政友会系の代議士で県内に重きをなしていた。そして彼の口添えにより設立発起人集めも、ようやく成功し、その後も紆余曲折はあったが、ともかく一九二四年六月に県内五番目の無尽会社として弘前無尽は発足したのである。

●顧客への奉仕こそ「信用」の源泉

唐牛は会社発足に伴い支配人に就任し、翌二五年取締役、二六年専務取締役になり、創業期の舵取りに全力を投入した。「人生五〇年」と言われた当時、四四歳にして取り組んだ事業であれば、不退転の決意を持たざるを得なかったであろう。そして自らに言い聞かせるようにして、心に刻んだのは、次の言葉であったという。「金融は信用である。事業は人である。しかも無尽は一度にする一時預金とは異なり、その都度小きざみに掛金としてかけさせるものである。日常の信用の多寡が終局の事業の成否に影響する。いかに先輩会社が多いとはいえ、われわれの努力は、やがて信用を生み、信用がまた更に事業を培うのだ」。

「信用」の重要さは設立発起人集めの苦労で痛感したことであったろうが、唐牛はこれを会社経営の要諦と心得、「信用第一主義」を社是としたのである。そして顧客の信用を得るためには何よりも顧客に対する誠意、顧客への奉仕が重要であると考えた。例えば営業の基礎となる掛金表には大阪式を選んだ。顧客の立場から見て、納得しやすく、合理性があるというのが、その理由であった。東京式は手数料式無尽とも言われ、使う人には有利となる仕組みであった。これに対して大阪式は銀行式無尽と言われ、終回まで使わなかった人に対して預金利息相当の金額を支払う形式であった。唐牛はその半生の体験から、顧客の蓄財により適切な方式を採用したのである。また顧客のニーズに応えるため「トタン無尽」を創案した。青森県では全ての建物の屋根にトタン、瓦など不燃性の物を使用するよう義務づけられているのに着目し、その資金捻出と無尽とを結びつけるアイデアであった。

一九三一（昭和六）年一一月には青森県内本店銀行の最大手、第五十九銀行も休業するなど銀行界の動揺は著しかったが、唐牛は大額無尽と銘うった「三千円会」の発会を決行した。慢性的不況のなかで、「暗夜の一灯」たらんとする気概に加えて、少額無尽によるコスト高→高金利の悪循環を断ち切る必要性を痛感していたのである。さらに三四年には「五千円会」を発会させた。そしてこれらの成功によって、弘前無尽の対外的信用は著しく上昇し、不動のものとなった。一方発会に付きものの料亭宴会を廃止するなど経費の節減にも努め、経営内容の改善を進めた。「真の顧客へのサービスは、健全なる経営に他ならない」。これは唐牛の信念でもあった。

「金融機関の白眉」・銀行への転換を目指す

一九四〇年一〇月唐牛は社長に就任した。創業から一六年にして名実ともに最高責任者として、弘前無尽の経営に当たることになった。この間に県内の無尽五社のうち三社はすでに姿を消しており、四二年八月には津軽無尽を吸収した弘前無尽が唯一の無尽会社になった。唐牛の信用第一主義にもとづく積極経営の成果と言えよう。

しかし唐牛は無尽業を営むうちに普通銀行に憧れるようになる。より多数の顧客の多様なニーズに応えるためには、社会的信用の高い銀行に優るものはない、「コンマ以下の企業」と見られている無尽会社の限界を感じ取っていたのであろう、折にふれて銀行への転換願望は表面化する。終戦直後の四六年、青森貯蓄銀行株式の過半数を譲り受けたのを機に、同行の経営を計画したこともあった。五〇年前後、弘前市において本店銀行の設立問題が検討されているが、唐牛がこれに無関心であったとは思われない。

五一年一〇月相互銀行法にもとづく弘前相互銀行への転換により、彼のそのような願望は一応満たされる。「金融機関の白眉はなんといっても銀行だ。相互はつくけれども我々は今度銀行になるんだから全く心を改めていかなければならない」。唐牛の孫娘と結婚した葛西清美によれば、唐牛はこのように述べたという。しかし六八年の合併転換法を機に普銀転換志向は、再びよみがえる。相銀転換後二

■唐牛　敏世（かろうじ　びんせい）略年譜

1879（明治12）8・15　青森県黒石町に生まれる
1894　小学校給仕
1899　小学校訓導（正教員）
1903・3　明治法律学校（現・明治大学）夜間部を退学。東京電気鉄道社長秘書
1905　大日本輸出羽二重庶務課長
1911・4　株式投機に失敗し、北海道へ渡る。小樽、函館で倒産
1922（大正11）12　木炭行商で弘前へ
1924・6　弘前無尽会社創立、支配人
1925・10　同社取締役
1926・7　同社専務取締役
1940（昭和15）10　弘前無尽会社社長
1951・10　弘前相互銀行社長
1976・10　みちのく銀行頭取
1977・5　青森銀行協会副会長
1979・1・19　逝去、99歳

〇年の経験から、「銀行」の名称こそ付いたが、普銀より一段格下と見られることへの不満の解消やイメージ向上が業務拡大に直結するという期待から普銀転換を企図するようになった。そして単独転換は難しいが、「合併すれば転換はやりやすい」との判断から青和銀行との合併を計画し、七二年末ごろから青和の大坂嘉市頭取との間で本格的折衝を始めたのである。

この合併計画は、一九七三年八月二二日付の地元紙『東奥日報』にスクープされた。「弘前相互、青和の二行は対等合併して地銀として出発、大蔵省はとくに問題はないといっている」という要旨であったが、相銀・地銀の異種合併第一号として大きな反響を呼んだ。相互銀行協会長はいち早く反対を表明し、大蔵大臣へも陳情した。この合併を認めれば、相銀からの普銀転換がなだれ現象的に生じ、相互銀行制度の存立を危うくする、という理由であった。大蔵省も慎重になった。相銀業界あげての反対に加え、「オイル・ショック」後の厳しい経済情勢を背景に「合併問題を考えるより、中小企業金融に専念すべきだ」という意見が強まったのである。

「大衆とともに永久に栄えん」

唐牛はしかし、普銀転換への夢を捨てなかった。合併方法の修正によって相銀業界の強い反対姿勢に対処した。再び葛西の回顧を引用すれば、経緯は次のようであった。「私どもは文字どおり合併転換法によって、うちが青和銀行を合併してやるつもりでした。……ところが早坂さん（相銀協会長――引用者）の反対が出たので、私の考え方で、「社長これはやめましょう。うちが吸収して転換するのではなくて地銀の方に、これは手続き上法律で許されているので、大蔵省さえうんと言えば出来るのだから我々の方が向こうに吸収されましょう、地銀に吸収されましょう」と唐牛に言ったんです。すると転換という問題がありませんから、それで、そういうふうに手続きを変えたわけです」。

しかしこの妙案に行内から中堅幹部を中心に反発が高まった。「面子の問題がありまして、大きい方がなんで吸収されるんだ」という不満であった。そしてその反対論は主流を占めるまでになったという。こうした事態に対し、唐牛はその信念を披瀝し、説得にあたったのは、言うまでもない。

一九七五年に入り、景気の緩やかな回復を背景に、県内各界の支援や専門紙『ニッキン』の協力などもあって、一二月には相銀協も「合併やむなし」と消極的ながら承認に転じた。大蔵省から両行合併の内認可を得たのは、七五年一二月二九日であった。そして翌七六年一〇月一日「みちのく銀行」は誕生した。唐牛九七歳、無尽会社創立から五二年後であった。

唐牛は七八年八月に上梓した『白寿の心』において、往事を回顧して次のように記している。「金儲けに急だったばかりに失敗を繰り返したのです。その経験が、ここにきて私の経営理念を根本的に変えてしまったのでした。「企業は、奉仕のためにあるものだ。奉仕するから儲かるのであって、儲けるために奉仕するのではない。主客を転倒してはいけない」。過去における我利我利亡者の私は、極端な思想の変革を来たしたのであります」。

みちのく銀行発足にあたり、唐牛は初代頭取として「大衆とともに永久に繁栄せん」を経営理念に掲げた。葛西によれば、この「大衆」とは無尽会社時代に唯一の顧客であった「庶民」であり、「庶民」を大切にすべきことを訴えるものであった。いわば「銀行は大衆の上に立つものではなく、地域の大衆とともに発展するもの」という大衆との共存共栄の精神である。そしてそれは無尽会社創業以来、九九歳五カ月の生涯を閉じるまで唐牛が抱き続けた、信念であった。

（杉山和雄）

参考文献

唐牛敏世『白寿の心』一九七八年。『弘前相互銀行五十年志』一九七四年。『みちのく』No.一一九（みちのく銀行二〇周年記念行内報）一九九七年。佐藤正忠『人生太く永く――みちのく銀行唐牛敏世の九十九年』経済界、一九八〇年。日本金融通信社編『二一世紀へのチャレンジバンク』一九八九年。地方金融史研究会『続地方銀行史談』第二集 一九九〇年。地方金融史研究会『戦後地方銀行史』Ⅰ・Ⅱ、東洋経済新報社、一九九四年。地方金融史研究会『日本地方金融史』日本経済新聞社、二〇〇三年。

3　羽後銀行（北都銀行）と塩田団平

銀行家・地主・政治家として地域経済に貢献

米の生産が盛んな農業県の秋田県では、戦前期には地主経営との関わりを持ちつつ、地方銀行の経営が行われていた。塩田団平は、秋田県南有数の大地主・地方資産家として、地域産業や地域経済の発展に関与していた。昭和恐慌期には、塩田は銀行家として、自らの私財を提供して秋田県金融界・銀行経営の危機に対応した。戦後の農地改革によって大地主が消滅した後も、塩田は銀行家として、羽後銀行本店の平鹿郡横手町（現・横手市）への移転を実現し、銀行経営の発展と地域経済への貢献を目指していた。

秋田県南有数の大地主の家督を相続

塩田団平は、江戸時代以来の旧家であった、塩田家の七代目団平の長男として、一八八一（明治一四）年に平鹿郡沼館村（現・横手市雄物川町）に生まれた。やや時期は下るが、一九二四（大正一三）年の農商務省農務局調査による『五十町歩以上ノ大地主』名簿によると、塩田団平の所有耕地面積は約二三七町歩（約二三五万㎡）となっていた。塩田家は、秋田県南有数の大地主だったのである。

塩田の幼名は、重三であった。中学は、秋田中学（現・秋田県立秋田高等学校）に進学した。しかし卒業前年の一八九七年六月に、舎監追放ストライキに関わり、首謀者の一人として、放校処分が避けられないことになった。そのため、塩田は自ら退学して東京の私立の中学校に転校した。上京した塩田は、私立学校で中学の課程を終えた後に、東京高等商業学校（現・一橋大学）に入学し、金融経済学を学んだ。一九〇三年に東京高等商業学校を卒業後、塩田は二年ほど東京で商社勤めをした。しかし、父が病床に親しむようになったので、一九〇五年に秋田県に帰郷することになった。当時、実業家となるべきエリート校である東京高等商業学校を卒業して、東京に止まらず郷里に戻った者は、塩田の同期でたった四人、そして生涯に海外生活を経験しなかった者も四人だったと、生前の塩田は自嘲的に述懐していたという。一九〇八年には父が亡くなったため、重三は八代目団平を襲名し、塩田家の家督を相続することになった。

●秋田県の地方政治と地域事業に関与

一九一二年に、塩田は秋田農工銀行取締役に就任した。後年、銀行家として秋田県下で大きな役割を果たした塩田にとっては、その公的活動のスタートであった。

秋田県南有数の大地主であった塩田は、政治活動にも関わることになった。一九一三年には、三二歳で沼館町長に就任した。沼館町長としては、敗戦後の一九四六（昭和二一）年二月まで、実に一〇期三三年連続という長期間を務めた。

続いて一九一九年には、秋田県会議員に当選した。県議には、この後の一九二三年の選挙でも再選され、衆議院議員となって辞任するまでその任を務めた。さらに翌一九二四年三月の総選挙に憲政会公認として立候補して見事当選し、衆議院議員となった。一九二八（昭和三）年の総選挙では、塩田は連続当選を目指した。しかし、中選挙区制で有権者の納税要件が撤廃され二五歳以上の男子全員が投票できることになった、新制度に惑わされて、次点に甘んじた。三〇年の総選挙では雪辱し、衆議院議員として国会への返り咲きを果たした。その後、三九年には秋田県の高額納税者議員として貴族院議員に選ばれた。これは任期が七年であり、敗戦によって貴族院が廃止されるまで、塩田はその職にとどまった。塩田は、最後の貴族院議員の一人となったわけである。

塩田は、地域のためにやらなければならない、と考えた事業には積極的に関与した。昭和初期の農村の疲弊を憂い、農村を救うためには中核たる青年の養成が肝心、と考えた塩田は、私財を投じて町立沼館農学校を一九二九（昭和四）年に設立・開校した。同校を巣立った人々は、町の指導者として活躍した。また同校は、戦後の秋田県立沼館高等学校（現・秋田県立雄物川高等学校）の開設への道を開くものでもあった。

塩田は、鉄道業にも積極的に関与した。秋田県南の人々は、米を始めとする物資を移送する手段として、太平洋岸と日本海岸を結ぶ、奥羽横断鉄道の実現を渇望していた。岩手・秋田両県有志が一九〇六（明治三九）年から猛運動を始めたところ、鉄道院は横手・本荘間の軽便鉄道であれば、奥羽横断の筋道が立ってやりやすい、という意向を示した。このような鉄道院の意向を受けて、一九一六年に発足したのが、私設鉄道の横荘鉄道（鉄道路線は一九七一年に廃線、会社は現・羽後交通の前身）であった。横手から沼館までは一九一八年に開通、さらに一九二〇年春には館合を経て大森まで延伸した。そして、一九三〇年には平鹿郡境を突破して由利郡下郷村（現・由利本荘市東由利）老方まで全線開通した。沼館の塩田団平、館合の土田万助の両実力者による出資と経営参加の関係で、沼館の塩田団平家と館合の土田万助家の近くを通る路線となっていた。結果として、横荘鉄道は全国でも珍しい蛇行路線になっていた。そのため横荘鉄道は、「団万鉄道」のニックネームを残すほどであった。

私財を提供し、秋田県金融界の危機に対応

塩田は地方政治・地域事業に関与しつつ、銀行家としても活動していた。秋田県で地場の銀行が設立される際には、地主の帳場から発展してきたものが多かったという。それぞれの地主が小作人への貸付を行っていたが、その金額が次第に大きくなってきたため、地主が各自でするよりも一緒になってやった方が良い、というのが銀行のはじまりだと思う、と塩田は回想している。秋田県は米の生産を中心とする農業県であったため、戦前には地主経営との関連で、複数の銀行が設立されていったのである。

一八九七年に平鹿郡十文字町（現・横手市十文字町）で発足した近合名会社は、地主であった近家が中心になって経営していたが、塩田家も匿名で出資していた。近合名会社は一九〇五年に改称して合名会社植田銀行になり、一九一七年には株式会社植田銀行が設立された。塩田は、不況の色濃い一九二八年に、植田銀行の頭取に就任した。

一九三一年には青森県の第五十九銀行、岩手県の盛岡銀行で預金の取り付け騒ぎが起きた。この影響を受けて、秋田県でも五業銀行が休業してしまった。このような昭和恐慌期の非常時において、銀行経営を維持継続するのは、大変な苦労がともなった。塩田は自らの私財を提供し、秋田県金融界・銀行経営の危機に対応したのである。塩田が自ら保有していた不動産の目録を提示したことにより、植田銀行は日本勧業銀行から融資を受けることができた。これにより、他の大きな銀行がつなぎの資金を出してくれた。

塩田がほぼ単独で、数十万円にのぼる私財提供をしたことによって、植田銀行は破綻を免れることができた。さらに、塩田は秋田県金融界を安定させ、預金者の利益を守るために、植田銀行と羽後銀行との合併を図ったのである。こうして一九三二年四月には、羽後銀行による植田銀行の合併が実現した。

羽後銀行への入行と頭取就任

植田銀行の頭取を勤め、植田銀行の羽後銀行への合併にも関与した関係から、塩田は羽後銀行に入行することになった。しかし、塩田が羽後銀行に入行した時期は、羽後銀行による植田銀行の合併直後ではなかった。塩田は数十万円にのぼる私財を提供して、昭和恐慌期における秋田県金融界・銀行経営の危機に対応したものの、植田銀行の経営を不安定な状態にした責任を感じていたため、羽後銀行には直ちに入行せず、しばらく謹慎していたのである。

塩田は一九三四年に、監査役として羽後銀行に入行した。一九三七年には取締役となり、戦時期の一九四三年に頭取に就任した。

戦時経済統制の下で、秋田県における「一県一行主義」の実現を大蔵省銀行局・日本銀行秋田支店は目指していた。秋田県には一九四〇年時点で秋田・第四十八・湯沢・羽後の四行が存在していたが、当局としては四行合併の上で一行にしようとする意図が明らかであった。羽後銀行も秋田銀行への合同を慫慂され、圧迫を受けた。しかし羽後銀行は、県内一行に統合することは独占となり、自由競争を阻

塩田　団平（しおだ　だんぺい）略年譜

1881（明治14）4・1　七代団平、フサの長男として平鹿郡沼館村（現・横手市雄物川町）に生まれる
1903　東京高等商業学校卒業
1912　秋田農工銀行取締役
1913（大正2）　沼館町長（〜46・2）
1919　秋田県会議員
1924　衆議院議員
1928（昭和3）　植田銀行頭取
1939　貴族院議員
1934・7　羽後銀行監査役
1937・7　取締役
1943・1　頭取
1961・7　会長
1963・4・16　逝去、82歳

害する、自由競争のないところに進歩はない、という信念から、合同に抵抗をした。そのため、秋田・第四十八・湯沢の三行は一九四一年一〇月、新立合併により秋田銀行として新発足したものの、羽後銀行は秋田銀行に合同せずに残り、秋田県下での「一県一行主義」は実現しなかった、とされている。しかし、近年公開された日本銀行考査局資料によれば、合同に先立つ「銀行検査」の結果、羽後銀行の久米田正之助専務取締役が関係した不良債権（約二二万円という巨額貸出）が判明したため、羽後銀行の「見送り＝不参加」に結果したのが実態のようである。

◉羽後銀行本店の横手町への移転を実現

塩田は、一九六一年まで羽後銀行頭取の職を勤めた。戦時期から戦後にかけて、一八年の長期間にわたって、頭取として活躍したのである。

戦後になると、羽後銀行による銀行経営のあり方は変化した。農地改革により大地主が消滅したことにより、羽後銀行の得意先は変化を余儀なくされた。加えて、秋田県における酒造業・製材業・建設業などの企業規模が大きくなったことが、その背景にあった。

羽後銀行は、平鹿郡増田町（現・横手市増田町）を中心とする一経済地域の産業の開発助長を目的に、増田銀行として一八九五年に設立され、一九二二年に羽後銀行に商号を変更した銀行であった。羽後銀行はさらに大館銀行、仁賀保銀行の合併、安田銀行の本荘・横手支店の譲り受け、植田銀行の合併などにより、秋田県内各地に多数の店舗を有するまでに発展し、秋田銀行と並立して秋田県金融に関わる実力を有するまでに至った。ところが、羽後銀行の本店所在地であった平鹿郡増田町には鉄道駅もなく、また電話、郵便物もそれぞれ横手または十文字局を経由するなどのため、支店の統括運営のみならず、中央官庁その他への交渉連絡には不便極まりない悪条件下にあった。

一方、移転すべき候補地の平鹿郡横手町（現・横手市）は秋田県南三郡の中心地であり、また奥羽線、横黒線（現・北上線）、横荘線（現在は廃止）の交差する交通の要地として、官庁、その他の施設並びに商工業の規模などは平鹿郡増田町の比ではなかった。しかも本店となる予定の横手支店の営業量は、増田町の本店をはるかにしのぐものがあり、本店移転先としては既に十分に地盤が築かれていた。

このような状況を背景にして、羽後銀行は一九四九年九月に、平鹿郡増田町から平鹿郡横手町へ本店を移転した。本店移転の実現は羽後銀行にとって、業績拡大の転機となったのである。

◉羽後銀行本店の秋田市への移転を構想

塩田頭取の下で、羽後銀行はさらに本店を横手市から県庁所在地の秋田市に移転することを希望し、一九五五年ごろには移転の方針を決定していた。秋田県・秋田市に対する活動や、各事業体の本部から情報を得る際には、横手市よりも、やはり県庁所在地の秋田市に本店がある方が便利だったからである。しかしながら、羽後銀行の秋田市への本店移転の希望は、なかなか大蔵省に認められなかった。大蔵省が本店の移転を許可しなかった理由としては、秋田銀行の本店が既に秋田市にあるので、同じ都市に地方銀行の本店を二つ置くこともないだろう、という事情もあったようである。

本店の秋田市への移転が時期尚早として認められなかったため、近い将来本店に変更する構想のもとに、とりあえず秋田市に中央支店を設置し、本部機構の一部を移駐することを、羽後銀行は一九六一年七月の取締役会で決議した。そして翌六二年一二月に、羽後銀行は秋田市に中央支店を開店したのである。

一九六四年五月になって、羽後銀行は大蔵省から認可を受け、本店を横手市から秋田市に移転した。長年にわたって望まれていた本店移転の構想がようやく実現し、羽後銀行はより一層の発展を遂げる契機をつかんだのである。しかしながら塩田は、羽後銀行の秋田市への本店移転をその目で見ることはなかった。秋田県銀行界の安定を保ち、地域経済の発展に貢献した塩田は、羽後銀行の本店移転が実現する直前の一九六三年四月一六日に、八二歳で逝去したのである。葬儀は塩田家の本家でもある菩提寺の沼館・蔵光院で行われ、そこに葬られた。なお同寺の本堂前には、一九六〇年に塩田団平翁顕彰会の手で、塩田の胸像が建てられた。

生前の塩田は、一九六一年七月二五日に羽後銀行頭取を退き、会長に就任した際に、全行員に向けて「仁是事始め」を贈った。

「銀行業は信用を創造し、世人に融通し、物資其他の交流を滑かならしむる社会的事業である。従って銀行員各自は、此の社会的任務を分担して居る事を忘れてはならない。」

この「行是事始め」からも、戦時期から戦後にかけての一八年間、羽後銀行頭取を務め、地域経済の発展に貢献した塩田の、銀行経営に対する姿勢がうかがえよう。

（岩間剛城）

◉参考文献

『羽後銀行六十年誌』一九五七年。『羽後銀行80年史』一九七五年。地方金融史研究会『続地方銀行史談』第一一集、二〇〇三年。地方金融史研究会『続地方銀行史談』第四集、一九九二年。地方金融史研究会『日本地方金融史』日本経済新聞社、二〇〇三年。加藤幸三郎「秋田県における銀行経営」（石井寛治・杉山和雄編『金融危機と地方銀行——戦間期の分析』東京大学出版会、二〇〇一年）。秋田県総務部広報課編『秋田の先覚——近代秋田をつちかった人びと　第5』一九七一年。杉渕廣『秋田代議士物語』秋田魁新報社、一九八九年。塩田雄次「父　塩田団平のこと」『秋高百年史』秋田県立秋田高等学校同窓会、一九七三年。

4 東北銀行と斎藤克郎

戦後における地方銀行新設の第一号

戦後の一九四九（昭和二四）年に、池田勇人大蔵大臣が戦時期以来の「一県一行主義」を廃止して、地方銀行の新設を許可する方針を明らかにした。この方針転換を受けて、地方銀行を新設しようとする動きが、全国各地で相次いだ。国内での新設第一号となったのが、一九五〇年一一月に、岩手県で営業を開始した東北銀行であった。営業開始に至るまでには非常な苦労をともなったが、岩手県の中小業者のための銀行を作るという信念を持って、新銀行設立運動の実務に取り組んだのが、後に東北銀行の頭取となった斎藤克郎であった。

岩手県銀行界の動揺に直面

斎藤克郎は、北上の旧家・木村家（湊屋）の次男として生まれた。木村家と関係のあった盛岡市の旧士族・斎藤家では、男子が早世したこともあり、婿取りを考えていた。そこで、斎藤家七代左一と木村家五代新治郎との間で、木村克郎が成人したあかつきには、斎藤家の養子にする取り決めが行われた。旧制盛岡中学（現・岩手県立盛岡第一高等学校）から、旧制の大学専門部である慶応義塾高等部に進学した時点では木村姓であったが、在学時に当初の約束通り、斎藤家の婿養子となった。

斎藤は、一九二九年に慶応義塾高等部の卒業証書を手にした。斎藤は当初は、出身地の盛岡に戻る気はなく、日本勧業銀行を受験した。慶応義塾の推薦枠に入り、最終の一人にも残ったので、斎藤はすっかり合格したつもりでいた。ところが、一〇人が合格したものの、斎藤だけが落ちてしまったのである。慌てた斎藤は、つてをたどって東京・白木屋の山田忍三専務を訪問し、秘書のような鞄持ちに採用してもらった。一ヶ月半ほど白木屋にいたものの、斎藤家の養子として、どうしても盛岡市の家に帰るように言われた。そのため斎藤は白木屋をやめて、盛岡銀行に入行することになった。盛岡銀行の頭取を勤めていた金田一家と斎藤家が盛岡市の同じ町内にあり、代々行き来して親しかったことも、斎藤が盛岡銀行に入行をした一つの理由になっていた。

岩手県での斎藤の銀行員生活は、波乱の船出となった。岩手県下で激しく競争していた盛岡銀行・旧岩手銀行・第九十銀行の三行は、不良貸付を抱えていた。加えて、青森県の第五十九銀行で生じた預金取り付け騒ぎが岩手県に波及したこともあり、昭和恐慌期の一九三一年に、三行は相次いで休業してしまったのである。盛岡銀行に入行してわずか二年目で、預金係であった斎藤は、同行に押しかけてきた預金者を前にして、預金支払いの第一線に立たされることになった。盛岡銀行が預金支払いの停止に至り、窓口で預金者から罵倒された経験を通じて、斎藤は銀行経営の恐ろしさを知ることになった。

◉岩手殖産銀行への入行

岩手県下の金融動揺に対応するため、一九三二年に岩手県の主導で、新銀行の岩手殖産銀行（一九六〇年に岩手銀行に改称）が設立されることになった。他方、盛岡銀行・旧岩手銀行・第九十銀行の三行は整理段階に入った。盛岡銀行の若手行員であった斎藤は試験に合格し、今度は岩手殖産銀行に入行することになった。一九三四年には、盛岡市内に岩手殖産銀行の支店がはじめて設置されたが、斎藤は二八歳で材木町の初代支店長に任命された。抜擢人事であった。

ようやく軌道に乗ったかに見えた斎藤の銀行員生活であったが、一九三六年には盛岡倉庫への出向を命じられた。盛岡倉庫は、盛岡銀行が中心になって作った会社であり、経営状態は苦しかった。盛岡倉庫の経営再建は、破綻した盛岡銀行の整理にも関わっていたのである。斎藤は不本意ながら出向を受け入れ、一年六カ月にわたって支配人として盛岡倉庫の経営再建に取り組むことになった。

盛岡倉庫から岩手殖産銀行に戻ってからは、斎藤は同行本店の預金課長兼為替課長、大通支店長を歴任した。ところが、斎藤は再度の出向を命じられたのである。今度は戦時下の国策会社であった岩手県地方木材株式会社に経理部長として着任し、同社の経営整理に取り組むことになった。

敗戦直後の一九四七年七月に、岩手県地方木材株式会社の整理は一応終了し、岩手県林材会社に衣替えをした。斎藤は岩手殖産銀行に戻ることを夢見ていたが、本人が知ら

■ 斎藤　克郎（さいとう　かつろう）略年譜

1905（明治38）12・1　岩手県和賀郡黒沢尻町（現・北上市）に木村新治郎、エイの次男として生まれる
1927（昭和2）3　岩手県盛岡市の斎藤家の養子となる
1929・3　慶応義塾高等部卒業
1929・6　盛岡銀行入行
1932・5　岩手殖産銀行入行
1936・10　盛岡倉庫（株）支配人
1938・5　岩手殖産銀行預金課長兼為替課長
1944・3　岩手県地方木材（株）経理部長
1946・9　盛岡倉庫（株）監査役
1948・5　大北証券（株）常務取締役
1950・11　東北銀行取締役営業部長
1951・10　常務取締役
1968・4　専務取締役
1974・5　代表取締役副頭取
1976・5　代表取締役頭取
1982・6　取締役常勤相談役
1984・6　取締役非常勤相談役（～88・6）
1990（平成2）7・15　逝去、84歳

ないうちに新聞に「斎藤克郎のポストは本店営業部長」と大きく報道され、これが元になって大騒ぎになった。岩手殖産銀行花巻支店長就任への打診もあったが、結局熟慮の上、斎藤は岩手殖産銀行を去った。

一九四八年五月には、地元証券会社として盛岡に大北証券株式会社が設立されることになった。この時に、金融業務に通じていた斎藤は同社の常務取締役に選出され、金融界に復帰することになった。

●東北銀行の新設運動に取り組む

一九四九年一一月には、池田勇人大蔵大臣が一県一行主義を是正して、適当と認められる場合には新銀行の設立を認可する方針を、臨時国会衆議院本会議で表明した。当時の岩手県においては、中小企業の経営資金不足が深刻な状態であったのを反映して、県下に新しい銀行の設立を強く望む声が、各地の商工会議所から出てきた。この要望が表面化したのは、一九四九年、一関市で開催された岩手県商工会議所連合会の総会であった。一関市はカスリーン台風（一九四七年九月）とアイオン台風（一九四八年九月）によって壊滅的な打撃を受けていた。一関地方の復興にも関連し

て、岩手県商工会議所連合会総会において、新しい地元金融機関の設置が要望事項として決議された。この決議を受けて、盛岡商工会議所が新銀行の設立に向けて動き出したのである。

大北証券常務取締役であった斎藤は、宇部政文（後の東北銀行初代頭取）と柴田兵一郎（後の東北銀行第二代頭取）から新銀行設立の構想を打ち明けられた際に「とんでもない話を聞いてしまった」と思った。「新銀行の母体はどこなのだろうか」という趣旨の斎藤の質問に対して「それは岩手県商工会議所連合会であって、岩手県の、中小商工業者のための銀行を創るのだ」という答えであった。この答えは、斎藤の胸を打った。当時四四歳であった斎藤は、岩手殖産銀行に在職していた経歴もあったため、新銀行設立に関与することへのためらいもあった。しかし熟慮の末、斎藤は新銀行設立に協力することを決意した。森多次郎（後の東北銀行副頭取）に相談をした際には「お前、よく考えろ。今更、苦労しなくても良いのではないか」と斎藤は森に叱られた。しかし、結局は二人とも、新銀行の設立準備に参加することになった。

一九四九年一二月に、盛岡商工会議所会頭室で新銀行の第一回設立準備委員会が開かれた。新銀行の名前は「東北銀行」とすることがもっとも親しみやすく、地域的にもよい、ということで決定した。岩手県商工会議所連合会の支援の下、東北銀行の新設が本格的に目指されることになったのである。

斎藤は忙しくなった。設立趣意書の作成から銀行設立計画書、預金吸収の可能性、本支店の建物の確保、定款や内規作りなど、新銀行設立のための作業は膨大を極めた。斎藤は、大蔵省に知恵を借りに何度も出向いたが、戦災で書類が焼失したりしていたため、あまり参考にならなかった。大蔵省はもう何年も銀行設立を認可しておらず、新銀行設立申請時の手本となるような、ひな型もなかったのである。それでも斎藤は根気強く係官の間をたずねて回り、少しずつ形の整ったものを作成していった。「今、岩手になぜ新銀行が必要なのか」という設立趣意書と、それを裏付けるデータの収集には最も苦労した。一九四九年の大晦日までかかって、書類をようやく書き上げた。これらの書類は、後に敬意を込めて「斎藤の作文」と呼ばれ、東北銀行に続いて設立された他の地方銀行の参考とされるほどのものであった。

設立準備委員たちも、連日多忙を極めた。上京中のある夜、宿舎の一室で宇部は斎藤にしみじみと語りかけた。「なあ、斎藤、もし銀行ができなかったら、俺もお前も盛岡にいられない。夜逃げだよな」斎藤はこれを聞いて、内心ぎくりとした。

新銀行設立を希望する書類は、国内の各地から大蔵省に提出されたが、東北銀行が設立認可の第一号になった。特筆すべきは、新銀行設立の必要性の根拠として提出した資料の正確さと分析の的確さが大蔵省の調査でも裏付けられ、極めて高く評価されたことであった。大蔵省の側では、書類が整っているから、これを試しに許してみようか、という気持ちだったらしい。斎藤が苦労をして作成した書類が、きちんと形式的に整っていたのが、新銀行設立認可の決め手になったのである。一九五〇年六月二七日に、斎藤と宇部は大蔵省へ出頭して、東北銀行設立の内認可書を大月高銀行課長から受取った。翌日に盛岡市の設立準備委員会事務所に電報を打ち終えた直後、宇部と固い握手を交わし、人目をはばからずに落涙した。

一九五〇年一一月一日に、戦後新設第一号の地方銀行となった東北銀行は、盛岡市の本店営業部、および青森県八戸市の八戸支店の二店舗をもって、資本金三〇〇〇万円で営業を開始した。

●岩手殖産銀行からの恩義

東北銀行は開業した直後には、岩手県全域に広がる支店網を有していなかった。そのため、地域間の現金輸送ができず、この点をどう改善するかが経営上の大きな課題であった。開業直後の東北銀行にとっては、自力では解決できない問題であり、ライバル行である岩手殖産銀行の力を借りるより他に方法がなかったのである。やむなく斎藤は、岩手殖産銀行の雫石隆孝頭取、安彦要副頭取、吉田孝吉常務取締役に窮状を訴えて、正式に協力を依頼した。岩手殖産銀行側は即答を避けたものの熟慮の末、岩手殖産銀行の全支店において東北銀行との為替取引を引き受けることを決断した。岩手殖産銀行で東北銀行からの申し入れを検討した際に、岩手殖産銀行の雫石頭取は「東北銀行の設立までは、当行との間でいろいろ問題があったが、できてしまえばやむを得ないのではないか。協力できることは協力すべきと思う」と発言したという。競争関係にありながらも援助の姿勢を見せたところに、岩手県下の先発地方銀行であった、岩手殖産銀行による東北銀行への配慮がうかがえよう。斎藤にとって、この時に岩手殖産銀行から受けた恩義は、終生忘れることのできないものとなった。

本店新設と支店開設に尽力

東北銀行は当初は本店が手狭で、宿直室もなく、行員は仕事が終わると机の上にふとんを敷いて寝泊りしていた。銀行にふさわしい建物を建設することが、東北銀行の躍進にとっては必要だったのである。斎藤は土地探しに苦労を重ねたが、東北銀行創立一三年目の一九六三年にようやく新本店が完成し、営業を開始することとなった。新本店完成後には、斎藤は行員に対して、「コンクリートの壁だが、さわってみてどうだ。温かいだろう。君たち東北銀行員全員の魂がこもっているのだよ」とよく言って聞かせたものだった。

支店の開設にも、斎藤は力を入れて取り組んだ。「支店は地域密着の拠点」が斎藤の口癖であった。大蔵省による厳しい規制により、盛岡市内には先発銀行である岩手殖産銀行の支店網があるため、市街地に進出することは困難であった。そこで、多少不便でも盛岡市に隣接する北の岩手郡滝沢村（現・滝沢市）、南の紫波郡都南村（現・盛岡市）を含めて、郊外支店を狙うことを考えた。郊外は盛岡市のベッドタウンを形成し、マイホームの建設が進み、人口が急増したので、金融機関としては早急に食い込まなければならない時期を迎えていたのである。さらに、岩手県下で東北銀行の支店が未設置であった地域には「移動バス」を仕立て、窓口業務を引き受けるアイディアも打ち出した。

「縁の下重役」を経ての頭取就任

一九七六年四月に二代目頭取の柴田兵一郎が逝去したのにともない、斎藤は頭取に就任した。頭取に就任した時には、斎藤は七〇歳になっており、東北銀行を創立してから二六年が経過していた。「縁の下重役」二六年を経ての、頭取の椅子であった。「一以貫之」は、斎藤が頭取になった際に、中村直（後の衆議院議員・岩手県知事）から贈られた漢詩であったが、銀行家一筋の道を励ましてくれた言葉である、と斎藤自身は受け止めていた。

東北銀行を新設し、その経営基盤の確立に尽力した斎藤は、一九八二年六月に頭取の地位を及川潤三に譲り、自らは取締役常勤相談役となった。斎藤は一九九〇（平成二）年七月一五日に八四歳で逝去したが、その生涯を振り返ると、戦前から戦後にかけての岩手県金融史を語る上で、欠かすことのできない人物の一人であると言えよう。

（岩間剛城）

参考文献

『東北銀行二十五年のあゆみ』一九七六年。東北銀行『とうぎん50年のあゆみ』二〇〇一年。佐々木幸夫『一以貫之　斎藤克郎の銀行夜話』熊谷印刷出版部、一九八六年。地方金融史研究会『続地方銀行史談』第二集、一九九〇年。地方金融史研究会『日本地方金融史』日本経済新聞社、二〇〇三年。

5 七十七銀行と氏家清吉

長者の風格、八面玲瓏の経営者

戦前・戦後の荒波を乗り切り地域金融を支えてきた経営者の群像を眺めてみると、その著しい多様性に戸惑う。しかし強引に区分をすれば、金融業務において優れた手腕を発揮したタイプと、その人柄によって行内融和に実績を残したタイプとに大きくわけることができそうである。いずれのタイプも混乱を収拾し経営を軌道に乗せていくのに不可欠なトップの資質と言えよう。七十七銀行の氏家清吉は、後者のタイプを代表する経営者である。氏家とほぼ同年輩の山梨中央銀行・名取忠彦もこのタイプに入るだろう。

「紛糾を重ねている間に自然に解決」

氏家清吉の人柄について七十七銀行の頭取を務めた柏木純一は「八面玲瓏、人をひきつけた。周囲に和気を揺曳せしめた。銀行の運営成果、表面に表われぬことで、氏家さんに負うところ甚大である。こと紛糾を重ねている間に自然に解決した。徳の致すところである」と述べている（『氏家清吉氏の生涯』一一一～一一二頁）。氏家清吉の高潔な人格、代々育まれてきた氏家家に対する声望、そして地域固有の事情という三つの要素が絡み合い、氏家の銀行家生活が彩られるのである。

生家は大地主、郡内屈指の富豪

氏家清吉（幼名・栄吉）は、一八九二（明治二五）年四月、宮城県伊具郡角田町（現・角田市）に生まれた。生家は「加《か》登清《どせい》」の屋号をもつ大地主、郡内屈指の富豪、旧家であった。とくに父親の先代清吉は、小作農民に対して懸賞付きの小作米品評会を開き産米改良、稲作改善を促し、肥料の実費配布や極貧小農への無料配布を行い、率先して小作料引き下げを断行するなど温情的な地主として著名であった。また他方で、町会、郡会、県会議員を務め各種の社会事業にも熱心に取り組んだ。

先代の早世が人生の節目に

県立角田中学に学んでいた栄吉の人生に大きな節目が訪れたのは一九一〇年である。前途を嘱望されていた先代清吉の早世であった。急遽、栄吉は一八歳の若冠ながら相続して清吉を襲名、角田中学も退学して氏家家の経営を背負うことになるのである。

取締役で入行、簿記と算盤から練習

名望ある地方資産家は、いわば社会的ステータスを示す一つとして銀行の役員となり、他方でそれによって銀行の社会的信用も高まる、これが当然視された時代である。結婚し兵役も終え、各種の公職を担い始めた氏家が、銀行界に踏み出した契機もこのようなものであった。一九一五（大正四）年、同郷の銀行家、湯村保治によって商業貯金銀行（仙台市、のち仙台興業銀行と改称）に引っ張り出され取締役に就任するのである。もっとも、実直な氏家は、入行直後に平社員として簿記と算盤の練習、そして接客係を務めている。その後一九二五年からは仙台興業銀行の専務となり、仙台信託取締役や宮城商業銀行監査役も兼務した。

不良債権処理で私財提供

一九二七（昭和二）年に七十七銀行が宮城商業銀行、仙台興業銀行を合併、これを機に氏家は七十七銀行取締役に就任した。この合併は予想外の展開となった。旧宮城商業銀行における多額の不良債権が合併後に発見されたのである。その額は七十七銀行の不良債権を上回るものであった。この償却にあたっては、旧宮城商業銀行重役の私財提供（四〇万円）も要請され、監査役であった氏家も重役一〇名の一人として三万八八八八円を負担した（岩間剛城「新立七十七銀行の成立」四五～四六頁）。

伊澤平左衛門頭取から薫陶

「毎日銀行に出て自分の相談相手になってくれぬか」という七十七銀行頭取、伊澤平左衛門の誘いに「仙台興銀のような小さな銀行とちがって私のようなものは駄目でしょう」と断る氏家であったが、結局、「お話相手」くらいならと引き受けた（『氏家清吉氏の生涯』三三頁）。ちなみに、一九三二年七月の宮城県貴族院多額納税者議員互選人名簿に記載された、伊澤と氏家の直接国税額（営業税含む）を見ると、伊澤（酒造業）は県下トップ、氏家（金貸業）は一九位であり（日本国政調査会編『参議院名鑑』一四四～一四八頁）、いずれも県下有数の資産家であった。

伊澤と氏家は机を並べて執務していたという。後に氏家は「私は親に仕えるような気持ちで、（伊澤）翁は又我が子のように指導され公私ともいろいろ打ち明けて御相談に預かるようになった」。また「翁の推挙で副頭取に就任したが、私は副頭取というより伊澤翁の政務次官と云った心持ちで、翁が隠退されるような場合は何時でも自分は一緒に退く考えであった」と述べている（『氏家清吉氏の生涯』三三頁）。頭取の職印も氏家が預かっており、二人の信頼関係は深かった。責任感が強く、「寡言温厚の君子」、「東北財界における渋沢栄一」とも評された伊澤を、氏家は心底尊敬し感化を受けた。この篤い薫陶のなかで、元来が性急で闘志満々の性質であった氏家は、すっかり変貌することを得たのである。そして腰を据えて七十七銀行と東北財界の発展に尽くすことになるのであった。

貴族院多額納税者議員、そして頭取へ

この間、一九三二年一月には七十七銀行、東北実業銀行、五城銀行の三行が合併し、新立の七十七銀行が発足した。伊澤頭取の補佐役に徹していた氏家は、脚光を浴びるような華々しい存在ではなかった。しかし一九三三年には副頭取に就任、翌三四年六月には伊澤頭取が逝去し、氏家は葬儀委員長を務めた。続いて三六年の貴族院多額納税者議員補欠選挙において氏家は、投票総数八四票のうち八二票という圧倒的な得票により当選した。これらにより氏家の存在感は次第に重みを増していった。全県的な知名度に加え、議員活動を通じて中央政財界の知己が増え、表舞台へと活躍の場が変わったのである。そして一九三八年九月、頭取に就任した。氏家を銀行家としてだけ見れば、奇妙なことかもしれない。いわば吸収合併された弱小銀行の専務が、それを合併した東北屈指の銀行の頭取に就いたからである。氏家の存在は、銀行を包み込むような大きなものであった。

宮城銀行との合併を機に頭取を辞任

次第に戦時色を強める経営環境のなかで氏家は、中村梅三副頭取に支えられながら真摯に頭取としての責務を果たした。しかし七十七銀行の子銀行である宮城銀行の合併を機に、突然のように頭取を辞任、新設された会長に就いた。一九四一年五月のことである。この事情を七十七銀行『七十七年史』は次のように述べている。

「昭和十六年四月二十五日大蔵省から七十七銀行の頭取および副頭取に対し、四月二十八日両人同道して出頭せよとの招電に接し、頭取氏家清吉と副頭取中村梅三が上京、

■氏家　清吉（うじいえ　せいきち）略年譜

1892（明治25）4・15　宮城県伊具郡角田町（現・角田市）の素封家、氏家清吉の長男（幼名・栄吉）として生まれる
1910・4　父・清吉死去により家督相続し、栄吉改め清吉を襲名、県立角田中学を退学
1915（大正4）5　角田町収入役、以降公職多数
　　7　商業貯金銀行（本店・仙台市）入社、取締役
1922・1　改正貯蓄銀行法に基づき商業貯金銀行は普通銀行となり、仙台興業銀行と改称、同行取締役
1925・7　仙台興業銀行専務取締役
　　11　仙台信託会社取締役
1926・7　宮城商業銀行（本店・仙台市）監査役
1927（昭和2）12　七十七銀行（本店・仙台市）は宮城商業銀行、仙台興業銀行と合併
1928・1　七十七銀行取締役（非常勤のち常勤）
1929・9　仙台商工会議所を主体とする満鮮視察団に参加
1932・1　七十七銀行、東北実業銀行（本店・仙台市）、五城銀行（本店・仙台市）が合併し七十七銀行を新立、同行取締役
1933・7　副頭取
1936・11　貴族院多額納税者議員に圧倒的得票で当選
1938・9　頭取
1941・5　会長
1948・6　頭取
1956・12・14　逝去、64歳

相田銀行局長に面接した。席上相田局長より宮城銀行と合併の件につき話があった上、金融恐慌以来の滞貨については余程改善はされているが、まだ根本的整理の方策はたてられていない。しかも七十七銀行は東北一の銀行であり、これの整理は地方財界のため喫緊事であるので、日本銀行から低利資金を貸付け、その利鞘で整理を行ってはどうかという話があった。なお合同による新秩序の確立および日本銀行仙台支店設置等による宮城県金融界の再出発に際し、現在の銀行首脳に引退してもらい、新たな構想をもつ新人の登場によって、宮城県金融の基礎を設計していきたいとの話であった。ここで合同問題は一転して、七十七銀行首脳部の更迭問題に発展した」（四八五〜四八六頁）。

　こうして日銀検査部長であった柏木純一が頭取に就任し、新たな経営陣のもとで太平洋戦争、そして敗戦直後の動乱をしのいでいくのである。

●戦後、再び頭取へ

　戦後の再建整備をようやく終結させた一九四八年六月、氏家は再び頭取に就いた。行内融和を図りながら、銀行を健全経営の軌道にのせるべく、厳しい日々が始まった。ど

うやら基礎固めの見通しが立った頃に病魔に冒されるのである。

氏家は一九五六年一二月に現職のまま亡くなったが、その年の春に日銀名古屋支店次長を務めていた息子、榮一に手紙を送っていた。そこには「地方銀行は苦労ばかり多くてさっぱり実らないから、地方銀行に戻るなんて考えないで日銀でしっかりやれ」と書いてあったという。これが、気苦労に気苦労を重ねてきた氏家の真の姿なのだろうか。あるいは榮一に苦労をかけさせたくないという親心なのだろうか。本当に「父親はそう思っていたのでしょうかね、なんにも言わないで亡くなりました。あるいは内々は期待していたのかもしれません」と榮一は語る（地方金融史研究会『続地方銀行史談』第四集、三二頁）。伊澤平勝頭取の懇請を受けて榮一が七十七銀行副頭取に就任するのは一九五七年四月であった。

（佐藤政則）

◉参考文献

七十七銀行『七十七年史』一九五四年。氏家清吉氏の生涯刊行会『氏家清吉氏の生涯』一九五七年。日本国政調査会編『参議院名鑑』一九七八年。『七十七銀行百年史』一九七九年。日本銀行金融研究所『日本金融史資料　昭和続編　付録』第一巻、一九八六年。地方金融史研究会『続地方銀行史談』第四集、一九九二年。岩間剛城「旧七十七銀行の銀行合同」（東北大学『研究年報　経済学』第六三巻二号、二〇〇一年一一月）。岩間剛城「新立七十七銀行の成立」（東北大学『研究年報　経済学』第六三巻三号、二〇〇二年一月）。地方金融史研究会『日本地方金融史』日本経済新聞社、二〇〇三年。

6 両羽銀行（山形銀行）と長谷川吉三郎

画一的な一県一行主義に抵抗

山形銀行は、一八七八（明治一一）年創立の第八十一国立銀行に淵源をもつ山形県のトップバンクである。第八十一国立銀行は一八九六年に両羽銀行となり、その後、約七〇年の歴史を刻んで、一九六五（昭和四〇）年四月に山形銀行と行名を改称した。両羽銀行という名称は、羽前、羽後の全域を基盤とするという意味から名付けられた。

長谷川吉三郎（吉彌）が、この両羽銀行に常勤取締役として入行したのは一九二九年一月のことで、同行、苦難の只中のときであった。吉三郎は、爾後、一九五七年の頭取辞任まで、戦前戦後を通して、三〇年近くにわたって、ひたすら同行の舵取りに邁進した。

恐慌下の難局に取り組む

長谷川吉三郎は、一八八九（明治二二）年四月一九日長谷川吉五郎の次男として、山形市十日町に生まれた。一九〇五年三月に県立米沢工業学校を卒業、一九一〇年には両羽銀行の第三代・第八代頭取を務めた先代吉三郎の養子となり、マル山倉庫など長谷川家の家業管理に従事していた。ところが、吉三郎は、上述のように、一九二九年三九歳の時、両羽銀行に入行し、三五年には第一〇代頭取に就任する。吉三郎は、なぜ、このような形で両羽銀行に係わるようになったのであろうか。

この時期、山形県経済は、一九二〇（大正九）年の戦後恐慌、一九二七年の金融恐慌、三〇年の昭和恐慌に見舞われ、苦境に陥っていた。このため県内銀行も多くが経営困難となり、県内陸部銀行の大合同構想や各行ごとに種々の不良資産償却案が立案された。両羽銀行も、県下中心金融機関として多くの不良資産を抱えるに至っており、このため、県下大資産家・大地主で同行筆頭株主であった三浦家の嗣養子東京商科大学教授三浦新七に同行の再建を任せようということになった。三浦に、商大教授を辞任して郷里に戻り、二八年には常勤監査役に就いて、資本金四分の一減資を柱とする滞貸金の一挙償却を策定・実施、さらに翌二九年には同行第九代頭取に就任して、同行の整理・再建を図った。三浦は、頭取就任に当たって、吉三郎に対して「両羽の整理を二人でやろう」と〝再三なる懇請〟を行い、これを受けて、吉三郎が常勤取締役として両羽に入行したのである。

こうして同行は、三浦・長谷川体制の下で恐慌下の難局に取り組んだ。両名は、自らの役員給与一年分を返納し、行員に合理化への協力を訴えた。また、不良資産の整理・回収にも積極的に取り組んだ。こうした努力もあって、山形県下金融機関は、他の東北諸県とは異なって、預金取り付けや銀行破綻を起こすことなく昭和初期を過ぎた。

第一〇代頭取に就任

ところが、一九三五年秋、三浦の母校東京商科大学で学内紛争が起こり、この解決のため三浦に対し商大学長就任を要請するという事態が勃発した。三浦は、三五年一〇月同行頭取を辞任して商大学長に就任、後任に吉三郎を推挙した。しかし、吉三郎は、当行の「信用を確保するためにはあくまでも三浦・長谷川両家が銀行の中枢責任者として経営にあたることが必要であり、その一を欠くときは将来の発展を期しがたい」として、頭取就任を固辞した。吉三郎の意志は固かったが、三浦は親友の結城豊太郎（当時、日本興業銀行総裁）を引き出して吉三郎を強く説得し、その結果、三浦新七の嗣子三浦弥太郎の参画を条件として、吉三郎はようやく頭取就任を受諾するに至った。

銀行合同は買収・吸収合併で進行

吉三郎が頭取に就任した翌年五月、時の蔵相馬場鍈一は「一県一行主義」を打ち出し、戦時経済体制に即応する銀行体制の構築を求めた。一九二七年の銀行法によって、すでに各地域での銀行合同は相当程度進捗していたが、三六年末においても、わが国の普通銀行はなお四二四行を数え、山形県下でも二五の銀行が存続していた。馬場蔵相は、公債の円滑な消化と生産力拡充資金の調達を目的に、更なる銀行合同を強く要請したのである。

この一県一行主義に対し、吉三郎は「ああいう合併方法には同調できません」と強く抵抗した。その理由は、①山形県は藩政時代から小藩に分立して発展してきており、画一的な一県一行を実行すると、かえって県経済を委縮・麻痺させる、②したがって、有力銀行が地域ごとに小銀行を吸収合併していく合同方式のほうが望ましい、③地方の都市銀行支店についても引き揚げ整理を図るべきである、という三点にあった。

この吉三郎の主張を大蔵省も受け入れ、その後の実際の県下銀行合同は吉三郎の主張に沿う形で進行した。内陸部の村山・置賜地区では両羽銀行への合併が進み、庄内・最上地区では一九四一年四月荘内銀行が新立された。

両羽銀行は、一九三五年の楯岡銀行の救済合併を皮切りに、四〇年には、東、羽前、天童、四一年には、三浦、羽陽、東根、村山、四三年には、山形商業、四四年には、高野、山形貯蓄の各行を、買収ないし吸収合併した。この合併に際しては、主として買収合併の方式がとられた。これも大蔵省当局の提唱する新立合併方式に抵抗しての買収合併であったという。「合併して株式を貰うよりは買収合併ということは理想的」、「資本が増えないから大変利回りが良くなる」というのが、吉三郎の方針だったのである。

こうして、太平洋戦争下の四四年には、両羽銀行の主要勘定は、資本金四九六万円、預金一億八〇六九万円、貸出金五五六七万円、有価証券一億二一二四万円（四四年三月）、県下トップバンクの位置を占め、山形県下銀行は、両羽、荘内、羽前長崎の三行となった。戦争末期の四五年春には、この三行の合併が当局より強く勧奨されたが、結局、八月一五日の終戦を迎え、合併話は立ち消えとなった。

●戦後、地元産業振興に向け積極融資

第二次大戦後の戦後改革期に、両羽銀行は、他の金融機関同様、金融機関経理応急措置法、金融機関再建整備法に基づいて、新旧勘定分離、損失確定、資本金減資や預金切り捨て等による損失補填を行い、一九四八年一〇月、新資本金三〇〇〇万円の両羽銀行として再出発した。

■長谷川　吉三郎（はせがわ・きちさぶろう）略年譜

1889（明治22）4・19　長谷川吉五郎の次男として、山形市十日町に生まれる。幼名吉彌
1905・3　県立米沢工業学校卒業
1910・5　長谷川吉三郎（両羽銀行第三代・第八代頭取）の養子となる
1929（昭和4）1・25　両羽銀行入行、常勤取締役
1935・10・14　第一〇代頭取
1957・10・25　頭取辞任、顧問
1967・11・30　動脈硬化症により逝去、78歳

これに先立つ同年八月、両羽銀行は、戦時中から懸案となっていた羽前長崎銀行との合併を実現した。両行の合併問題が改めて俎上に上ったのは前年末のことであった。当初は、荘内銀行と羽前長崎銀行の合併が構想されたが、羽前長崎の従業員の多くが両羽との合併を希望し、羽前長崎の従業員組合も強くこれを主張したため、羽前長崎の首脳部も両羽との合併に踏み切った。この合併は、金融機関再建整備法二六条に基づいて実施され、日本でただひとつの合併事例となった。GHQは、合併の発端が羽前長崎の従業員組合の提案に基づいたという点で、初めは合併に難色を示したが、出頭して繰り返し説明を加える中で了承し、合併を認可した。羽前長崎の本店は、両羽銀行長崎支店となり、同行の行員は全員、新規採用の形で両羽銀行に引き継がれた。

同行資本金は、その後、翌四九年に五〇〇〇万円、五一年に一億三〇〇〇万円、五七年には二億六〇〇〇万円へと増資を重ねた。預金、貸出も、四八年の一三億三九〇〇万円、一〇億一〇〇万円から、五七年には一七〇億一三〇〇万円、一三七億一六〇〇万円と一〇倍以上の伸びを示した。

預金や貸出の順調な伸びを支えたのは、一つは店舗網の拡張であり、もう一つは積極的な融資方針であった。敗戦時における両羽銀行の支店数は三七であったが、五五年までの一〇年間で、庄内・最上地域を中心に一〇カ店を拡充した。五二年には、東京支店も七年振りに開店することができた。この店舗網の拡充が預金増をもたらしたのである。

融資方針に関しては、地元産業振興を第一の課題とした。戦前の主要産業であった製糸・織物、戦後本格的に生産を拡大し始めた機械製造業（ミシン・農機具・電気機械）、化学工業（ソーダ・石鹸・合成樹脂）、製材・木工品、食品缶詰加工業などに対して、積極的な支援を行ったのである。戦後間もない頃八方ふさがりだった花王石鹸に対して、吉三郎が融資を快諾した挿話は、城山三郎の『梅は匂い人はこころ』に生き生きと描かれている。また反対に、積極融資が失敗に終わった事例も、『山形銀行百年史』には率直に記されている。北洋皮革工業株式会社に対する融資がそれで、戦後二〇年間にわたって同行を悩ませ続けたという。この不良債権は、一面では、戦後復興期から高度成長前半にかけての同行融資方針を制約したが、他方、戦後復興期の地元産業復興への熱意が引き起こしたものとも言える。

●創立六〇年を機に勇退

一九五六年、両羽銀行は創立六〇周年を迎えた。これを機に、吉三郎は勇退の意向を固め、翌五七年の役員改選期に至り、頭取を辞任した。「永い間の銀行生活から離れることは淋しいが銀行が安定しもっとも収益性のある今日、やめる事がいちばん当を得たものだと考える。……三浦新頭取は二十二年間、私のベターハーフとしてつとめてきた人で最適任だ、常勤重役陣も強化されたのでこんごは盤石だと思う」というのが退任の弁であった。

第一一代頭取に就任した三浦弥太郎は、一九三五年に辞任した養父三浦新七の跡をついで常勤取締役として入行以来、戦前戦後にわたって吉三郎と二人三脚で同行の経営を担ってきた人物であった。

両羽銀行は、一九六五年四月、創立七〇周年を前に、行名を山形銀行と改称した。もともと両羽という名称は、羽前、羽後の両地域を包摂するいわば「オール山形」という意味合いで名付けられたものであった。改名には賛否両論があったが、広域経済への積極的移行、旧国名に対する記憶の薄れ、対外的な発音のネックなどから、山形銀行への改称が決定されたのである。

この間、吉三郎は、同行顧問として、引き続き同行の経営に対して助言を続けたが、一九六七年一一月三〇日、動脈硬化症により逝去した。七八歳であった。趣味の古美術収集はつとに有名で、蕪村筆「奥の細道屏風」は国重要文化財に指定されている。蒐集した古美術・文化財は、没後山形美術博物館に寄贈され、「長谷川コレクション」として展示されている。

（伊藤正直）

●参考文献

『山形銀行七十年小史』一九六六年。『山形銀行八十年史』一九八一年。『山形銀行百年史』一九九七年。『回想・わが心の山形銀行』一九九八年。地方金融史研究会『続地方銀行史談』第一一集、二〇〇三年。地方金融史研究会『日本地方金融史』日本経済新聞社、二〇〇三年。白鳥圭志「反動恐慌後における地方銀行の経営整理と本支店＝地域間資金移動」（地方金融史研究会『地方金融史研究』第三二号、二〇〇一年）。邉英治「戦時体制下における大蔵省銀行検査」（『社会経済史学』第七〇巻第六号、二〇〇五年三月）。

■福島県

7 東邦銀行と須藤仁郎

経営改革を進め、福島県全域で親しまれる銀行に

東邦銀行は、一九四一（昭和一六）年一一月、福島県内に本店を有する郡山商業、会津、白河瀬谷の三銀行の新立合併によって成立した。一九四五年の敗戦時には、東邦銀行は福島県内で唯一の地元地方銀行になっていたとはいえ、それにふさわしい体制はまだできていなかった。敗戦直後の一九四六年に、日本銀行から東邦銀行に入行した須藤仁郎は、持ち前の強力なリーダーシップを発揮して、東邦銀行の経営改革を進めていった。須藤仁郎は、東邦銀行を福島県全域で親しまれる地方銀行へと成長させた、「育ての親」としての役割を果たした銀行家であった。

日本銀行への入行

須藤仁郎は一九〇一（明治三四）年二月、福島県信夫郡鎌田村本内（現・福島市本内）に生まれた。須藤仁郎の祖父・清七は、信夫郡選出の県会議員であった。須藤は小学校の時に受け持ちの先生から、「須藤の性格では銀行員がいいだろう」と勧められた。両親にその旨を話したところ、「そうか、銀行員はいいだろう、すると中学ではなく商業学校だな、商業学校に入れ」と言われた。須藤は両親の言葉に従って、福島市立商業学校（現・福島県立福島商業高等学校）に入学した。福島商業を卒業する直前には、須藤は子供のときとは考えが変わり、商社員になることを希望していた。上海の貿易商である伊藤洋行を志望し、話がまとまりかけた時に、福島商業の先生の勧めで日本銀行福島支店を受験することになった。合格者一名で採用となったのが、須藤の銀行員生活の振り出しであった。

当時、日本銀行行員の学歴は大学出、それも官立・東大出が多かった。商業学校卒の学歴で日銀に入行するのは稀な事例であり、通常であれば、須藤が幹部行員になれる見込みは全くなかった。日本銀行に入ってから、このような状況を知って「これはえらいとこへきた」と、須藤は後悔した。しかし「入ったからには一生懸命やることだ」と、須藤は日銀福島支店で営業関係の預金、貸出、為替、国債

といった仕事に取り組んだ。

須藤にとっての転機は、一九三四年であった。須藤は、日本銀行の本店調査局に配置替になったのである。当時の本店調査局は、大学の研究室のような趣があり、勉強をするのにはもってこいの環境であった。商業学校卒の須藤は、大学に入学するようなつもりで、本店調査局での勤務を志望したが、この希望が叶えられたのである。

一九四〇年、須藤は日本銀行秋田支店の営業課長になることを命じられた。営業課長は日銀においてはエリートコースであり、商業学校出の須藤の学歴では及びも付かないことだった。当時、日本銀行内では「異例の人事」と言われたが、須藤の実力が日本銀行内において認められたと言えよう。須藤は一九四三年まで秋田支店に勤務した後、再び本店に戻り、今度は審査部に配属となった。審査部での仕事は、行則を作ったり、支店からくる稟議書をみたりというもので、稟議書の中には特別融資に関するものなどもあった。それを一々調べ、吟味し、意見を付して重役室へ持参したりした。

敗戦直前の一九四五年五月には、戦時統制経済の下で本州と北海道の金融的な結び付きを強化するために、日本銀行は青森駐在員事務所を開設することになった。青森駐在員事務所は差し当たり、日本勧業銀行青森支店内に設置されたが、その所長に須藤が選ばれたのである。敗戦直後には青森で日本銀行支店開設の動きが高まり、青森駐在員事務所は、一九四六年八月に青森事務所、同年一一月に青森支店になっている。以上のような青森支店の設立経過から見て、商業学校出の須藤は事実上、日本銀行の支店長クラスにまで昇進を果たしたと言えよう。

日本銀行から東邦銀行へ

須藤が日本銀行青森駐在員事務所長であった一九四六年に、本店の秘書課から「総裁御用スグ上京セヨ」との電報がきた。青森から東京に急いで上京すると、一万田尚登総裁から「福島の東邦銀行へ行け」という話であった。北代誠弥副総裁に意向を聞くと「奥さんが病気でもあるなら待ってもらえるだろうが、断ることはできまい」という話であり、同僚の山村鉄男福島支店長などは「君は東邦に行くことになったそうだな」と肩を叩く始末。当時の交通事情では親類や友人、先輩を訪ねて意見を聞けず、とうとう須藤は誰にも相談せずに、東邦銀行入りを承諾した。こうして一九四六年七月に、須藤は四五歳の若さで、取締役副頭取として東邦銀行に入行することとなった。

当時の東邦銀行は、福島市民にとって、未だなじみの薄い銀行であった。須藤が東京から青森への帰り道の途中に福島に寄り、親戚の佐久間佐一郎（後の福島市議会副議長）に「今度、東邦銀行に入行することになった」と相談をした。ところが、佐久間は「東邦銀行って、どこの銀行だ？」という返答をしたのである。副頭取になるのはいいが、東邦銀行とは福島市民にも名前を知られていない銀行なのか、と改めて須藤は嘆息することになった。

一九四六年七月当時、東邦銀行が福島市民にとってなじみが薄い銀行であった理由としては、昭和恐慌期までの福島県金融界の状況と、その後に東邦銀行が設立された過程が、その背景にあった。昭和恐慌期以前の福島県下で、最有力であった地元銀行は第百七銀行であり、同行は福島県全域に及ぶ支店網を形成していた。しかしながら、昭和恐慌期の一九三一年までに、福島県下の銀行は全国でもその例を見ないほどの、極めて大きな打撃を受けることになった。福島県の中心的な産業であった製糸業の不振を背景とした銀行経営の悪化と、福島県下における政友・民政両党の政争を背景とした銀行経営に対する中傷報道が影響して、第百七銀行、福島商業銀行、郡山合同銀行など、ほとんどの福島県下有力銀行は破綻し、福島市では本店銀行が一つも無くなる、という惨状を呈したのである。

福島県では、昭和恐慌期を乗り切って、かろうじて生き残った郡山商業銀行、会津銀行、白河瀬谷銀行の三行が、大蔵省の強力な勧奨のもとで合併をした。結果として、一九四一年に東邦銀行が誕生することになった。一九四六年七月当時の東邦銀行の本店は、旧郡山商業銀行本店を引き継いでいた関係で、郡山市にあった。他方、県庁所在地である福島市においては、東邦銀行の支店は一九四二年に設立されたばかりだった。そのため、一九四六年七月当時の福島市民にとって、東邦銀行は郡山地区の小銀行というイメージであり、福島県全域の銀行というイメージを持たれていなかったのである。

●東邦銀行の基礎固めに取り組む

東邦銀行に副頭取として入行した須藤は、佐藤安二頭取

須藤 仁郎（すとう にろう）略年譜

1901（明治34）2・17 福島県信夫郡鎌田村（現・福島市）に須藤彦吉、トメの二男として生まれる
1917（大正6）3 福島市立商業学校卒業
4 日本銀行福島支店入行
1934（昭和9）8 日本銀行本店調査局
1940・8 同行秋田支店営業課長
1943・7 同行本店審査部
1945・4 同行青森駐在員事務所長
1946・7 東邦銀行取締役副頭取
1947・4 福島県銀行協会会長（～72・2）
1953・10 東邦銀行取締役頭取
1956・2 福島県信用保証協会会長（～70・5）
1957・1 福島商工会議所会頭（～70・12）
1965・8 福島県物産振興協会会長（～82・5）
1968・8 福島県共同募金会会長（～83・3）
1969・4 福島県社会福祉協議会会長（～83・4）
1972・2 東邦銀行取締役会長
1978・11 福島県保険衛生協会会長
1983・6 東邦銀行取締役相談役
1984・3・30 逝去、83歳

よりほぼ全面的な権限委譲を受け、東邦銀行の基礎づくりに没頭することになった。

須藤が東邦銀行に入行した一九四六年の時点で、東邦銀行は誕生してから五年近くが経っていた。しかしながら、日本銀行での勤務が長かった須藤の目から見ると、行内の整備が全然できていない状況であった。例えば、支店ごとに別々の帳簿を持っており、規則などもほとんどなかった。郡山商業・会津・白河瀬谷の三つの銀行が合併したけれど、それぞれがそのままの姿で、独自にあったという状態のようであった。このような状況の下で、日本銀行での経験を活かしつつ、須藤は持ち前の卓抜した判断力と強力なリーダーシップを発揮して、東邦銀行の経営改革を進めていく事になった。

福島県内唯一の地元地方銀行となった東邦銀行にとっては、県庁所在地である福島市に本店を移す必要性は極めて大きかった。当時の東邦銀行にとって懸案であった、福島県本金庫や日本銀行代理店業務の引受け交渉に際しても、福島県庁や日本銀行福島支店がある福島市への本店移転は、必須の条件だったのである。また福島市に本店を置く事は、

官庁や日本銀行福島支店との連絡に便利であり、あるいは「東邦銀行は郡山地区の小銀行である」というイメージからの脱却につながる利点もあった。郡山商業銀行以来の郡山市との関係や、敗戦直後の経済状況から、本店移転には反対意見もあった。しかし、須藤が推進役となって、一九四六年一二月に福島支店を拡張した上で、本店を郡山市から福島市に移した。そして、東邦銀行の旧本店は、郡山支店として営業を継続することとなった。

福島市に本店を有した第百七銀行が、金融恐慌の影響で一九二八年一二月に休業のやむなきに至った際に、福島県本金庫は福島県農工銀行に移された。さらに一九四四年に福島県農工銀行が日本勧業銀行に吸収されたことにより、日本勧業銀行福島支店に福島県本金庫は受け継がれていた。東邦銀行は、県下における唯一の地元地方銀行としての地位を確立するに及んで、福島県本金庫の引き受けを念願するに至った。しかし、東邦銀行の本店は県庁所在地である福島市を離れて郡山市に所在していたなどの事情もあり、福島県本金庫受託の交渉は福島県当局の応諾を得るに至らないまま、推移していたのである。

東邦銀行本店の福島市移転と合わせて、福島県本金庫の引き受け、および日本銀行代理店の引き受けの重要性に着目した須藤は、自ら陳情書を起案するなどして福島県当局と交渉し、あるいは日本勧業銀行に対して譲り渡しを懇請するなどの努力を重ねた。須藤を中心とする東邦銀行側の積極的な努力はついに福島県当局を動かし、また日本勧業銀行側も東邦銀行の懇請を快く受け入れることとなった。一九四七年四月に、待望の福島県本金庫の引き受けが実現し、あわせて東邦銀行支店による全面的な支金庫事務取扱も実現した。先に本店を郡山市から県庁所在地の福島市に移転していたことも、東邦銀行の立場を有利にした大きな要因であった。こうして東邦銀行は、福島県下における地元地方銀行としての体制を整えたのである。

また、日本銀行代理店業務は、郡山市や会津若松市は富士銀行、平市（現・いわき市）は常陽銀行が行っていた。福島県下有数の諸都市における日本銀行代理店業務を引き受けることも、東邦銀行にとっては懸案の一つであった。東邦銀行ではそのため、日本銀行に対して陳情を続けたのである。その結果、一九四八年一二月に、日本銀行から、東邦銀行に対して前記三市の代理業務受託が認められた。これにより、福島県下の日銀代理店事務の全部を東邦銀行が引き受けることになり、東邦銀行の機能は一段と強化充実することになった。東邦銀行は、福島県を代表する金融機関としての「金看板」を得たのである。

●本部組織の強化と再度の本店移転

東邦銀行は、一九四一年の設立後、わずか一ヶ月で太平洋戦争の開戦を迎えたため、十分な組織・機構・事務分掌などを確立できずに戦後に至っていた。男子行員は次々と戦場に送られ、残った者も勤労奉仕や防空訓練を行っていた、という戦時下の状況を考えれば、やむを得ないことではあった。須藤は、東邦銀行の発展をはかるためには組織・機構の整備充実が必要であることを感じ、内規の全面的改正にとりかかった。苦心の末に、一九四六年一〇月に新しい内規が取締役会において制定され施行された。この改正により、それまで慣習的に運用されていたような店部課制度も整然たる姿に整えられ、事務分掌なども明確に規定されることになった。ついで同年一一月には、本部を営業部から分離して、新しい本部組織が作られた。それまでの本部は極めて弱体で、しかも本店営業部との区別が極めてあいまいなものであった。須藤による一連の経営改革により、東邦銀行の本店機構は格段に整備・強化されたのである。

先述のように、東邦銀行は一九四六年一二月に郡山市から県庁所在地の福島市に本店を移転した。しかしながら、敗戦直後の混乱期に急に移転したため、福島市の社屋は本店としての機能を十分に果たすだけの設備を備えたものではなかった。その後の銀行業務の拡大、人員の増加とともに、福島市の本店社屋はますます手狭になり、新しい店舗を考える必要が出てきた。相談をした結果、日本興業銀行福島支店が使っていた、元の第百七銀行本店の店舗（一九二四〔大正一三〕年六月に竣工）を東邦銀行が頼んで譲り受ける案が浮上した。そして、そのための困難な交渉が、三年半の長きにわたって続けられることになったのである。ようやく日本興業銀行から店舗の譲渡が認められたのは、一九五〇年五月二五日であった。この事は、懇請の開始後に約三年、毎月必ず福島から上京して日本興業銀行で懇請をしてきた須藤にとって、大きな喜びであった。こうして、旧第百七銀行の本店店舗に、東邦銀行の本店を一九五一年九月に移転することができ、東邦銀行は名実ともに大銀行としての威容を整えることになった。

●頭取に就任し、東邦銀行のさらなる経営改革を推進

須藤は、一九五三年一〇月に佐藤安二頭取が高齢のため辞任したのを受けて、頭取に就任した。須藤は副頭取時代に引き続き、東邦銀行の経営改革・経営拡大を進めていった。

須藤が副頭取を長く勤めた昭和二〇年代は、昭和恐慌期に福島県下の中心的な銀行が失われて以来の、ただ一つの地元地方銀行として、東邦銀行が福島県内における基礎固めを行った時期であった。須藤が頭取であった昭和三〇年代からは、他県への進出が開始されることとなった。須藤は上京するたびに大蔵省に出向いて、大蔵省銀行局長、課長、係長に会って東京支店の設置を陳情した。あまりに度々行ったので、しまいには須藤が大蔵省に現れると、先方から先に「ご用件は東京支店でしょうね」「東京支店とあなたの顔に書いてありますよ」などと言われるようになった。大蔵省内では上から下まで皆から「東邦銀行なら東京支店の件でしょう」と言われるほどになったのである。こうしてついに大蔵省からの認可を得て、一九五六年には東京支店が開設された。東京支店の新設は、地方銀行の大都市進出は認めない、という当時の大蔵省の店舗行政の壁を乗り越えての悲願の達成であった。東京支店の新設により、東邦銀行は東北有数の地方銀行、福島県唯一の地元地方銀行との評価を揺るぎないものとした。さらに一九六一年には、東北地方の政治・経済・文化の中心地である仙台市に仙台支店を開設した。

また特筆すべきは、人材育成面での力の入れようであった。急速に拡大する業容を追いかけて行員を採用してきたため、他行に比べて行員が若く熟練者が少ない、という危機感がみなぎっていた。「企業は人なり」との信念を持って、社内報の発刊、事務規定の改正整備、事務解説書の作成、行務研究会（勉強会）の開催、事務講習会（集合研修）の実施など、行内のスタッフをフルに活用した全行あげての行員啓発が、繰り返された。

全役職員の総力結集の拠り所としては、新たに行是「積極堅実」と全行員の日常の行動指針「我等の指針」を制定

し、行内深くその理念を浸透させた。

業務の拡張にともなう人員の増加や機械化の進行に対応すべく、東邦銀行の発展と信用のシンボルともいうべき、新「本店」を一九六七年に新築した。

経営管理面では、長期経営計画、総合予算制度、営業店独立採算制、営業店表彰制度などの諸制度を導入、整備し、計画的経営体制を定着させた。

営業基盤の面では、県内・県外の店舗を飛躍的に拡充・強化した。中枢大都市店舗（東京支店、仙台支店）の新店舗への移転、隣接県主要都市への進出（日立支店、宇都宮支店、水戸支店）を実現するとともに、本店に次ぐ大型店である新「郡山支店」の開設準備を進めた。

事務量の増大、業務の多様化に対応して、コンピュータを導入する（オフライン処理）とともに、事務の本部集中化を進める（取立手形、県公金事務等）など、大量事務処理体制の確立を図った。

●後進に道を譲る

本店を新築し、東邦銀行が創立三〇周年の関門を通過した直後の一九七二年に、須藤は頭取の地位を瀬谷誠一に譲り、取締役会長となった。

須藤は、日本銀行在職時の豊富な経験を生かして、東邦銀行での経営改革を進めた。須藤が強力なリーダーシップをもって推進した一連の経営改革により、東邦銀行は経営規模を拡大し、福島県全域で親しまれる地方銀行に成長していった。日本銀行から東邦銀行入りした須藤は、いわゆる「生え抜き型」の頭取ではなかったものの、東邦銀行の「育ての親」として、大きな役割を果たした。須藤は、高齢と健康上の事由により会長職を辞任し、相談役に就任した直後の一九八四年三月三〇日に、八三歳で逝去した。

（岩間剛城）

●参考文献

『東邦銀行二十年史』一九六三年。『東邦銀行三十年小史』一九七三年。『東邦銀行四十年史』一九八三年。『東邦銀行五十年史』一九九二年。『東邦銀行60年史』二〇〇二年。『東邦銀行70年史』二〇一二年。『日本銀行百年史　資料編』一九八六年。宮島宏志郎『東邦銀行小史』日本経済評論社、一九七九年。地方金融史研究会『日本地方金融史』日本経済新聞社、二〇〇三年。須藤仁郎「私の履歴書」（『財界ふくしま』第六巻第六号、財界21、一九七七年）。須藤仁郎・竹内陽一「主幹対談　健在なり須藤仁郎〝金融正論〟

62年の歩みの中から」(『財界ふくしま』第八巻第四号、財界21、
一九七九年)。福島民報社編『福島県を担う人々』一九五四年。
福島民報社編『福島県を担う事業と人』一九六八年。

関東地方

8 群馬銀行と横山太喜夫

「無我夢中」の再建から会得した地銀のあり方

横山太喜夫は、一九四四（昭和一九）年一一月、日本銀行から派遣され群馬大同銀行専務に就任した。四八年六月には頭取となり、六八年四月に会長に退き、その翌年、六九年一一月に逝去した。二五年もの長きにわたって群馬銀行（一九五五年改称）の戦時・戦後を担うことになる。横山太喜夫の群銀生活は、戦災による本店焼失、戦後の大混乱、決算承認銀行への転落から始まっている。困難を克服し、銀行の再建を果たしただけでなく、さらに進んで群馬銀行がどのような地方銀行を目指すのかというプリンシプルを確立し、群馬金融を牽引していった。

●日本銀行から群馬大同銀行へ

横山太喜夫は、群馬銀行に入った経緯を聞かれ「要するにあの時分には、群馬銀行は日本銀行から特別融通を受けたんです。新しく再建をするということで、派遣されたわけです。」（「《頭取対談》横山群馬銀行頭取に聞く」三五頁）と応えている。ともに派遣された松井敬造頭取を支え、経営を再建すること、これが当初、横山に期待された課題であった。

群馬大同銀行の発足はいささか複雑である。一九三二年九月に県の肝いりで設立された群馬県金融（株）が一〇月に銀行業の認可を受け、群馬大同銀行と改組し、一一月に前橋を拠点とする旧・群馬銀行（前身は三十九銀行）および高崎を拠点とする上州銀行と合併して誕生した、いわゆる県是銀行の一つである。翌三三年には倉賀野銀行、四一年に富岡、大間々、松井田、下仁田、上毛の五行、四四年に上毛貯蓄銀行を合併し、県下一行が完成している。

発足から太平洋戦争が始まる頃まで群馬大同銀行の経営は極度に不安定であった。当初からかなりの不良債権を抱え、しかもその後の合併で増加したと言われており、加えて地場産業である蚕糸・織物金融への依存が大きすぎたからである。このためか、頭取の交替が相次いだ。日本銀行の小島友次郎（発行局長）が一九四一年三月に四代頭取に就任するが、そのさい日本銀行は五〇〇万円、年一分の低利特別融通を行っている。これで三分半利国債を購入し、その鞘を再建資金に充てるのである。

一九四四年四月に小島頭取辞任の後を松井敬造（日銀経理局長）が継ぐ。そして召集により常勤役員が松井頭取だけになったことから、同年一一月に横山太喜夫が専務取締役に着任し、「非常に悪い、どん底の銀行」（横山）での生活が始まるのである。

「無我夢中」の戦時・戦後

横山太喜夫は、一八九七（明治三〇）年に岡山県邑久郡西大寺村字長沼（現・岡山市東区）の農業・池本与三郎、つねの次男として生まれた。慶応義塾大学経済学部在学中に結婚し横山家の養子となった。一九二三（大正一二）年卒業とともに日本銀行に入行、秋田支店、大阪支店、本店、秋田支店、名古屋支店、本店、松本支店、本店と転勤を重ね、文書局庶務課長兼人事部次長を最後に退職、群馬大同銀行専務に就任した。茫洋とした風貌と押しの強さが特徴であったと言われている。

戦時経済の進行に伴って群馬県は軍需産業の一大拠点となった。中核企業は、創業者・中島知久平が群馬県の出身であり、群馬を本拠とする中島飛行機である。また理研グループ企業の前橋進出、浅野系企業（関東電気興業と関東電化工業など）の渋川進出があり、これらの生産施設拡張によって化学、電気、工作機械等々の各種企業が続々と進出した。こうして県下に多数の協力工場、下請工場が生まれたのである。

軍需経済化による群馬経済の活況は、苦境に喘いでいた群馬大同銀行の収益を著しく改善させ、不良債権の償却を無理なく行えるまでに回復させた。したがって横山太喜夫は、不良債権の整理問題で苦労することはなかった。しかし、戦争末期の空襲によって本店を焼失し、加えて一人の父親としても深い傷を負った。四人の子息のうち次男をビルマ戦線で失い、戦後すぐに長男を病で失ったからである。

横山太喜夫と群馬大同銀行の試練は、占領期になるとますます厳しくなる。敗戦の混乱、軍需工場の操業停止と民需転換、ハイパーインフレの発生と預金封鎖、新円切替え、農地改革による大地主の没落と自作農の創出、製糸・織物業の復活等々がほぼ同時に進行するなかで、軍需産業に対する政府補償の打切り（戦時補償打切り）が断行された。その損失処理のため群馬大同銀行も、一九四八年三月、金融機関再建整備法に基づいて資本金の九割、さらに法人預金のかなりを切り捨てた。資本金九割減資を実施せざるを得なかった全国銀行は、六八行中五〇行に及んだ。このほか全額減資が六行、それでも補てんできない銀行が四行であった。この混乱を極めた激動のさなかの同年六月、横山は頭取に就任した。

横山太喜夫はこうした危機的状況をどう見ていたのか。後年、面白いことを述べている。「戦時経済というものがあって、すべてがおじゃんになった。そして二三年に再建整備法によって、同じスタートラインに入っていった。それまでは離れておったんだけれども、そこで同じスタートラインに立てたというわけなんです。」（「《頭取対談》横山群馬銀行頭取に聞く」三六頁）なんと凄まじい闘志であろうか。

もともと群馬大同銀行は「非常に問題にならぬような内容の銀行」（横山）であり、とても地銀トップクラスには手が届かないが、客観情勢が同じスタートラインに立たせてくれた、と言うのである。

もっとも翌一九四九年一〇月の大蔵省臨店検査において、新設された東京支店で多額の不良債権が摘発され、決算承認銀行の指定を受けるという予期せぬ事態も生じている。こうした直面する難題に「無我夢中」（横山）で取り組んでいくが、そのなかで群馬銀行のあり方も次第に鮮明になっていくのであった。

■横山　太喜夫（よこやま　たきお）略年譜

1897（明治30）9　岡山県邑久郡西大寺村で、池本与三郎、つねの次男として生まれる
1923（大正12）4　慶応義塾大学卒業後、日本銀行入行
1941（昭和16）2　同行調査役松本支店次長
1943・3　同行文書局用度課長
10　同行文書局庶務課長兼人事部次長
1944・11　群馬大同銀行専務取締役
1948・6　同行頭取
1955・1　群馬銀行に行名改称
1967・7　同行会長を兼務
1968・4　同行会長
1969・11　逝去、72歳

広域経済圏に密着した群馬銀行へ

横山太喜夫が頭取に就任する一九五〇年前後の群馬大同銀行では、戦後の製糸・織物業の復活に伴って貸出全体の約五〇％を繊維関係金融が占めていた。戦前の苦い経験に照らして横山はこれを危険だと思った。横山がとった方針は、預金増強と厚い支払準備（預金の三分の二）、特定産業への傾斜を避ける貸出業種の分散化、その一環としての県外展開であった。戦前群馬の地域銀行であれば、地元産業との一蓮托生もやむを得ないのかもしれないが、群馬大同銀行はそういうわけにはいかない。預金者保護の観点からも銀行経営の安定性を最優先すべき、横山が帰着した基本原則であった。なかでも貸出業種の分散化は、その後の群馬経済において多様な産業の発展がみられたことから、予想以上に円滑に遂行できた。

一九五〇年代半ば頃から横山太喜夫は、地銀における「日本一」を唱えるようになる。それは預金高などのボリュームではなく、「内容の点で日本一」（横山）ということであり、具体的には、行員一人当たり預金平残の増加を軸とする「パーヘッド経営」であった。「日本一」は行員の「上州魂」に火をつけた。これによって直接競合しない山口、南都、中国、静岡、広島、滋賀が事実上のライバル行となり、ついに一九六〇年代前半には一位、二位を争うまでになる。

一九六〇年代半ば頃から顕在化する金融効率化・店舗規制緩和の動きを受けて、他の金融業態との競争に関する言及が目立ちだす。群馬県内でも信用金庫、信用組合、相互銀行の成長がみられ、「当行だけが地元銀行ですといって安閑としてはいられなくなった」（『群馬銀行五十年史』四三九頁）と横山太喜夫は言う。地元銀行という本来の姿を大事にすれば、県経済のあらゆる金融ニーズに「雑貨商」（横山）的に応えるべきであるし、それは可能でもある、しかしその結果、特定地域において強力な地盤をもつ相銀、信金、信組との競争は激化する。熟慮の結論は、「行政区画を離れた真の意味の地元銀行として、広域経済圏に密着した群馬銀行」（同前書）であった。これまでの県外展開においても当該県の地銀を必要以上に刺激しないのが横山流と言える。この方向を県内外で堅持しつつ、群馬経済の多様な産業発展と広域化に即して生きていく、そういう群馬銀行への躍進を横山はさし示すのである。

◉全国地方銀行データ通信の実現

横山太喜夫の功績の一つとして必ず挙げねばならないのが、一九六八年七月一日から稼働した「全国地方銀行データ通信」である。そこにおける横山の貢献は多大であった。このシステムは、各地方における稠密な店舗網という地方銀行の特色を活かし、コンピュータと通信回線を用いて、全地方銀行の他行為替事務をオンラインで処理する為替交換制度であった。開発にあたった日本電信電話公社のデータ通信サービス第一号でもある。

戦時中に成立した「内国為替集中決済制度」に対して負荷の大きい日本銀行は、戦後、しばしばその改廃を提起してきた。ようやく一九五八年の為替決済規程制定により決着するが、それは日本銀行が決済段階を、市中銀行がその交換段階を担うというものである。「全国地方銀行データ通信」は、こうした流れに沿う取組みであった。

他方で、一九六〇年頃から始まる「銀行の大衆化」に伴って、事務の合理化・機械化は必須の課題となった。なかでも預金・貸出業務に対して軽視されがちな為替業務は、実は相当の事務量があり、熟練を要する煩雑・複雑な業務であった。こうした認識を横山太喜夫は早くからもっていた。しかし為替の性格上、行内だけでは自ずと限界があり、銀行間の共同行為がどうしても必要であった。全国地方銀行協会（地銀協）が、テレタイプ為替通信網の相互連結に関して本格的な検討に入るのは一九六一年からである。横山は、この共同事業の検討から稼働までを責任者としてリードした。

同じ地銀といっても企業規模にかなりの幅があり、さらに各行独自の為替処理方法、加えて採算への懸念、メーカー選定、経費分担等々、解決せねばならない問題は山積していた。これらを粘って、粘って、粘り抜いて、まとめていった。異企業間を連結させたこの先駆的なシステムは、その後の金融機関における事務の合理化・機械化に多大な影響を及ぼし、一九七三年には都市銀行等も参加する「全国銀行データ通信システム」へと発展的解消を遂げるのである。

（佐藤政則）

◎参考文献

萩原進『群馬県金融史――群馬大同銀行を中心としたる』群馬大同銀行、一九五二年。『群馬大同銀行二十年史』一九五二年。「人物評論――横山太喜夫氏」(『政経時潮』第七巻第四号、政経時潮社、一九五二年四月)。地方金融史研究会『続地方銀行史談』第一一集、二〇〇三年。「《頭取対談》横山群馬銀行頭取に聞く／横山太喜夫、鶴田卓彦」(『金融界』第一八巻第九号、金融界社、一九六六年九月)。横山太喜夫「共同事業は全職員の理解で発展する――全国地方銀行データ通信システムの稼動に際して」(『近代セールス』第一三巻第九号、近代セールス社、一九六八年八月)。横山太喜夫「全国地方銀行データ通信システムの稼動に寄せて」(『Fujitsu』第一九巻第五号、一九六八年九月)。『故取締役会長横山太喜夫追悼』群馬銀行、一九六九年。杉山和雄「『地方的銀行合同』の人的側面――専門経営者の台頭」(逸見謙三編『経済発展と金融』創文社、一九八二年)。『群馬銀行五十年史』一九八三年。『全国地方銀行協会五十年史』一九八八年。杉山和雄「戦前期の系列地方銀行と派遣役員」(『成蹊大学経済学部論集』第三八巻第一号、二〇〇二年一〇月)。

9 足利銀行と鈴木良作

全国地方銀行協会を創った銀行家

全国地方銀行協会（地銀協）は一九三六（昭和一一）年、二七二の地方銀行を会員として創設された。この時、それまでジャーナリズム用語のように使われてきた「地方銀行」という用語が「国債引受シ団加盟銀行以外の普通銀行」と明確に定義された。全国地方銀行協会は一人の銀行家の精力的な活動によってその結成が実現した。当時、足利銀行の副頭取であった鈴木良作である。鈴木は、戦前期足利銀行の発展を築いた銀行家である。本稿では、これまであまり注目されることのなかったこの人物像を中心に、なぜ、地銀協の設立が必要であったのか、このとき全国二七二の地方銀行をまとめ上げた鈴木の経営思想とはいかなるものであったのか、鈴木をこの運動へと駆り立てた地方銀行の苦境とはいかなるものだったのかについての概要を紹介する。

鈴木良作のこと

鈴木良作は一八七八（明治一一）年、群馬県矢場川村の齋藤啓次郎、マサの二男として生まれた。生家は代々名主職を継ぐ農家であった。一八九七年に東京法学院を終えて京都の平安銀行に支店支配人として入行したが、同年一二月に同行を辞し故郷に戻った。翌九八年一一月に足利銀行に入行し、桐生支店を経て新設の館林支店長、本店支配人、副頭取、頭取を歴任した。一九四四年一月には、頭取を辞任し相談役に退いた。一九四八年六月逝去、七〇歳であった（鈴木姓への改姓は、一九〇一年一月に栃木県足利町堺町で機業、金貸業を兼業する鈴木米吉家長女フクとの結婚と相前後する養子縁組によるものである）。

足利銀行の創立と鈴木の入行

足利銀行は、一八九五年、資本金一五万円で、足利織物業界の「機関銀行」として設立された。当時足利には第四十一国立銀行支店と第四十国立銀行支店の二カ店があったが、全国的な企業勃興期に当たり、同時に足利織物の発展期でもあったため、同業界の流通資金の欠乏を助けることを目的として創設された。頭取の荻野萬太郎は二三歳、役員に地元の実業家らが配置されていたが、銀行経営の専門家は不在であった。

鈴木良作が入行したのは一八九八年のことである。鈴木は銀行業務に関する学問を修めた初めての行員であった。一九〇七年には新設された館林支店の支店長に就任すると、同支店を地元の有力店舗に押し上げるなど積極的な営業ぶりであった。また、一九一四（大正三）年の東京支店開設は鈴木良作と当時取締役であった橋田宗太郎の献策であった。両毛織物業の首都における資金決済を支援するとともに、足利銀行を両毛地域の中心的金融機関へと押し上げることを目指す鈴木の積極性を示す逸話である。

亀山甚の経営改革

足利銀行は両毛地域に一番遅く設立された、同地域でもっとも小さな銀行だった。大正期に入ると、経営の近代化をはかるとともに、同行の発展に向けた施策に次々と取り組むことになった。その第一は人材の確保であり、第二は長期的展望に立った経営の近代化を進めるための大銀行との提携であった。求めた人材は専務取締役として入行した元第三銀行札幌支店長の田口庸三であり、提携先は川崎銀行であった。田口の入行は、鈴木らの進言に基づくものであったが、このとき川崎銀行から本店支配人として着任した亀山甚こそが真の改革を担った人材であった。亀山は大銀行の経験を活かして業務改革を次々と提案した。亀山の改革は現場の抵抗を受けたが、鈴木らの後押しもあり、一九一九年二月の総務部設置、稟議制度の導入、二二年の本部制度導入などが実現した。

川崎銀行との提携は、足利銀行が求めて実現したものであるが、遊資を足利銀行で運用するという川崎側の思惑もあった。この提携が早速功を奏したのが、一九二〇年の反動恐慌への対応である。一九年暮れごろから二〇年初めにかけて、川崎から「貸出注意」の警報がきた。各支店には、貸出回収が指示され強力に進められた。同年四月以降本格的な恐慌が襲来した。これへの備えができなかった両毛地域最大の八十一銀行は経営難となり、東京の東海銀行に合併された。両毛地域第一の地元銀行となった足利銀行は、これを機に本格的な発展の時代に入ることができたのである。

一九二四年、足利銀行は宇都宮商業銀行を合併し県都に歩を進めた。この年、大蔵省・県知事による県内各行への銀行合同の呼びかけがあり下野中央銀行が成立した。足利銀行は、県内中核銀行をめざして独自路線を取ることを決定し、この合同には参加しなかった。

■**鈴木　良作（すずき　りょうさく）略年譜**

1878（明治11）4・24　群馬県山田郡矢場川村、齋藤啓次郎、マサの二男として生まれる
1897　東京法学院（中央大学の前身）卒業
1898・11　足利銀行入行
1899・4　桐生支店
1901・1　足利町栄町の名望家鈴木米吉長女フクと結婚
1907・2　館林支店主任（初代支店長）
1920（大正9）4　本店支配人（三代目）
1924・1　取締役
1928（昭和3）1　常務取締役
1934・6　専務取締役
　7　副頭取
1936・9　全国地方銀行協会創立、同常任理事就任
1939・1　頭取（～44・1）
1944・1　相談役
　4　緑綬褒章受賞
1948・6・23　逝去、70歳

●鈴木良作の取締役就任——恐慌下、経営の中心へ

すでに取締役本店営業部支配人となっていた鈴木良作は、一九二四年二月、総務部嘱託として支店監督に就任し、営業店の指導、本部方針の徹底の陣頭指揮に立つことになった。これまで経営改革の中心にいた亀山甚が、二五年二月、同じ川崎銀行系列の麹町銀行へと転任してしまったからである。亀山の回顧録『銀行と共に六十年』によれば、荻野頭取はめったに、また田口専務も週に二日くらいしか銀行に出てこないというスタイルだったというから、亀山を失った足利銀行では、鈴木がそれを引きつぎ、改革の先頭に立つことになった。

一九二七年五月、八十一銀行を合併した東海銀行は第一銀行に吸収合併され、その県内七支店は第一銀行支店となった。この後、第一と安田の両行が両毛地域で積極営業方針をとることになったため、同地域での預金獲得貸出競争が激化した。両行への対抗の陣頭指揮に立った鈴木は、各支店に対して貸出の低金利競争を厳に禁じ、支店長には定期的な得意先訪問による情報収集、信頼関係の構築、新規得意先の開拓に取り組むよう指示しつつ、第一、安田の

両行との協定を取り結び、激化した競争に終止符を打った。しかし、足利銀行はここから戦前期を通して都銀支店との継続的競争に苦しむことになるのである。

業績低迷と業務発展計画

昭和恐慌期の足利銀行の業績は、合併・買収によって預金・貸出・有価証券とも上積みが行われたにもかかわらず全体に低調であった。預金は一九二九年末の三六・五百万円をピークに三一年末には三一・七百万円まで減少した。また、恐慌による織物業の不振、養蚕・生糸および農産物の不況などにより資金需要は減退し、一九二五年末の三〇・五百万円以来減少傾向にあった貸出金は三一年末には二二・七百万円となった。また、有価証券価格が大幅に低落し有価証券償却を行ったことで、有価証券勘定も急激に悪化していた。

一九二八年常務取締役となった鈴木が、昭和恐慌による業績低迷からの回復をかけて策定したのが、「業務発展三ヶ年計画」であった。同計画は、期間を三一年上期から三四年下期末までとし、目標預金額三七百万円、目標利益額一九三三年下期二七・三万円、三四年下期三六・七万円とした。三二年四月一九日付の各支店長にあてた総務部長の通牒には、この間鈴木良作が強調してきた大銀行並みの内実を持った経営と地方銀行本来の使命の達成がこの計画の基本思想であることが示されていた。

計画実施の結果、三四年末の預金は四一百万円と目標を上回ったが、利益に関しては目標未達であった。この計画は第二回以降期間を二年とし、第五回の一九年末まで続けられた。戦前期の日本の銀行経営において、長期計画が実施された例はほかにみられない。経済情勢の悪化する中でいくつかの指標で目標達成は実現しなかったが、計画の策定から実施結果の分析に至るまでの一連の活動そのものが、足利銀行に業務内容の一層の近代化、合理的な銀行経営の考えを根付かせた斬新な施策だったということができる。

全国地方銀行協会の創設

一九三四年副頭取となった鈴木が武州銀行副頭取永田甚之助とともに、文字通り東奔西走してこぎつけたのが一九三六年九月の全国地方銀行協会の創立である。金融恐慌以来の地方銀行の不振の原因である不動産担保貸出固定化問題の解決や大銀行の地方支店や信用組合に対する地方銀行全体の競争力の強化を、地方銀行自らの力で成し遂げるというのがその目的であった。

協会設立後、鈴木は協会の常任理事となり、不動産担保貸出の流動化、低金利政策への対応など、地方銀行共通の課題に取り組むこととなった。だが、鈴木の活動は地銀協の創立で終わらなかった。その先に、地方銀行中央機関の設立を目指していたのである。戦局が戦時期へと進む中で、軍需以外の地場の産業が衰退し、地方銀行が預金吸収・国債消化機関化を強制される中で、地方銀行の自律経営を地方銀行共同の力で保持していこうというのが中央機関設立構想の中核にある考え方である。この目論見は、共同融資銀行が一九四五年三月三〇日に設立され一定の実現を見たが、同年八月には大銀行を含む新組織、資金統合銀行に統合されてしまうなかで、終戦を迎えた。

鈴木は一九三九年、田口庸三頭取の後を襲い頭取に就任した。頭取就任の調書には、鈴木が足利銀行入行以来常に重要な役割を果たし、同行が地方銀行中有数の存在となるに至った諸政策の多くが鈴木の献策によるものであったこと、全国を行脚して全国地方銀行協会を成立させた功績などが詳述されている。鈴木がこれらの仕事に傾けた大いなる情熱が、戦後の足利銀行や全国地方銀行協会の発展の礎を築いたことは間違いあるまい。

（黒羽雅子）

参考文献

『足利銀行史』一九八五年。荻野万太郎『適齊回顧録』一九三六年。龜山甚『銀行と共に六十年』一九六二年。黒羽雅子「足利銀行の経営政策、一九三一〜四四年――『業務発展計画』と鈴木良作」（法政大学『大学院紀要』第二一号、一九八八年）。鈴木良作「現下重大事局と地方銀行の行くべき途」（『銀行論叢』第二九巻四号、一九三八年）。『全国地方銀行協会五十年史』一九八八年。土屋喬雄『地方銀行小史』全国地方銀行協会、一九六一年。肥後藤吉『地方金融改善と地方銀行法制定の提唱』一九三三年。本間靖男「戦間期我国地方銀行の中央機関設立構想」（金融経済研究所『金融経済』第一九一号、一九八一年）。

10 常陽銀行と龜山甚

「堅実な貸出と零細な信用貸し」が地銀の使命

「銀行というものは永年にわたって営々として内部留保につとめ、これを柱として健全経営を作り上げてきたのである。これは他の事業会社などと違う銀行のいわば体質なのである」。常陽銀行の初代頭取、龜山甚は「医者と銀行」と題するエッセーのなかでこのように述べている。ここには七〇年にわたる銀行体験に基づいた彼の銀行観が端的に示されている。

●親銀行からの経営自立を追求

龜山は一八八五（明治一八）年に茨城県の水戸近郊に生まれ、高等小学校を終え、戦前の金融財閥川崎の中核企業、川崎銀行に入り、約二〇年間の本店勤務の後、傘下のいくつかの銀行や貯蓄銀行に派遣され、支配人あるいは役員として経営の刷新、業容の拡大に手腕を発揮してきた。彼が著した『銀行と共に六十年』には、いかにして派遣先銀行を発展させてきたか、どのような経営方針を採用してきたか等が記されていて興味深い。注目されるのは、「自主的な経営」「独立の銀行」という言葉がしばしば使用されていることである。彼は派遣役員でありながら、親銀行からの自立経営を一貫して追求した。親銀行への依存体質から生まれる安易な経営から脱却し、活力ある職場に作り変えることこそが、銀行の持続的発展の道である。龜山はこのような銀行観のもとに経営にあたってきたことがうかがわれる。

このような彼の信念は、青年時代の本店勤務によって培われたように思われる。当時の川崎銀行の行風について、「行員には全力を出させる、全身全霊を挙げさせるというやり方だった。何しろ働かせる、遊ばせない、ということは大したものだった」と述べている。残業はあたり前、徹夜や日曜出勤もしばしばであったという。そうしたなかで彼は全力をあげて働いたのはもちろん、勉学にも励んだ。東京商業学校（現・一橋大学）の夜間部に学んだり、東京銀行集会所加盟銀行の若手行員の勉強会にも参加している。知識欲は旺盛で、銀行業務の改善にも強い関心をもっていた。そしてこうした体験を通して、勤勉であることの意義や活力ある職場の重要性を自ら会得してきたのであろう。沈滞した行風は何よりも我慢ならないものであった。

◉意識改革で金融パニックを乗り越える

最初の派遣先の足利銀行は一九一九（大正八）年に川崎の傘下に入り、その最初の人事として彼は同行副支配人に任命された。その役割は、同時に派遣された重役二名（高梨博司、杉浦甲子郎）の代理。彼らが東京在住のままの勤務であったため、「お目付け役の立場」にあった。しかし生来の意欲的、積極的な性格から次第に「営業の中心に入り込む」ことになる。そして第一次世界大戦後の「バブル崩壊」にあい、貴重な体験をする。『銀行と共に六十年』によれば次のようであった。

一九年暮から二〇年初めにかけて「川崎から「貸出注意」の警報がくる。私は各支店に指令して貸出回収を命じた。支店長からの非難は高まる一方。……私は断固として回収を強行させた」。そして貸出回収が順調にすすんだ頃、三月中旬に株式の大暴落がおこり、金融が極度に梗塞状況に転ずるや、「「今度は一番良いお客に貸し出せ」と方針を切替え」優良得意先を大幅に獲得したという。足利銀行はこれを契機に隣接地・桐生（群馬県）の八十一銀行を追い越し、両毛地方の地元銀行として確固たる地位を築くことになる。

そしていち早い情報の入手、適切な資金運用の重要性を認識したこの経験をもとに、一九二二年には本支店業務を統轄する総務部を東京支店内に移し、ここを拠点に龜山は総支配人として全店の指揮をとったのである。当時の足利銀行は生え抜きの荻野万太郎頭取のもとに業容拡大を追求し、川崎傘下にありながらも、「独立銀行」の気概を持っていた。

しかし、次の派遣先、麹町銀行の行風はこれとは対照的であった。同行は東京山の手を地盤とする小銀行であったが、親銀行の川崎銀行への依存傾向がつよかった。「金が余れば川崎へ送り、足りなければ川崎から受け入れる」という有様であった。経営は安易に流れ、職場は沈滞気分に包まれていた。

支配人として着任した龜山は、何よりもこの銀行を活力のあふれる職場に作り変えようとした。そのためには「銀行の損益を自分で立て、自分の銀行という心掛けで行員が心を合わせる、いわば独立の銀行という自覚を持たせる」

ことが必要である、と痛感する。「この銀行を人間の頭と努力によって発展させる以外に道はないと思った」――彼はこのようにも述べている。そして川崎銀行への預け金を全額引き出し、優良手形を買い入れた。一方では支店長会議を毎週開いて預金獲得方法を協議し、行員には預金獲得を督励した。亀山は当時を回顧し次のようにも記している。

「行員全部の気持を盛り立て、その力と創意を発揮するように、私としては懸命の努力を払った……その結果、預金額は伸び、独立の気運は盛り上り、〔一九二七年の〕金融パニックの危機も乗り越え、そして他の銀行の救援さえ行ったのである。……この銀行の経営にあたって私の感じたことは、人の養成が根本だということである」。

人の和を基礎に業務改善に新工夫

一九三五（昭和一〇）年七月水戸の常磐銀行と土浦の五十銀行の合併により常陽銀行が発足した。両行は早くから対立関係にあり、とくに二〇年代に入ると互いに県内銀行の合併を積極化し、競い合った。二一～二七年の間に常磐銀行は一二行、五十銀行は一八行を吸収している。この結果両行とも被合併銀行の不良資産を抱え込むことになり、昭和恐慌期には預金の減少も加わり、業務は極度に悪化した。

亀山は一九二九年、四番目の派遣先となる常磐銀行の取締役に就いた。これより先、川崎銀行と第百銀行が合併し川崎第百銀行が設立され、麹町銀行がこれに合併されたため、彼は川崎貯蓄銀行常務取締役に転じ、常磐へは兼任役員としての就任であった。そして三三年一一月常磐銀行頭取になり、常磐、五十両行の合併問題に取り組み、ついで新銀行・常陽銀行の初代頭取として経営合理化を進め、業容の発展を図った。亀山によれば「合併銀行の基礎をなす人の和、貸出面の利息逓減制度、預金面の愛国預金制度」の三つが発展の原動力であった。

人の和はどの合併銀行においても経営トップがもっとも腐心する点である。亀山は「まず重役間に疎隔の起らないようにし」、重複店舗の廃止等については「なるべく先方の考えを尊重した」。この結果、合併の三年後には旧銀行の色彩は認められないようになったという。

利息逓減制度は「固定しがちな不動産担保貸出の流動化を保ちつつ、農家金融の疎通をはか」る貸出金増強策として案出された。その骨子は、返済期間を原則一年とし、期

■亀山　甚（かめやま　じん）略年譜

1885（明治18）6・10　茨城県夏海村に生まれる
1900・4　川崎銀行水戸支店入行
　10　同行本店勤務
1905・3　東京商業学校（夜間部）卒業
1919（大正8）9　足利銀行副支配人
1924・2　同行取締役
1925・2　麹町銀行支配人
1928（昭和3）1　足利銀行常務取締役
1929・3　川崎貯蓄銀行常務取締役
　常磐銀行取締役兼任
1933・11　同行頭取
1935・10　同行頭取
1939・6　水戸商工会議所会頭
1943・9　茨城県商工経済会会頭
1951・5　全国地方銀行協会会長（～58・6）
1958・6　常陽銀行会長。日本火災海上保険社長
1963・3　日本火災海上保険会長
1967・11　常陽銀行取締役相談役
1969・6　日本火災海上保険取締役相談役
1974・1・13　逝去、88歳

日前に一定率の内入れをすれば期日の延期を認め、利息の割戻をする、というものであった。愛国預金制度は特別当座預金を愛国公債買入れにあてるもので、預金者は公債買入れによる資金の固定化や公債価格の変動による損失を免れる利点があった。この預金制度は予想以上に歓迎され、顧客層は一挙に増加したという。

常陽銀行は、一九三七年東京支店を開設した。反対する株主もいたが、亀山は経営自立化を図るために東京支店の設置は不可欠と考えた。これまで第百銀行水戸支店に預け入れてきた余裕資金をコール市場などにおいて自主的に運用する方針に改めたのである。足利銀行や麹町銀行における経験に基づく決断であったといえよう。

●大口取引は東京支店、小口は定積貸付

戦前の地方銀行経営者には、戦後の公職追放を免れ、そのまま経営首脳として銀行の復興発展に貢献した人々が少なくない。亀山はそうした地銀経営者の代表的存在である。彼が頭取にあった戦後復興期、常陽銀行は大口取引には東京支店の活躍、小口取引には定期積金の募集や定期積金貸付制度の創設などに特色を発揮し、順調に業容を伸ばして

きた。統率してきた龜山には明確な主張があった。

東京支店について次のように述べている。「もともと地方銀行というものは集めた金を全部地方で有効に消化しようとしても無理なのである。戦前の地方銀行は全額を地方で運用しようとしたためにニッチもサッチもゆかなくなってしまったのである」。いわば余裕資金をどのような形で持つかが問題なのであって、一般に公社債でもつことがもっとも適切とされる。しかし「その時々の状況によっては他の方法をとり入れた方がよい場合がある」。公社債市場がうまく動いていない場合には、「大企業へ直接貸し付けることが、準備を豊かにし、経営を安全にする途である」。

しかし、地方銀行が地元中心の銀行であり、「本来の任務が地元への融資」であることは言うまでもない。上記のように東京支店での大企業融資策を説くとともに、他方で零細な顧客との取引拡大策を進めた。一九五一年には定期積金の特別募集を行い、定期積金保証貸をはじめ、翌五二年には定期積金貸付制度を拡充整備している。とくに後者は常陽銀行「独自の制度で、当時銀行取引の対象外の小商工業者にまで及ぶこととし、その資金の円滑化を図ること」に狙いが置かれた。

龜山は、川崎貯蓄銀行時代に最大手の不動貯金銀行を追い越すことを目標に、定期積金者に対し積極的な貸出を行ってきた経験を、常陽銀行において活かそうとしたのであろう。県内の大企業融資や中小企業融資と並んで、零細企業との取引の必要性を説き、「一面では堅実な貸出、他面では零細な信用貸し、この両者をやらなければ地方銀行の使命を十分果たすわけにはゆかない」と述べている。そしてこの両面性に都市銀行と違う地方銀行の特色がある、と主張する。龜山甚は長い銀行体験を通して、地方銀行の特色を把握し、銀行経営に活かしてきた銀行家であった。

（杉山和雄）

◉参考文献

龜山甚「医者と銀行」（『金融財政事情 新春』第八巻第二号、一九五七年一月）。龜山甚『銀行と共に六十年』一九六二年。龜山光太郎『龜山甚遺稿』一九八〇年。地方金融史研究会『続地方銀行史談』第一一集 二〇〇三年。『常陽銀行二十年史』一九五五年。『常陽銀行四十年史』一九七六年。地方金融史研究会『日本地方金融史』二〇〇三年、日本経済新聞社。

11 千葉銀行と大久保太三郎

経営を抜本的に刷新、再建の基礎を築く

一九五八（昭和三三）年三月二四日、千葉銀行を震撼させる事件が発覚した。いわゆる「レインボー事件」である。翌四月一四日、古荘四郎彦頭取は辞任を余儀なくされ、五月八日の株主総会で、前・日本銀行監事大久保太三郎は、千葉銀行第二代頭取に就任し経営再建に取組むことになった。

●古荘体制と「レインボー事件」

千葉銀行は、一九四三年、千葉合同銀行・小見川農商銀行・第九十八銀行の大合同により発足した地方銀行である。翌四四年、野田商誘銀行・千葉貯蓄銀行を合併し一県一行を達成し、戦後は有力な地方銀行の一つとなった。初期の千葉銀行を牽引したのは、初代頭取の古荘四郎彦（前・千葉合同銀行頭取、一八八四〜一九六七年）である。古荘は、東京帝国大学を卒業後、帝国商業銀行、川崎銀行を経て、一九二五（大正一四）年に安房合同銀行（川崎銀行系の房州銀行と安房銀行が合併して成立）の発足と同時に常務取締役に就任した。その後、千葉合同銀行の頭取に就任し、辣腕を振るった。戦後、古荘は、東京の銀行が融資しなかった都内の新興企業や日活などの娯楽産業へも融資するなど、積極的な貸出政策をとった。

そうしたなかで、一九五八年、古荘頭取が銀座のレストラン「レインボー」へ過去数年にわたって十数億円に及ぶ不正融資を行っていたことが発覚した。三月には「レインボー」の社長が詐欺容疑で逮捕され、国会でも「千葉銀行問題」として大きく取り上げられ、古荘は参考人として召喚されるに至った。この事件は広く世間に知られることとなり、千葉銀行の預金の引き出しが相次いだ。預金流出額は、当時の総預金額五％に相当する約二〇億円に上った。その結果、預金額でみた全国六五地方銀行中の千葉銀行のランキングは、一九五六年三月末の一一位から、事件発覚後の五八年九月末には二一位に転落した。

◎大久保太三郎の経営刷新

千葉銀行は、状況を打開するために日銀、大蔵省に新頭取の人選を依頼した。そこで五九歳の日本銀行監事の大久保太三郎に白羽の矢が立った。大久保が選ばれた明確な理由は不明だが、預金者への安心感を与えるためにも日銀理事も歴任し、バンカーとして豊富な知識と経験を持つ人物が必要とされたものと思われる。大久保は、四月二二日に千葉銀行顧問となり、五月の株主総会で正式に頭取に選任された。大久保新体制は、経営危機からの脱却の期待を一身に背負って発足した。経営陣は一新され、副頭取には大久保と同じく日銀出身の岩城長保（前・日銀人事局長、一九〇五～一九八三年）が就任した。大久保は、総会で「今後は、微力ながらも銀行の資力を増強し、県内産業の発展につくしたい」と発言し、再建への意気込みをみせた。そして、経営方針の大綱として、①サービス精神と意欲の向上、②明朗で清潔な職場の建設、③綱紀の粛正、の三つを示した。また、具体的な業務運営については、①預金増強、②不良債権の回収整理、③貸出の良化、④人事管理の改善、⑤店舗の整備の五点を掲げ、経営の刷新を行うことを表明した。

大久保頭取の下で行われた改革を具体的にみることにしよう。まず最大の課題は預金の増強であった。一九五八年九月には、「頭取定期預金」（創立一五周年記念定期預金）の取り扱いを開始し、預金額は一九五八年八月末の三一二億円を底として、同年末には低迷前の水準である三四六億円まで回復した。その後も「千銀リレー定期預金」や「千銀住宅積金」など次々に新たな商品を導入し、預金増強に努めた。問題となっていた不良債権の整理・回収を促進するために、一九五八年六月に専任担当者を配置し、東京支店に融資分室を設置した。翌五九には担保不動産整理の一助として総武土地（現・総武）を設立した。また、審査要員の育成や貸出先信用調査の技術水準を高めることを目的に、事業審査講習会、信用調査実務研修会を開始し、一九六二年五月には審査部に信用調査課を設置した。その他、行員の能力向上を図るため業務別・階層別の行員の研修体制の整備が行われた。旧銀行から引き継いだ老朽化した店舗の新築や立地の見直しによる店舗の移転も積極的に行われた。

●日本銀行時代の大久保

千葉銀行の経営再建の大役を担うことになった大久保太三郎は、どのような人物だったのだろうか。大久保は、一八九九（明治三二）年二月一三日、田中太七郎、マスの三男として大阪市東区に生まれた。一九〇四年には大久保家の養子となり、兵庫県立第二神戸中学校（現・兵庫県立兵庫高校）、京都の旧制第三高等学校を経て、一九二一年に、法学部から分離して間もない東京帝国大学経済学部に入学した。東大時代は、山崎覚次郎の下で貨幣論・金融論を専攻し、一九二四年に卒業後大学院に進学した。この間の経緯は不明であるが、一年で大学院を退学し、一九二五年四月に日本銀行に入行した。同期入行には、太田利三郎（後に日銀理事を経て日本開発銀行総裁）、江沢省三（後に日銀理事を経て大蔵省銀行局長）らがいた。日銀では、本店計算局を振り出しに京都支店、本店特別融通整理部、本店秘書部を経て、一九三五年には倫敦代理店監督役付となりロンドンに赴任した。三八年に帰国後、本店営業局調査役、大阪支店次長、本店人事部次長を経て、四二年には四三歳で駐在参事として上海に赴任することになり、中央儲備銀行の副顧問も兼務し、当地で終戦を迎えることになる。

●「リセプティブな気持ち」

大久保の在任期間は五年ほどであったが、組織体制や経営方針を抜本的に改革し、一九六一年末には預金額五〇〇

■大久保　太三郎（おおくぼ　たさぶろう）略年譜

1899（明治32）2・13　大阪市東区に生まれる
1918（大正7）9　第三高等学校入学
1921・6　東京帝国大学経済学部経済学科入学
1924・6　東京帝国大学大学院入学（〜25・3退学）
1925・4　日本銀行入行
1935（昭和10）3　倫敦代理店監督役付
1938・3　大阪支店次長
1941・5　本店人事部次長
1942・10　上海駐在参事
1945・4　中国儲備銀行副顧問
1946・4　日本銀行本店勤務参事
1949・9　日本銀行理事。外国為替管理委員会委員（〜52・8）
1952・8　日本銀行監事（〜58・4）
1958・5　千葉銀行取締役頭取（〜63・4）
1963・5　日本銀行政策委員会委員（〜71・12）
1972・1　千葉銀行相談役
1974・10・10　逝去、75歳

億円を突破した。大久保は、経営再建の役割を果たしたとして六三年五月、頭取を辞任し、日本銀行政策委員会委員に就任し、副頭取の岩城長保が第三代頭取となった。大久保の退任後の一九六三年九月末には千葉銀行の預金額は一〇〇〇億円に到達している。

大久保の実父田中太七郎は、明治期に藤田組を経て大阪株式取引所の専務理事を務め、『日本取引所論』という本も著した人物であった。長男の大久保太郎によれば、大久保はこうした気質を受け継いでおり、実業の世界にありながら理論を重んじていたという。

大の読書家であった大久保は、経済学の専門書はもちろんのこと、文学や哲学など幅広い読書を心がけていた。千葉銀行頭取就任前には仏教書に親しんでおり、「リセプティブ（受容的）な気持ちになっていた、（頭取就任を）お引き受けすることになった」と増山清太郎（元・日本興業銀行）に語ったという。自身が必要とされている状況で、目の前の現実を冷静に把握し、そこから経営再建への道筋を探っていったのだろう。終戦前後の激動の時期の上海での経験は、千葉銀行の経営再建にも大いに生かされたと思われる。

大久保は、一九七一年に日本銀行政策委員会委員を退任すると千葉銀行相談役となった。晩年は、若い頃からの趣味である絵画に親しみ、読書をして過ごした。一九七四年一〇月、七五歳で永眠した。

（早川大介）

●参考文献
『千葉銀行史』一九七五年。大久保太郎編『大久保太三郎の思い出』（私家版）一九七六年。

12 武蔵野銀行と熊田克郎

新設銀行の発展に尽力、埼玉県民のための銀行

武蔵野銀行は一九五二（昭和二七）年三月、埼玉県大宮市に設立された。四九年一一月、池田勇人蔵相は、中小企業金融円滑化のため、従来の一県一行主義を修正して新銀行の設立を認める方針を明らかにした。この新方針に基づいて設立された銀行は、五四年一月までに全国一二行にのぼったが、武蔵野銀行はこのうち八番目の新設銀行であった。同行設立に尽力したのは、埼玉県出身で満州国総務長官、朝鮮総督府政務総監などを務めた政治家遠藤柳作で、熊田克郎は、遠藤の懇請によってこの新設銀行に副頭取として入行した。爾来四〇年、熊田は、副頭取、頭取、会長、相談役として、同行の発展に尽力した。

●物価庁次長から新銀行副頭取へ

熊田は、一九〇一（明治三四）年一〇月、福島県東白川郡大石井村に、製糸家熊田克明の四男として生まれた。一九二七（昭和二）年三月に、東京帝国大学法学部を卒業後、野村合名大阪本社に入社、調査部長、支配人、理事を歴任し、野村財閥の総帥野村徳七のブレーンとして活躍した。終戦後、財閥職員追放令により野村鉱業社長を辞任したが、五〇年には、高級公務員民間人登用試験に合格、物価庁次長に就任した。遠藤からの懇請はこの時期になされており、物価庁次長から新銀行副頭取への転身となった。

入行の事情を、熊田は次のように述べている。「昭和二六年秋、ある人の仲介で遠藤氏と工業クラブで会った。そして、銀行を創立するについて入ってくれないかということであった。……遠藤氏から数回にわたって熱心にくどかれ、だんだんその人柄にひきずられていった。しかし、大衆の預金を預かる以上、責任は重い。また新銀行がどれだけ伸びるかの見通しも困難であった。そのうえ地盤である埼玉を知らないので逃げ腰であったが、数回にわたって、休日に県内のいくつかの町を見て歩いた。当時は農業県であまりパッとしなかったが、北海道や千葉などにもすでに新設の銀行ができていたので、まあやれぬわけでもあるま

いと考えた。船山（正吉大蔵事務次官）君の指導や大和銀行の故寺尾（威夫）頭取などの支援を得ることになったので、ついに引き受ける回答をしたのが、二六年の暮である」（『回顧雑録』）。

入行に当たって3つの条件を提示

入行に当たって熊田は、①資本金を五〇〇〇万円から一億円に引き上げること、②幹部として銀行経験者を入れること、③バックアップしてくれる銀行を決定すること、の三つの条件を提示した。この三条件はいずれも受諾され、まず、経営幹部として、大和銀行（旧野村銀行）名古屋支店長村岡末吉、同東京事務所次長天野重雄、大蔵省関東財務局理財部長安田宗次などが迎え入れられた。また、支店長や役席には、朝鮮銀行、朝鮮殖産銀行、台湾銀行、満州中央銀行などの経験者を採用した。

ただ、人材の確保がある程度達成できたのに対し、株式募集の方は、資本金を一億円に倍増したこともあって難航した。発起人の精力的努力にもかかわらず県内では半分も集まらず、「県外で特に特殊な縁故にも頼ってやっと見通しが立った」という。発足時の株主構成は、県内四一・五％、県外五八・五％であった。

県民のために経済力増進に寄与

副頭取として入行したとはいえ、初代頭取の遠藤柳作が政治家であったため、実際には、熊田は、創立時点から経営トップの役割を担った。銀行設立直前、熊田は銀行経営の理念を以下のように強く訴えている。「銀行創設の目的は利権的、政治的なものではなく、かかる考えを絶対に排し、埼玉県民の為に経済力増進に寄与することにある。銀行は経済的に伸びるにある。経済的に伸びるには観点を経済的なることに置くことを要す。経済的とは最小のコストを以て最大の効率を挙ぐることとなり、これは時間と金銭的支出との比較的考慮である。準備期間も同一方針を以て進むべきは勿論、この期間こそ当行将来の伝統を作り、且つ世上の批判を受くる重大時期なることを留意せよ。これから開店迄が大切な瀬戸際也」（『武蔵野銀行二十五年史』）。

一九五一年一一月に内免許を受けてから、五二年四月一日の開業までは眼の回る忙しさであった。上述の行員採用と訓練に加え、店舗の建設、備品の整備、内部機構や基本的規定の制定など日に夜を継いでの作業となった。開業時

■熊田 克郎（くまだ かつろう）略年譜

1901（明治34）10・28 福島県東白川郡大石井村に、製糸家熊田克明の四男として生まれる
1927（昭和2）3 東京帝国大学法学部卒業
4 野村合名大阪本社入社
1933・3 野村合名調査部長
1938・11 野村合名支配人。理事会主事
1939・4 野村鉱業株式会社設立、常務取締役就任（のち専務）
1940・5 野村合名理事
7 野村合名参与理事
1945・11 野村鉱業株式会社社長
1947・3 財閥職員追放令により野村鉱業社長辞任
5 富士木材貿易会社設立、社長（～49・5辞任）
1950・6 経済安定本部物価庁次長（～52・1）
1952・3 武蔵野銀行創立、副頭取
1956・4 頭取
1975・5 全国地方銀行協会理事
1977・6 頭取辞任、取締役会長
1987・6 会長辞任、取締役相談役
1992（平成4）11・7 逝去、91歳

の陣容は、木造および鉄筋コンクリート二階建ての小さな大宮本店他九カ店、総人員一五〇名余、預金約二億円、発足一年後の五三年三月末でも、その預金高は二一億五四〇〇万円、貸出残高は一五億三一〇〇万円で、ともに全国地方銀行中五三位という下位行からのスタートとなった。

●創立直後の一〇年、苦難に直面

創立直後から一〇年間、同行は種々の苦難に直面した。その第一は、資金の劣弱であった。「（開店当初は）資金が少なく、固定分を支出した後に貸し金に回せる金は六〇〇〇～七〇〇〇万円しかなかった」、「預金を集めるにしても知名度もなく、信用もなかった」。このため「店長をはじめ、行員は一生懸命に自転車やオートバイで飛び回り、旅行会や後援会をつくらせてシンパの増加に努めた」という。

また、創立当初は、なかなか日銀の内国為替集中決済制度に加盟できなかった。この制度に加盟するには、加盟銀行の同意、したがって地方銀行協会の会員たる資格が要るというので、ようやく加盟が認められたのは、開業後六カ月ほどしてからであった。もうひとつの、大きな問題は、内部体制の強化であった。経営の基本路線の確立、資本構

成および資金運用の是正、行員の資質の向上などが、その当面の目標となった。外地銀行の出身者ほか多くの銀行から経験者を採用した結果として、銀行の仕法がそれぞれ異なることによる混乱も生じたため、大和銀行の方式を基本として、資質の向上と規律の確立に努めた。

中小企業重点主義に努力

熊田は一九五六年四月、頭取に就任した。就任して第一に行ったことは、行員より役員登用の道を開いたことである。「創立のいきさつから、定員一杯の役員」がおり、このため縁故貸しなどの問題も発生していた。このため、「埼玉と関係のない県外の役員」や政治家など、「社外取締役を監査役に、さらに相談役に移ってもらい、その後を行員の昇格をもってかえた」のであった。さらに、創立当時、預金も貸出もやむなく県外に偏っており、株主も東京の比率が高かったのを、「預金の県内重視、貸付金の県内、ことに中小企業重点主義に努力し、常にその引き上げにいろいろ工夫した」。

そして、これを実現するため、六〇年には、営業店長の専行貸出権限を規定化し、六一年四月には臨時企画室を常勤役員会直属の組織として設置するなど、本部機構の改革を進め、六二年には、営業店業績推進委員会をスタートさせて、各営業店への個別指導体制を強化した。また、役員の交替も引き続き積極的に進められた。

こうした努力の甲斐あって、創立一〇周年の六二年三月には、資本金二億五〇〇〇万円、店舗数二三、人員五〇〇名、預金二〇〇億円を実現することができ、創立二〇周年の七二年三月には、資本金三五億円、店舗数四〇、人員一三〇〇余名、預金一八五〇億円に到達した。また、六九年には、大宮駅西口に建坪三〇〇〇坪地上八階建ての本店を竣工し、同年、東証二部上場(翌七〇年八月に東証一部に指定替え)も実現した。

二カ月間、欧米金融経済事情を視察

この間の一九六四年一月、熊田は、日本生産性本部主催の第二次地方銀行視察団に参加し、三月までの約二カ月間にわたって、アメリカおよびヨーロッパの金融経済事情を視察した。この時の主要なテーマは、①地域開発に対する金融の役割、②銀行大衆化について、③店舗配置及び建築様式、の三つであった。熊田にとってこの視察の意味は大きかったようで、帰国後にまとめられた『視察記』のなかで、熊田は、①地域開発と銀行の役割、②ロバート・モリス協会について、③一銀行の年次報告を中心としてみたるアメリカの銀行運営の実情、の三本の論文を執筆している。もともと、野村時代から、熊田は、『ウォール街とアメリカ経済の発展』、『本邦中小企業の地位とその問題』、『欧州政局の不安』、『現代経済総動員』など、数多くの著書・論考を発表しており、その分析力は図抜けていた。直接の欧米視察による先進国金融の現状把握も、その後の同行の進路を定めるうえで大きく寄与したと言うことができる。

地域の恩を忘れない

「埼玉県民のための銀行」、「埼玉県下企業のための銀行」が熊田の口癖で、このこともあってか、熊田は、「中央の方はあまり顔を出さず、もっぱら埼玉の地場回り」に努めた。友好のネットワークを広げ、地域の恩を忘れない、銀行は地域社会の発展に奉仕する公共的使命を担う、というのが熊田の信念であった。このため大宮商工会議所の会頭、大宮都市計画審議会会長をはじめ、福祉・教育・青少年問題など、埼玉の振興に有益なものは積極的に引き受けた。

一九七七年、創立二五周年を迎え、熊田は頭取を辞任し、会長に就任した。頭取辞任に当たって、熊田は、この間「全行員の統一と士気を振作、地域への密着化のために経営者として率先せねばならず、そのため、心身ともにずいぶん無理もしてきたが、幸い健康に恵まれて二五年間をやり抜くことができた。しかし、長くなればマンネリとなる恐れなしとしない。従来から「清新」ということを標榜してきたが、……この際、新鮮な空気を入れ、新たな活力を引き出し、長期的な前進を図るものであることをご理解願い、全員一丸となってポスト二五周年を当行発展の飛躍台にしてもらいたい」と述べ、爾後の発展を期待した。

一〇年間、会長職を務めた後、八七年には相談役に就任し、武蔵野銀行の経営アドバイスを続けたが、九二（平成四）年一一月逝去。九一歳の大往生であった。

（伊藤正直）

参考文献

『武蔵野銀行二十五年史』一九七八年。熊田克郎『回顧雑録』埼玉新聞社、一九七七年。地方金融史研究会『続地方銀行史談』第一集、一九八九年。

13 城南信用金庫と小原鐵五郎

信用金庫の地位向上、裾野金融を徹底

城南信用金庫は、一九五一（昭和二六）年一〇月、同年五月の信用金庫法成立に伴い、城南信用組合を改組してスタートした。爾来五〇年、同金庫は、全国信用金庫のトップとして躍進を続け、信用金庫業界も、金融機関のなかでの地位を高め続けた。この城南信用金庫の躍進と、信用金庫業界全体の発展を中心となって担ってきたのが、小原鐵五郎であった。

●二年間は無給、手弁当

小原鐵五郎は、一八九九（明治三二）年一〇月、東京府下荏原郡大崎村（現・東京都品川区）に、兼治朗、りんの第五子として生を享けた。家業は、生鮮野菜の栽培出荷を主とする農家であった。鐵五郎は、一九一五（大正四）年に高等小学校高等科を卒業後、家業に従事していたが、この間に立石知満大崎町長の知遇を得、立石が信用組合設立を企図した際に、新設の信用組合の仕事を手伝うよう依頼された。

立石町長は、東京府の産業組合奨励五カ年計画に沿って、一九一九年七月、大崎町役場の一室に大崎信用組合を設立した。信用事業のみの単営市街地信用組合であり、組合員数一八〇余名の小さな信用組合であった。鐵五郎は、設立時点から、この信用組合の仕事に係わっていたが、当初二年間は、無給、手弁当で、正式に入職したのは二一年七月のことであった。

第一次大戦後の日本経済は、戦後恐慌、関東大震災、金融恐慌、昭和恐慌に遭遇し、不況の只中にあった。このため、信用組合の活動も困難を極めたが、一九三三年からの、第一次、第二次産業組合拡充運動により、組合員数、払込出資金、貯金などは順調に拡大するようになった。だが、日中戦争後の経済軍事化の進展の中で、金融統制が全面的に強化されると、その業務は次第に制約が強くなった。とくに、太平洋戦争に突入して以後は、融資業務はほとんどなくなり、合併問題が俎上に上るようになった。当時、城

南地区には一五の市街地信用組合が存在していたが、相互の綱引きもあって、合併交渉はなかなか進展しなかった。この合併交渉の先頭に立ち、大蔵省、東京府との折衝の任に当たったのが、同年四月に大崎信用組合の専務理事に選出された鐵五郎であった。

一五信組の対等合併を実現

連日の空襲の中で、合併準備は難航を極め、当初想定した一九四五年六月の合併実行は不可能となった。だが、鐵五郎は、大蔵省とも相談の上、「金融事業整備令」による強制合併という方式を案出し、城南地区一五組合すべての対等合併を実現させた。同年八月一〇日、城南信用組合設立の合併調印が行われたのである。

合併調印わずか五日後に、日本は敗戦を迎えた。もし、合併調印が一週間でも遅れていたなら、城南信用組合は存在していなかったであろう。戦後占領下の混乱の中で、あわただしく創立総会が行われ、四五年一〇月、新組合が発足した。組合員二万六〇〇〇人、出資金五九三万円、預金一億六九〇〇万円、一七店舗という、わが国最大の市街地信用組合のスタートであった。鐵五郎は、この専務理事に就任することになった。

五年間で一六倍の預金獲得に成功

戦後改革期には激しいインフレが進行し、また、前身一五組合から出征していた職員も次々に復員し、従業員は二八八名にふくれあがった。鐵五郎は、一方で、市街地信組の代表として、「財産税調査立案に関する委員会」委員に就任して、政府のインフレ対策に参画しつつ、他方で、新発足の城南信用組合の経営を軌道に乗せるため、獅子奮迅の活動に邁進した。戦後インフレも、ドッジラインによってようやく収束を見せつつあった一九四九年三月、鐵五郎は、預金一〇〇億円獲得の五カ年計画を打ち上げた。当時の城南信用組合の預金高は五億円、二〇倍の預金増目標であった。鐵五郎がポケットマネーをはたいて、湯河原に中堅職員三〇名余を集めて行った会合でこの構想は提示された。とても無理だと参加者全員が考えていたが、鐵五郎の説得と熱い議論のなかで、目標達成の意思がまとまった。この結果、五ヵ年計画最終年度には、目標の一〇〇億円には達しなかったものの、八五億円、実に一六倍の預金獲得に成功するという成果を収めた。

信用金庫法制定に尽力

この時期、城南信用組合の育成とともに鐵五郎が尽力したのは、全国信用組合の連合会組織の結成と、信用金庫法の制定であった。前者には「月曜会」、後者には「期成同盟会」という組織が作られたが、鐵五郎は、この二つの組織の幹事長となった。前者については、途中、GHQの反対などもあったが、一九五〇年五月、信用組合の新組織としての全国信用協同組合連合会設立を実現させ、月曜会幹事長としての役割は終わった。

しかし、期成同盟会幹事長の仕事は翌年まで続いた。金融機関である信用組合に単独法を、という要望が、大手の信用組合を中心に数多く寄せられたためである。これにも、GHQは難色を示し、また、中小信用組合の反対もあったが、GHQの内諾が得られないのなら、議員提案として実現しようということになり、信用金庫法案が、自由、民主、社会三党共同提案として国会に提案された。五一年五月、同法は国会で可決・成立し、信用組合は新たに信用金庫として出発することになった。相互秩序という協同組織の精神を尊重しながら近代的金融機関を目指すという中小企業金融機関制度が発足したのである。信用金庫という名称の案出者は、当時の大蔵省銀行局長舟山正吉であったという。

理事長就任、近代化と規模拡大に邁進

一九五五年、城南信用金庫は念願の預金一〇〇億円を達成した。翌年、酒井熊次郎理事長の任期満了に伴い、鐵五郎は、第二代理事長に就任した。就任後、鐵五郎は、「庶民による庶民のための金融」「地域を見つめ一人でも多くの人への融資」「国民大衆に信頼される金融機関」を掲げつつ、城南信用金庫の近代化と規模拡大、地位向上に邁進した。五九年には、先進的な合議制をスタートさせ、六二年にはコンピュータ導入を指示し、六四年には瀬田に研修会館を建設した。また、五八年には東都信用金庫、六一年には芝商工信用金庫を吸収合併し、雪ケ谷・渋谷・蓮沼・瀬田・中野などに支店を増設した。さらに、六〇年には、日本銀行との直接取引を開始するとともに、東京手形交換所に直接加盟し、六九年には、東京銀行との間で外国為替業務提携を実現した。いずれも信用金庫としては初めての事例であった。

●金融二法問題に直面

この間、鐵五郎は、一九六三年に全国信用金庫連合会会長に、六六年には全国信用金庫協会会長に就任したが、同時期に金融二法問題に直面した。六六年五月、鐵五郎は、金融制度調査会委員に信用金庫業界を代表して任命された。当時は、証券恐慌が一段落し、資本自由化を控えて、金融

■小原　鐵五郎（おはら　てつごろう）略年譜

1899（明治32）10・28　荏原郡大崎村字居木橋に、小原兼治朗、りんの第五子として生まれる
1921（大正10）7　大崎信用組合に入職
1938（昭和13）10　同信用組合筆頭主事
1945・4　同信用組合専務理事
10　城南信用組合発足専務理事
1950・5　全国信用協同組合連合会設立筆頭常務理事
1951・10　城南信用金庫発足
1956・5　同信用金庫理事長
1957・7　東京都信用金庫協会会長（～59・5）
1963・5　全国信用金庫連合会第三代会長
1966・3　同信用金庫協会第八代会長
1975・11　城南信用金庫会長
1989（平成元）1・27　東京医科大学病院にて逝去、89歳

制度全般にわたる見直しが提示されていた時期であった。

澄田智大蔵省銀行局長による金融効率化行政である。こうした状況の中で、金融制度調査会がまず取り上げた議題が、「中小企業金融制度のあり方」であった。審議は、翌六七年に入ってにわかに騒然とし始めた。というのは、中小企業金融制度のあり方について、川口試案、末松試案、滝口試案が提出され、とりわけ大蔵省案と判断された滝口試案は、信用金庫における会員組織制の廃止、株式会社化を提示していたからである。

●「富士の頂を支えるのは広大な裾野だ」

鐵五郎は、滝口試案は信用金庫解体論に他ならない、大蔵省による監督行政の一元化、都銀系列化、国債消化機関化、資本自由化推進のための合併促進案に他ならない、として、強い危機感を覚えた。「富士の秀峰」（大企業）のみに「眼を奪われてはならない。頂を支えるのは広大な裾野」（中小企業）だという「裾野金融」論を展開し、信用金庫の独自の役割の重要性を強く訴えた。また、金融機関の合併・転換についても、信金が都銀その他に吸収・合併されるだけという一方通行の原案を激しく批判した。さらに、

「卒業生金融」（会員企業が成長して、会員資格を失っても取引を継続できる）、「小口員外貸付」（会員資格を一つだけ満たしていれば取引できる）、「歩積・両建」の弾力運用、などについても強く要求し、信用金庫を死守した。この時の奮迅振りを、後に澄田大蔵次官・日銀総裁は、「小原鐵学の成果」と讃えている。金融二法は、結局、ほぼ鐵五郎の主張に沿う形で、六八年六月、公布・施行された。

「貸すも親切　貸さぬも親切」

信用金庫に従事する上での鐵五郎の信条は、①直接、政治と関係しない、②他の事業会社の役員とならない、③個人の金を貸さない、という三点にあった。鐵五郎はこの信条を生涯守り抜き、他業にはいっさい手を染めなかった。

「小原鐵学」の真髄であり、ここからさまざまな小原語録が生まれた。「融手は〝麻薬〟である」「〝タネ銭哲学〟に教わる」「如才ない従業員であってはならない」などがそれであるが、極めつけは「貸すも親切貸さぬも親切」である。相手が借りて成功する資金なら多少担保が不足だろうが無理をしてでも貸していい、その人のためにならない資金なら、いくらいい担保があろうとも貸さないほうがいい、金を貸す場合は、多すぎてもいけない、少なすぎてもいけない、というのである。中小企業金融のエッセンスがここにある。

鐵五郎は一九七五年一一月、三〇年に及ぶ理事長職を退き、会長に就任した。この間、金融界、信用金庫業界のために、六五年から二二年の長きに亘って金融制度調査会委員を務め続け、七一年から一五年間、預金保険機構運営委員を務めた。理事長退任後も、金融制度調査会やその他で金融政策に対する意見、提言を、請われてしばしば行い、また、信金業界のためいくつかの組織に係わったが、八九（平成元）年一月二七日、急性心不全により逝去した。八九歳であった。

（伊藤正直）

参考文献

『城南信用金庫史』一九五五年。『小原鐵五郎語録』金融タイムス出版部、一九七三年。『小原鐵五郎伝』金融タイムス社、一九八〇年。『小原鐵五郎伝Ⅱ』金融タイムス社、一九八八年。『小原鐵五郎伝追悼総集編』金融タイムス社、一九八九年。『私の履歴書　昭和の経営者群像九』日本経済新聞社、一九九二年。

14 東京都民銀行(きらぼし銀行)と工藤昭四郎

中小企業振興を旗幟《きし》にかかげて

工藤昭四郎(一八九四〜一九七七)は四つの顔を持っていたと住友銀行会長の堀田庄三は言う。興銀マン(日本興業銀行)として、大蔵省物価庁次長、復興金融金庫理事長など官界人として、経済同友会代表幹事として、そして東京都民銀行経営者としての工藤である。彼の八三年の生涯の最後の四半世紀は、東京都民銀行(以下、とみん銀行と略記)の設立、発展に充てられた。ここでは新銀行の設立過程を振り返ってみよう。

●東京都主導の地域銀行設立計画

とみん銀行は一九五一(昭和二六)年一二月戦後派地銀の一行として設立されるが、復興金融金庫理事長の工藤がこれにかかわるのは、中小企業金融に対する彼の見識が高く評価されたことによる。

その発端は戦後間もなく浮上した東京都主導の銀行設立問題であった。都では早くも一九四八年三月、中小企業振興策の一つとして「中小企業金融の資金的基礎を確立するため」地方銀行の新設を計画した。当時都内に本店をおく地方銀行は高田農商銀行(六八年三井銀行に合併)のみであった。同行は資本金二〇〇万円と全国地銀中もっとも小規模であり、都内中小企業の資金需要に対応するには強力な地銀の出現が要望されたのである。

都の当初計画では、資本金は一〇億円あるいは五億円の二案が検討された。前者は東京に本店をおく都市銀行の資本金にほぼ匹敵する規模、後者は中小銀行新設を認可条件とする大蔵省の方針を考慮しての代替案であった。いずれにしても既存地銀をしのぐ大規模な地銀案が検討されたのである。確実な中小企業金融対策のためには、一大地方銀行の設立が必要であると、当時の都は考えたのであろう。

東京都の銀行新設計画が浮上する一方で、東京商工会議所にも同様の動きがあり、五一年に入ると「中小企業銀行計画に関する懇談会」が設けられた。そしてこれに都が合流し、新たな設立案が作成された。資本金を三億円とし、東京都がその半額以内を出資、残りを民間公募とする、都の出資分は漸次民間に肩代わりさせる、という内容であった。「現在の金融機関はそれぞれ独自の分野があって中小企業金融には専念できないから、中小企業専門の銀行が必要であるが、資金難に喘ぐ中小企業者が多額の出資することは困難である」。新計画への変更について設立案は、このように述べている。

工藤の中小企業専門銀行設立案

しかし、この設立案に対して反対論が噴出した。民間銀行は都出資の銀行は性格・運営において公正を期し難いと主張し、大蔵省は地方自治体の出資に難色を表明したのである。このため都は計画を白紙に戻し、新たな観点から取り組む必要に迫られた。そしてこの難局打開のため協力を求められたのが、工藤昭四郎であった。

工藤は当時、復興金融金庫理事長であったが、彼は興銀時代に結城豊太郎の薫陶を受け、早くから中小企業金融の重要性を認識していた。結城は一九三八（昭和一三）年に中小企業の育成発展を図るため日本商工倶楽部を組織したが、この同じ年、工藤は中小企業課次長として中小企業金融を担当することになった。そして「中小企業は国家的見地でとらえなければならない」と主張してきた工藤は、復興金融金庫理事長として終戦後の中小企業の金融難を見るにつけ、専門金融機関の設立を要望してきたのであった。東京都から新銀行設立計画に協力を求められ、直ちにこれに応えたのも、長年の懸案解決の可能性をそこに見出したからであろう。

工藤は都に対して全額民間出資の銀行を設立する必要性を強調し、あわせて資本金募集に協力することを約して激励したという。そして都知事の諮問機関として「東京都地方銀行対策審議会」が設立されると、その会長への就任を要請され、これに応えたのである。

会長に就任した工藤は、リーダーシップを発揮して新銀行の設立案作成からその実現に向け精力的に活動した。まず「中小企業を主たる取引対象とする地方銀行の在り方及び新銀行設立の見通し」について答申案をまとめた。その主な内容は、次の通りである。

① 資本金額（一億円）および発起人・賛成人の引受率（九〇％）の決定

② 都の協力体制（三億円を限度とする預託など）の構築
③ 行名の決定（「東京都民銀行」）
④ 当時設立準備中にあった東京商工銀行との一本化

また、答申では工藤を新銀行の設立準備委員長とすることが付帯条件として決められていた。この点について工藤の胸中は複雑であった。中小企業金融機関設立の必要性を誰よりも痛感していたが、倉敷紡績社長に推されるなどしていたからである。結局、復興金融金庫の解散が決まっていたので、理事長として職員の転出先を考慮して決断したと言われる。

■工藤　昭四郎（くどう　しょうしろう）略年譜

1894（明治27）7・30　徳島市で生まれる
1921（大正10）4　東京帝国大学法学部卒業
　5　日本興業銀行入行
1933（昭和8）3　同行中小工業課次長
1935・3　一カ年欧米出張
1941・3　同行調査部長
1945・5　同行大阪支店長
　12　大蔵省物価部長
1946・8　物価庁次長兼経済安定本部第五部長
1947・6　復興金融金庫副理事長
1948・4　経済同友会代表幹事
1950・1　復興金融金庫理事長
1951・7　東京都地方銀行対策審議会会長
　12　東京都民銀行頭取
1976・8　同行取締役会長
1977・10・13　逝去、83歳

●設立に向けリーダーシップを発揮

設立準備委員長に就いた工藤にとって、大きな問題は東京商工銀行との合流であった。合流は都内に一つの健全な地方銀行を設立しようとの趣旨から企図された。大蔵省も中小企業金融体制を確立するため、計画の一本化を強く勧奨し、新銀行のトップ人事などの合同条件を提示した。しかし両者間の合意は容易に得られなかった。東京商工の発起人総代、入江克巳（元・帝国銀行常任監査役）が、頭取工藤、筆頭常務入江とする人事案にあくまで反対したからである。工藤はやむなく入江を除く他の発起人三名（牧野司郎、荒木長之助、藤本幸一）と協議し、とみん銀行への合流をとりつけたのである。工藤の強い信念と熱意が彼等を動かしたと思われる。工藤は設立趣意書において、とみん銀行設立の理念を次のように表明している。

① 「東京のように、大銀行のみが存在しておるところでは、中小企業に十分注意の行きとどく且つ親しみ易い地方銀行を設立して資金流通の途を開くことが、どうしても必要である」。

② 中小企業を対象とする銀行に対して「危険率や経費高の点から採算が困難であるという人もあります」が、「責任感の強い健全な企業を対象として、合理的な経営を致しますならば、本来の目的を達しながら、十分業績を挙げ発展してゆくことが出来る」。

東京商工銀行との合流を決めた後、とみん銀行開業までのスケジュールは、工藤の尽力によって円滑に進んだ。工藤は一九五一（昭和二六）年一〇月一七日に設立免許申請書を提出し、一一月六日には大蔵省の許可を得ている。異例の早さは、彼に対する行政側の信頼の大きさをうかがわせる。株式募集については、頻繁に説明会、懇談会を開いて新銀行設立趣旨に理解を求めた。この結果、各方面から多大の支援と協力により、応募額は約一億三五〇〇万円に及んだ。資本金は一億二五〇〇万円に引き上げられていたが、応募額はこれを上まわった。朝鮮動乱ブームの反動により低迷していた株式市場においてこれは注目される。応募先の約三分の二は経済同友会関係企業で、残りの約三分の一が中小企業および一般民間であった。工藤は経済同友会設立に際して発起人として参加し、同会発足後は四八年から五一年まで代表幹事を務めており、そこで築いた広い人脈と信頼関係がとみん銀行の順調な株式募集に大いに寄与したことは疑いない。

◎新しい銀行モデルの確立を目指して

こうして発足したとみん銀行は、工藤頭取のもとに営業方針に次のような新機軸を打ち出した。

① 営業時間の延長。平日は午前九時から午後六時まで、土曜日は午後三時までとする。

② 日銀借入依存の回避。貸出資金は銀行預金で賄い、経営の健全性と自主性の保持をはかる。

③ 零細預金の獲得。外務員の勧誘と集金による定期積金に主力をおく。中小企業の貯蓄心向上と新設銀行として取引先層の開拓を意図した。

④ 地元企業への融資。地元で吸収した預金を地元に還元する方針をとった。

⑤ 大口融資の抑制。小口融資は経費と手数がかかり、危険率も大きいが、これにより多くの中小企業の要望に対応できると考えた。

⑥ 審査の簡素化。中小企業の借入依頼に迅速に対応できるよう貸出手続を簡素化した。また部店長の融資専決限度を引き上げた。

このような方針は、工藤が長年抱いてきた理念に基づくものである。彼は別の機会に次のように述べている。「中小企業に対する金融は、ソロバンにのらないと常識的にいわれているが、私は興銀で中小企業のほうの仕事をしていて、この常識的論議に疑問を持つようになった。それは営業としても成り立つし、また最も金融に恵まれない中小企業にたいしても、大企業とおなじような条件で融資がつづけられるようにすること、そこに意義があると考えていたのであった」。そして中小企業に対する融資手続には工夫が必要であると強調する。「その第一条件は人柄であって、この人は誠実であるか、責任感がつよいかといったことを見るのである。こういったことは、だいたい話をしているうちにわかるものである。またその人の税金の払い方、家賃の払い方などを調べてみると、だいたいわかるものなのだ」。そして「こういったことを専門にやっている銀行は一つもないのだから私は一つぐらいあってもいいと考えている」と論じている。

興銀総裁結城豊太郎は事業は人なり、何人《なにびと》が経営するかということが一番大事、融資の判断は担保ではなく人である、と述べていたといわれる。結城を尊敬してきた工藤は、彼の教えを胸に、「中小企業振興を旗幟《きし》にかかげて」（行歌の一節）新しい銀行モデル構築に情熱を傾けていたのであろう。

（杉山和雄）

◉参考文献

『東京都民銀行十年史』一九六二年。『追悼工藤昭四郎』一九七八年。工藤昭四郎『友ありて楽し』実業之日本社、一九六一年。地方金融史研究会『戦後地方銀行史Ⅱ』東洋経済新報社、一九九四年。秋田博『銀行ノ生命ハ信用ニ在リ――結城豊太郎の生涯』日本放送出版協会、一九九六年。

15 横浜銀行と伊原隆

地方銀行の発展と公共性の両立

二〇一六（平成二八）年六月、横浜国立大学経済学部出身でプロパーの川村健一頭取が、横浜銀行に誕生した。横浜銀行は東日本銀行と経営統合し、新たな船出となったことは周知の事実だが、歴史的にみてプロパー頭取の誕生は、横浜銀行がようやく「整理銀行」から脱して「日本一のよい銀行」を目指せる体制を整えたことを象徴する出来事といってよいだろう。

「整理銀行」としての出発

横浜銀行は、一九二〇（大正九）年反動恐慌で経営破綻した七十四銀行の「整理銀行」として誕生した横浜興信銀行を前身とする。七十四銀行から引き継いだ小口預金の支払資金一六〇〇万円分について、政府からの貸下金を受け入れて経営を開始した同行は、「公共性の強い救済事業」というスタンスを定款上明らかにしていた。必然的に、貸出姿勢は慎重となり、有価証券投資に重点をおく堅実路線を採らざるをえなかった。もっとも、一九二七（昭和二）年の昭和金融恐慌の際には左右田銀行が破綻するなど横浜金融界もパニックに陥ったから、同行の堅実経営路線は幸いにも時代とマッチしていた。

一九四五年敗戦直後の横浜は、空襲被害が甚大であった上、横浜市の市街地面積の約三割を占領軍の進駐に伴って接収されたため、特に商業面で経済復興が大きく遅れることとなった。接収解除は五二年以降になってようやく行われた。もっとも、五〇年六月からの朝鮮特需に伴って、神奈川県の工業は輸送用機械・電気機械などを中心に発展し始めた。この間、横浜銀行の経営再建を進めたのは、四九年に大蔵省から迎えられた吉村成一である。吉村は役員の権限明確化、重要事項の合議制、事務統一化など経営の近代化を推進したが、朝鮮特需後の「繊維恐慌」を受けた繊維関連への救済融資が不良債権化し、その償却負担という重荷を背負うこととなった。五六年の横浜銀行の預金順位は、埼玉や静岡よりはるかに低く、地方銀行第九位にとどまっていた。今日、地銀トップ行の地位にある横浜銀行からは想像もつかない姿といってよいだろう。

●伊原頭取の就任と横浜銀行の躍進

昭和三〇年代高度経済成長の中で、横浜銀行は大きく「躍進」していくこととなる。一九六〇年に預金額一〇〇〇億円を突破し、六五年には目標としていた預金額三〇〇〇億円を達成、預金額で地方銀行第二位の座をつかんだ。六二年八月急逝した吉村頭取の後を受けて頭取に就任し、横浜銀行の地位を飛躍させたのが伊原隆である。一九〇八年神奈川県に生まれた伊原は、神奈川師範学校男子部附属鎌倉小学校（現・横浜国立大学教育学部附属鎌倉小学校）を卒業後、湘南中学校→第一高等学校→東京帝国大学法学部→大蔵省入省とエリートコースを駆け上がった。大蔵省では、理財局長を務めるなど専ら国債関係の行政に従事したほか、日本外債処理のため外務省にも三年間出向した。二つのコクサイ畑という伊原の大蔵省時代のキャリアは、以下でみるように横浜銀行においても大いに役立つこととなる。

頭取に就任した伊原は、「人の和」を重視し、全行一致体制を説いた。預金増強策や大衆化路線など他行と類似の戦略を採用しつつ、横浜銀行の独自色も打ち出していった。預金増強策としては、業務部内にあった預金推進本部を独立させて預金部を新設、定期性預金を中心に個人預金の吸収を図った。大衆化路線と関わって重視されたのは、消費者金融である。特に、県内の宅地開発が進展することを見越して、一九六四年に西武鉄道との提携による宅地ローンの取り扱いを開始したのは先見の明があった。六五年一二月には伊原の発議で経営会議が発足し、経済・金融全般にわたる問題について定期的に役員間で討議することとなった。ちなみに、第一回のテーマは伊原の得意分野でもある「国債問題」であった。さらに、伊原は独自の制度として、六〇年に「国内視察制度」を導入し、行員に神奈川県外を視察させることで、その視野を広げることにも努めた。また、「提案制度」を設けて、銀行事務の改善も行員主導で進められるようにした。

貸出面についてみると、工業化が著しく進展するに伴って大企業の県内投資が増大する中で、横浜銀行は地元下請企業への支払資金など地元関連度を踏まえて融資を拡大した。もっとも、「整理銀行」としての経緯を踏まえ、借入金に依存してまで資金調達をすることはなかった。伊原の理念は、「横浜経済への疑問」（六六年一月）でも示されているように、県内の商業活動を振興するとともに、急増しつつある人口に対応する個人取引を推進して、国際収支ならぬ「県際収支」を改善することにあった。同行の貸出先が製造業に偏りすぎないようにするリスク・マネジメントをベースにして、工業用地の造成や多目的ダムの開発など県や市の公共事業と関わる地方債投資を行い、「公共性の強い」銀行としての使命を果たすこととした。

昭和四〇年代に入ると、ベッドタウン化が進む中で神奈川県の人口が急増することとなり、一九六八年には五〇〇万人を超えた。県内各地で宅地造成が進むとともに、洋光台団地など大規模住宅団地の開発が一挙に進んだ。六八年一一月には住宅ローンの拡大に対応して、審査部内にローンセンターが設置されるなど個人融資の増加に努めた。また、住宅金融公庫の代理貸業務も拡張されて、六七年には件数・金額とも全国第一位となった。このように大衆化を進める一方で、製造業向け融資については、いざなぎ景気下にあっても、地元中小企業に優先枠を設定し、大企業についても県内関連度を重視するという慎重な態度を貫いた。

辿り着いた経営理念——地方銀行と公共性

一九六九年四月一日、埼玉銀行は地方銀行から都市銀行へと移行し、横浜銀行は地銀トップ行となり、全国地方銀行協会の会長行となった。都市銀行に移行しなかった理由と関連して、伊原は「私どもが働く目標、ビジョンは都市銀行・地方銀行という形式論ではなく、日本一のよい銀行に向かって進んでゆくことだと思います。私どもの働いている地盤は仕事のしがいがある地盤であり、そのなかで当行は小は消費者金融から大は国際金融までできる機能を備えています」と述べている。当時は、港北ニュータウンの造成や市営地下鉄の建設など横浜市六大事業が始動した時期で県内の資金需要が拡大していたこと、他の都市銀行支店の神奈川県進出が本格化しつつあり、地方銀行としての独自性を強調する方が預金吸収に有利と想定したのだろう。実際、この時期の横浜銀行の預金は他行を上回って増加したが、公務部を新設して公金預金の増加に努めたことも奏功した。さらに、海外コルレス網を急拡大するとともに、横浜市のマルク債起債引受銀行のメンバーとなるなど、都市銀行と並ぶ国際的知名度を得ることにも成功した。

伊原の「地域社会と地方銀行」では、伊原の理想とする地方銀行像がまとめられている。まず、「地方銀行は、たんに地域内の企業に金融をつけるという金融機能のみならず、地域住民の生活ならびに地方行財政と緊密に結びつくことによって、地域社会と一体的な歩みを続けた」と述べ、地方銀行が地域内の企業・家計・自治体と密接に結びついていることを確認し、特に「今後地方銀行の地域開発金融に参画する度合が大きくなってゆくことだけは必然的な方向である」と述べ、資金の性格や効率に留意しながら政府・自治体による地域開発に対する金融の担い手としての地方銀行の役割を強調している。個人金融と関わっては「全家計の資金管理機能」を果たす方向性を示し、「地方銀行の公共性は、たんに金融的な便益を特定の企業や個人に提供するだけでなく、大きくいえば地域社会の生活水準・文化水準に貢献」するという社会経済的な理念を明らかにしている。伊原の大蔵省でのキャリア、横浜銀行の「整理銀行」としての生い立ちの尊重、そして高度経済成長下の横浜の急発展が結びついて、このような経営理念に辿り着いたとみてよいだろう。穿った見方をすれば、常にバランスにプライオリティをおくところに、伊原の経営理念の限

■伊原　隆（いはら　たかし）略年譜

1908（明治41）6・5　出生
1915（大正4）4・1　神奈川師範学校男子部附属鎌倉小学校入学
1921・4・1　神奈川県立湘南中学校入学
1925・4・1　第一高等学校文科乙類入学
1928（昭和3）4・1　東京帝国大学法学部法律学科入学
1931・4・11　大蔵省・理財局勤務
1933・11・22　財務書記・米国駐在
1938・6・9　大蔵大臣秘書官
1942・4・18　戦時金融金庫監理官
1946・8・31　理財局次長
1947・9・2　理財局長
1951・8・10　外務省へ出向（日本外債処理のため）（～54・11）
1954・11・27　東京銀行常務取締役（～62・5）
1962・11・10　横浜銀行頭取
1969・5・14　全国地方銀行協会会長
1975・12・22　横浜銀行取締役会長
1976・9・24　虎ノ門病院にて逝去、68歳

界も見出すことができるといえよう。

横浜銀行創立五〇周年を契機に伊原は有名な「コミュニティバンク」論を掲げ、「地元でなくてはならない銀行」として、顧客本位の経営に徹することを表明した。もっとも、地域密着という経営理念は信用金庫と競合する所がある。一九七五年伊原は会長に就任し、頭取には吉國二郎が大蔵省から迎えられた。その後も大蔵省から頭取を受け入れる慣行は長く続いた。その間に、川崎信用金庫や横浜信用金庫は預金額一兆円を超える「メガ信金」へと成長した。二〇一六年、プロパー頭取の誕生によって、「整理銀行」という生い立ちからようやく解放された「地方銀行」としての横浜銀行が、今後どのような新しい経営理念を打ち出していくのか、期待されている。

（邉英治）

参考文献

『横浜銀行六十年史』一九八〇年。『横浜銀行の歩み――地域とともに一四一年　創立九〇周年記念誌』二〇一一年。横浜銀行編
『伊原隆遺稿集』一九七七年。伊原隆「地域社会と地方銀行」（『自治研究』第四六巻第五号、一九七〇年五月）。

甲信越地方

16 第四銀行と藤田耕二

戦後の経営基盤を確立

一八七三（明治六）年創設という地方銀行の中でも歴史の古い第四銀行は、その割に歴代頭取の数が少ない。在任期間の長い頭取が多かったからだが、その中でも同行歴代二位の一八年間にわたり頭取を務めたのが藤田耕二であった。ここでは藤田の銀行家としての生涯を、第二次大戦後の第四銀行の経営基盤を確立したという視点から振り返ってみよう。

●藤田文二・簡吉と耕二

藤田家は代々米穀商を営んでおり、祖父文二は一八七七年新潟米商会所（後の新潟証券取引所）の創設に尽力し、後に新潟市議も務めた新潟の代表的商人であった。その子簡吉は一八九〇年代後半に汽船を購入し、新潟―函館・小樽間を中心とした米穀等の輸送業に従事した。しかし一八九九年に北越鉄道が全通し、大正期に日本海岸を通る羽越線の建設が進む等、鉄道が国内輸送を担うようになると一九二二（大正一一）年頃に「見切りをつけ」た。一方、一九〇八年から一九四六（昭和二一）年まで第四銀行の監査役を務め、新潟貯蓄銀行や新潟電力の取締役も兼ねる等、文二同様「新潟市財界の指導的な地位」にあった。

簡吉は慶應義塾で福沢諭吉から直接教育を受け、その直筆の額「愈《いよいよ》究《きわめて》而愈《いよいよ》遠《とおし》」の精神を尊んでいた。これは「研究していけばいくほどその道は遠い。従って人間死ぬまで努力が必要だ」という意味で、この精神が長男耕二にまで受け継がれ、耕二も配下の者に常に諭していたという。耕二は一九二一年慶應義塾大学を卒業後一年弱家業に従事するが、その後志願兵を経て一九二四年第四銀行に入行する。そして、間もなく預金課長に抜擢されるなど「エリートコースを真直ぐばく進」した。

●健全経営の理念

藤田頭取を特徴づけたのは健全経営の理念と顧客第一の姿勢だったが、両者はいずれも戦前に培われたと考えられる。一般に、戦前から活動した銀行家が健全経営理念を抱く契機として重要なのは昭和金融恐慌であるが、藤田の経験はやや特殊であった。すなわち、恐慌が勃発した一九二七年当時藤田は本店勤務だったが、「実に平穏なもので、何にも取りつけというものの経験はもっておりません」と回顧するように第四銀行は大きな影響を受けず、全国銀行の一斉休業明けの四月二五日には「むしろ平日よりも閑散であった」上、その後他行からの預金が流れ込んで「特別当座預金を中心に大幅な伸びを示した」という。これは一八九六年から一九四一年まで同行のトップにあったことで知られる、第三代頭取白勢春三の築いた健全経営政策の結果であった。白勢は明治の末頃に東京支店で大口の不良貸出が発生した責任を強く感じ、堅実経営を旨とする基本方針を発表した。そして白勢が昭和中期まで頭取に在職したことでこの方針が理念として根付き、恐慌・不況期にも「貸出資金の固定化を招くことなく、きわめて安定した経営を維持し」たのである。以上から、藤田は金融恐慌で取付け騒ぎを経験したからではなく、それを平穏裏に乗り切ったことで健全経営の重要性を実感し、それを自らの経営理念として継承したと言える。

日本銀行からの借入れを回避するのもそれに関わる第四銀行の重要な伝統であった。藤田は「昔から、日本銀行から金を借りるのは恥辱と思え」と教えられたという。実は、藤田入行前の一八九〇～一九一〇年代の同行は、日銀からの借入をもとに積極的な貸出を行う鞘取り銀行的営業を行っていた。したがってこれは藤田入行の前後頃からの時期、すなわち一九二〇年代の不況期に確立された方針と思われる。もちろんそれを墨守したわけではなく、藤田の常務・専務時代の一九四八～五一年頃には旺盛な資金需要の下で日銀借入を行ったが、それを極力回避することが理念として藤田に受容・継承されたと言えよう。

顧客第一の姿勢

もう一つの強固な方針は顧客第一の姿勢だった。ここでは、前提として第四銀行が「〝だんな様銀行〟といわれ、とかく敷居が高いとされてきた」ことを想起する必要がある。藤田は一九三三年に入行一〇年目、弱冠三六歳にして「当時の新潟における商業の中心地」住吉町の支配人に就任した。その時のエピソードがふるっている。ある日、行員が顧客の預金通帳をカウンターへポーンと投げた。これを見た藤田支配人が「えらくおこりましてね。「通帳はお客さまの貴重な財産の記録なんだ。勘定台（カウンター）へ投げるとは何事だ！」ご自分で通帳を渡すときは、必ず立ち上がって最敬礼、両手で渡しておられた」という。こうした行動の基礎には、「われわれが銀行からサラリーをいただいているのは、銀行が出すんじゃない……毎日毎日、銀行へ足を運んでくださるお客さまがくださるということを、常に頭に置き、お客様に報いる」という考えがあり、藤田は以後も常にそれを説いていた。ともすれば保守的になりがちな健全経営と、この顧客第一の姿勢との両立が銀行家・藤田耕二を特徴づけていた。

■藤田　耕二（ふじた　こうじ）略年譜

1897（明治30）4・21　新潟市の米穀商・汽船運送業者藤田簡吉（のち第四銀行監査役）の長男として生まれる
1921（大正10）3　新潟県立新潟中学校を経て、慶應義塾大学理財科本科卒業
12　一年志願兵として歩兵第一六連隊に入隊する
1923・4　満期除隊となる
1924・2　第四銀行入行。以後本店預金課長・貸付課長・副支配人を歴任
1933（昭和8）10　同行住吉町支店支配人
1937・10　日中戦争に応召される（40・8除隊）
1940・9　同行本店支配人・営業部長
1941・1　同行取締役
1944・10　軍事招集のため取締役退任
1947・6　同行常務取締役
1948・10　同行総務部本部長
1949・7　同行専務取締役
1953・5　同行取締役頭取
11　渋沢青淵記念財団龍門社評議員
1956・5　経済団体連合会評議員
1959・6　全国地方銀行協会理事
1960・5　黄綬褒章受章
1961・5　日本生産性本部欧州中小企業金融視察団団長として、欧州各国を視察する
1963・11　第四銀行創立九〇周年を記念し第四銀行賞を創設する
1965・6　新潟県中小企業近代化推進協議会委員
1967・4　勲四等旭日小綬章受章
1970・5・10　逝去、73歳

「八行統合」と経営悪化の経験

その後、戦時期の「八行統合」や敗戦後の経営悪化という事態に対し前頭取を補佐したことは、藤田が頭取として大衆化・積極化を進める際の重要な前提となった。まず、一九四三年に大蔵省の勧奨のもとで、当時新潟県内に残存した他の普通銀行六行のうち長岡六十九銀行以外の五行を、終戦までにさらに貯蓄銀行二行と信託会社を第四銀行は統合した。その結果、統合先出身者を次々と受け入れて多人数となった経営陣の統率に統合時の白勢量作、次いで田巻堅太郎頭取は腐心した。また、戦時期も含め同行は概して地方銀行の平均を超える高い自己資本比率を保持していたが、一九四八年の再建整備で資本金の九〇％切捨てによる三〇〇万円への減額を余儀なくされた（間もなく五三〇〇万円に増資する）。その上、人件費など経費率の上昇と貸出や国債の利息未収のため一九四六〜四七年に欠損を計上するなど、経営指標は悪化した。しかしその後、創立八〇周年を迎える一九五三年を目指して預金増強運動を展開したことや貸出増大等により利鞘は拡大し、純益金も増加していった。この間、藤田は出征時を除き取締役として頭取を補佐した。そして一九五三年に自身が頭取に就任する。次第に実務に精通した内部昇進の役員が増加する中で、藤田頭取率いる同行は、「監督当局から「モデル銀行」と評されるほど、バランスのとれた経営指標を実現するに至った」のである。

大衆化・積極化の推進

藤田は頭取就任後の支店長会議において、当時の地方銀行一般と同様な合理化推進の意向に加え、「預金を増加して行き度い」「中小企業の育成は大切」と述べた。それらは大衆化・積極化の推進と括ることができ、一九六〇年代に明確化した。

前者の大衆化の推進について、もともと「地主銀行」として発足した第四銀行は、収穫期である秋口における地主からの預金に依存していた。藤田の回想に、「秋一回預金勧誘などに……人力車に乗って私ども……地主さんの所へ出る。秋一回、それだけで事足りたのですね」とある通りである。ところが一九四〇年秋の米穀配給統制開始以後、農村預金は産業組合や県信用組合連合会にシフトした。そのため一般大衆から預金を吸収する必要が生じた。特に一九六〇年度に打ち出された「預金増強基本方針は……広く一般消費者や中小商工業者にまで取引階層を拡大すべく、大衆顧客との密着化に本格的に取組む姿勢を明らかにした」と記されている。その結果、創立九〇周年の一九六三年には預金残高一〇〇〇億円を達成した。

後者の積極化の推進について、藤田が地元中小企業の育成を明言したのは一九六一年四月の支店長会議の席上で、「これからの融資重点を地元産業の育成におき……預貸率については弾力的に考慮して地元中小企業へは、幅のある配分を考えて行きたい」と強調した。もっとも、当時の新興企業日本瓦斯化学工業（現・三菱ガス化学）への融資は一九五一年頃から、地場の中小企業が集積する燕町（現・燕市）の洋食器産業への融資拡大は一九四八年頃から始まっていた。前者については藤田自身、「昭和二六年（一九五一年――引用者）ごろのことですが、日本瓦斯化学という会社が新潟にできることになりました。その時に、融資をたのまれました……その時、「化学のことはわからないが、あなた方経営スタッフをご信頼して、融資をいたします」といって、お金を出しました」と回顧している。すなわち、地元中小企業の育成を目的とした融資自体はすでに行っていたが、一九六一年頃にそれが基本姿勢として確立したと考えられる。

藤田耕二の人間性と、頭取一八年の意義

残されている写真からも「血色のよい温顔に人なつこい笑」がうかがえる藤田は、一九六一年に日本生産性本部欧州中小企業金融視察団団長として各国を視察した際、「あの温顔を崩されることなく……ともすれば尖り勝《とがりがち》になろうとする団員の心に温き風を吹き込まれたのにはまったく頭の下る思い」（ルビは引用者）と、同行した後の大阪銀行頭取水垣憲一郎を感嘆させている。また、藤田は出征時に二〇三名の中隊の隊長として東京警備の責任者となったが、「部下の人たちは、藤田部隊長の下で働くのは実に張り合いがあるといって心服」していた。そして、戦後彼らによって毎年「藤田会」が開催されたという。一方で仕事に対しては厳しかった。例えば亀沢善次郎次期頭取は「私たちには厳しかった。なにか尋ねても、直ぐには教えてくださらなかった」と、その次の頭取・鈴木正二も「時間の厳守も有名な話です。会議等の開会、閉会、訪問面会等の時

間は実にやかましかった」と振り返っている。以上は「外柔内剛」「誠実・謹厳・実直」と評された藤田の人柄を良く表している。

一九五四年に従業員組合による「全日スト」を含む賃上げ闘争が起こった。「ベースアップの要求にゼロ回答をした」ことが引き金となった面もあるが、実は第四銀行では白勢春三時代以来「給与を豊かにし適材を選任する」方針を採っており、当時も「現給与ベースが……全国地方銀行では第四位」の水準にあった。そうした経営者としての自負の故であろう、藤田は争議に際して「烈火のごとく怒った」とされる。この事例は当該期の同行を統率した強力なリーダー藤田の、むしろ面目躍如たるものと言えないか。

略年譜にある通り、藤田は多くの社会事業に関与した。第四銀行が新潟のトップ地銀であることを差し引いても、藤田の仕事への社会的評価がいかに高かったかを物語る。藤田耕二は健全経営の理念と顧客第一の姿勢をベースとしつつ、強いリーダーシップのもとで、「地主銀行といわれた同行の体質を新興商工業者を中心とする構造に変革」した。その意味で、戦後の第四銀行の経営基盤を確立した人物と言えよう。一九七〇年二月執務中に倒れ、亀沢専務への委譲を進める中で五月に逝去した。七三歳であった。

（内藤隆夫）

参考文献

『第四銀行八十年史』一九五六年。第四銀行従業員組合『組合史』一九六七年。尾谷新三『〈新潟シリーズ第四集〉新潟の財界』新潟日報事業社、一九六八年。「柿の実の甘味あふれる銀行――第四銀行」（『月刊金融ジャーナル』第一三巻第六号、一九七二年六月）。『第四銀行百年史』一九七四年。地方金融史研究会『地方銀行史談』第二集、一九七四年。「越後の銀行家たち　第一部・第四銀行〈1〉～〈12〉」（『新潟日報』一九八〇年七月一～一四日）。地方金融史研究会『続地方銀行史談』第四集、一九九二年。第四銀行所蔵資料。

■新潟県

17 北越銀行と近藤敬四郎

銀行業務の近代化を推進

高度経済成長期、特にその前半期において多くの地方銀行では業務の近代化が進展したと見られるが、それは役員の上からの指導による場合もあれば、中堅行員の下からの押し上げで推進される場合もあっただろう。ここでは北越銀行の創業一〇〇年時の頭取近藤敬四郎を、主に後者の視点にもとづき、一九五〇年代後半から六〇年代前半の合理化主査・業務部長時代を中心に取り上げてみたい。

●合理化主査として

第二次大戦後におけるインフレーションの昂進、金融機関再建整備法等にもとづく再建整備、朝鮮戦争といった事態を経て、一九五〇年代半ば頃までにようやく金融機関を取り巻く環境は落ち着きを取り戻してきた。それに伴い、地方銀行の業務運営の改善や経営合理化が問題となった。

一九五三（昭和二八）年以来大蔵省は銀行業務の合理化に関する通達を発していたが、全国地方銀行協会も一九五六年三月に合理化推進特別委員会を設置し、地方銀行業界共通の合理化事項について審議・研究を開始した。これに対応して北越銀行も同じ三月に合理化委員会を設置し、機構改革・事務合理化・規定類の整備など合理化のための具体的な作業を開始した。当時の松田英次頭取からそれを主導する合理化主査に任命されたのが、当時四四歳の近藤敬四郎であった。

合理化主査として近藤は、まず一九五六年五月「店舗営業成績の検討について（案）」を提出し、営業店の経営刷新・改善策作りの基礎とすべく、店舗の営業成績の判定方式に関する試案を示した。次いで、同年九月「経営合理化について――その推進についての構想」によって合理化を推進するため行内の組織整備を行う必要性を訴え、あわせてより具体的な「経営合理化事項に関する分掌区分（案）」によって、既述の地銀協特別委員会が研究事項として取り上げた「経営合理化事項」各項目を、行内の各委員会・部・課のいずれが担当するかについての案を提議した。このようにして近藤は北越銀行の経営合理化の中心として活躍した。またその前提として「組織について随分勉強しました」と回顧するように、各店舗の業容や行内の研究会の議論等を精力的かつ丹念にノートにまとめ、研究したことは見逃せない。一九六〇年九月、四年間にわたる経営合理化の取り組みを踏まえつつ、残された問題を「機構改善」「職務権限の明確化」「諸規程の整備」「機械化の問題」等にまとめたレポート「合理化の現況について」を発表し、近藤は合理化主査の職務を終えた。

近藤勘太郎と勘治郎

近藤敬四郎は三島郡関原村（現・長岡市関原町）の生まれである。「同地方屈指の素封家」であった祖父勘太郎は一八九八（明治三一）年、当地で盛んであった煙草産業への金融を目的に関原銀行の設立を推進し、その発起人代表となった。同行設立後、勘太郎は当初居宅の二室を提供してその営業用に充て、自らは専務取締役兼支配人を務めた。その子勘治郎は、関原郵便局長や父の跡を継いでの関原銀行専務取締役等を経て、一九二〇（大正九）年に六十九銀行取締役に就任した。その後、小規模ながら優良な資産と堅実な経営を誇った関原銀行も、金融恐慌後の銀行合同政策に応じて一九三一年に六十九銀行へ営業譲渡した。勘治郎は戦時下一九四二年の六十九・長岡両行の合併において前者の新銀行設立委員となり、長岡六十九銀行設立に際し六十九専務からの格下げに甘んじて常務取締役となった。「才気煥発・機略縦横型」の銀行家と言われ、合併以来「役員の中堅として功績が多かった」が、「合併後の人間関係の渦中で疲れ果てた」こともあってか終戦後間もなく退任する。その勘治郎の子が敬四郎である。

近藤敬四郎の生い立ちから合理化主査任命まで

近藤敬四郎は一九二九年に長岡中学を卒業して慶應義塾大学に進み、同大を卒業した三六年に父のいる六十九銀行に入行したが、すぐに第一銀行に出向となった。当時六十九銀行は「第一系」と言われたが、六十九から第一へ出向したのは近藤のみだったという。そこでは「銀行経営の基本」や「渋沢栄一の精神」を学ぶとともに、後に第一勧業銀行頭取となる村本周作らと職場を同じくし、ハイキングやスポーツの交友など充実した出向生活を送った。一九三八年から兵役に就き、第二陸軍造幣廠会計課に在籍中の四五年八月にウルップ島（千島列島）で終戦を迎えた。

翌年一二月に長岡六十九銀行へ復帰して企画課長代理となり、忙しい生活が始まった。一年に満たない企画課時代に、当時第四銀行と三条信用金庫の「独壇場」だった三条市に、「支店を出す目標、どんな組織で、どういう人材が必要か」を意識した綿密な創設プログラムを作り支店開設を果たした。その後、「長岡のウォール街」関東町支店の支店長等を経て北越銀行と改称後の直江津支店長となった。そこでは「五〇〇〇万円の融資枠を貰い融資の大衆化を図」り「ものすごい人気」を得たが、間もなく「2ヵ月間融資先を全部調査して、具合の悪い先は全部回収した」ため、「近藤支店長、来た時は仏で、2ヵ月経ったら閻魔さま」

■ 近藤　敬四郎（こんどう　けいしろう）略年譜

1912（明治45）1・2　新潟県三島郡関原村（現・長岡市関原町）の地主近藤勘治郎（のち長岡六十九銀行常務取締役）の次男として生まれる
1929（昭和4）3　旧制長岡中学を卒業。次いで慶應義塾予科から経済本科へ進学
1936・3　慶應義塾大学経済学部を卒業。六十九銀行に入行後、第一銀行本店に出向、定期預金係に配属
1938・9　兵役に就く
1942・12　六十九銀行と長岡銀行が合併、長岡六十九銀行となる
1945・8　ウルップ島で終戦を迎える。終戦時は第二陸軍造幣廠会計課調度掛に在籍
1946・12　長岡六十九銀行に復職、経理部企画課長代理・千手支店長代理等を務める
1948・1　同行関東町（のち表町）支店長
10　長岡六十九銀行は北越銀行と改称する
1950・6　直江津支店長
1955・10　経理部経理課長
1956・2　合理化主査
1960・10　業務部長
1965・8　東京支店長（～69・1）
1965・11　取締役東京支店長
1968・12　常務取締役（業務部・検査部担当）
1972・11　専務取締役
1976・3　創業一〇〇年委員会委員長
1977・6　取締役頭取（～81・6）
1977・12　創業一〇〇年記念式典を開催する
1981・6　相談役（～85・6）
1983・5　全国良寛会会長
1991（平成3）4・2　逝去、79歳

と言われたという。「営業の第一線で暴れまく」った、と評された行動の代表的事例であろう。そして、一九五五年一〇月の機構改革に伴い経理課長となった。明確な本部組織の採用やミドルマネジメントの確立等を特徴とし、また翌年の合理化委員会設置の恐らくは前提となったこの機構改革自体、近藤が当時の常務取締役田中英篤（後の頭取）に建議して実現したとされる。既述の合理化主査に任命されたのは、その翌年の二月であった。

◉業務部長として

一九六〇年一〇月に再度の機構改革が行われ、合理化主査の役目を終えたばかりの近藤は業務部長に就任する。当時一般に「銀行の大衆化」志向が打ち出される中で、それを先導する部門の部長となった。「銀行のマーケティング」と銘打った行内誌の特集の中で、近藤は市場調査をもとに顧客の需要に適した新商品を開発することや、積極的にPR（広報活動）を行うことが重要だと唱えた。一定期間の貯蓄後に低利の融資を行い人気を博した「リビングローン」の開始、「一〇〇万人の銀行」というスローガンの発表、コマーシャルソング「ホクギンソング」の誕生といった北越銀行の斬新な活動は、近藤の業務部長時代に実現した。また業務部内ではそれを調査企画・業務推進・事務の各部門に分け、各店が業務活動を推進するための地域ごとの経済力調査、地方公共団体からの指定の獲得、事務の機械化の進展等にそれぞれ取り組ませた。業務部長としての活躍はこれほど多岐にわたった。近藤自身が「一番勉強もし、おもしろかった時代は昭和三五年〔一九六〇年――引用者〕からの業務部時代ですね」と述べるゆえんである。

以上から、高度経済成長期前半の一九五〇年代後半から六〇年代前半の北越銀行において、近藤はミドルマネジメントとして同行の業務あるいは経営の近代化を推進したと言えよう。そして、高度成長期後半以降は北越銀行の経営陣の一員となる。

◉創業百年委員長から頭取へ

前身の第六十九国立銀行創立から一〇〇年目を翌年に控えた一九七六年三月、北越銀行は預金五〇〇〇億円の達成と記念事業・行事について検討・答申することを目的に創業一〇〇年委員会を設立し、当時専務取締役であった近藤が委員長に就任した。そして前者のために組織した「五〇〇〇億推進会議」の議長となり、七七年一一月に目標を達成した。その翌月、近藤は創業一〇〇年を頭取として迎えた。

創業一〇〇年を特集した行内誌において、近藤は「いま銀行百年の歴史を繙けば、戊申〔戦争――引用者〕の兵火の余塵の中に、前身銀行の第六十九国立銀行が創設されてよりこの方、近代日本文化と経済の変転とともに歩いた当行の道程は、時に勢いを得て興隆し、また時に苦難に呻吟するところがあった」と一〇〇年の歩みを回顧するとともに、「吾々は創業一〇〇年の斯の年に経験し、身につけた信念を土壌として、次の世代へ勇気を以て前進したい」、「己れを尊び、己れの判断で行動しよう。それがホクギンの魂だ。苦難の時に立ちむかっておそれない。それが己れである。おそるるに足らず、さればつとめよう」と、この人らしい言葉で締め括った。

◉「攻めの近藤」

近藤は精力的な研究の裏付けをもとに活発に発言し、行動した。後者については既に明瞭であるが、前者についても行内誌等の記述からそれがうかがえ、「歯に衣を着せぬ発言で定評のあった」という評価もなされている。また、「書き始めると原稿用紙二十枚くらいはすぐに書き上げてしまいます」と言うように文章も得意だった。頭取になる頃、周囲は温厚篤実で知られた高橋静之助前頭取と比較して「攻めの近藤、守りの高橋」と称したが、こうした攻めの姿勢が近藤の真骨頂であり、その信念でもあったろう。取締役東京支店長時代の一九六六年に若手の銀行員一般に向けて、「諸君が、自からの手で、自己の豊かな考究心とバイタリティーを活かして、自信をもって勇敢に行動するときだ」と激励したが、その内容は近藤の銀行家としての生き様そのものかも知れない。

一九七七年から四年間頭取を務めた近藤は、第二次石油危機後の経営の本格的立て直しは渡辺健三次期頭取に託し、八一年六月「突然という感じ」で退任した。その点については、年齢の問題に加えて「私は進め進めしかできない男でしてね。これが退任の一つの理由なんです」と述べた。攻めの局面が一段落したところで、後進に道を譲ったのである。

地域の文化活動

近藤は学生時代、休暇になると『出雲崎編年史』（良寛記念館、一九七二年）の著者として知られる佐藤吉太郎の邸宅に寄寓し、江戸時代後期の歌人・書家である出雲崎出身の禅僧良寛の歌に親しんだ。夫人ともその頃出雲崎で知り合っている。頭取時代の一九七八年には、良寛ゆかりの人々や研究者等を結集して新潟県良寛会を設立した。同会は八三年に全国良寛会へと拡大・改組され、近藤は初代会長となった。また、父の勘治郎が縄文時代中期の代表的な土器様式である火焔土器を発掘したことから、近藤自身もその熱心な研究者として知られた。

近藤敬四郎の旺盛な行動力は、生まれ育った新潟県中越地方の文化に関しても発揮されたと言えよう。

（内藤隆夫）

参考文献

坂井新三郎『越佐名士録』越佐名士録刊行会、一九四二年。「第一線への提言　考究心とバイタリティーを活かそう〈北越銀行取締役東京支店長〉近藤敬四郎」（『近代セールス』第一二二号第八巻、一九六六年八月）。「横顔　北越銀行頭取に就任した近藤敬四郎氏」（『金融財政』第七〇六号、一九七七年七月七日）。「新世紀へ第一歩　北越銀行頭取に近藤敬四郎氏」（『財界にっぽん』第九巻第九号、一九七七年九月）。「越後の銀行家たち　第二部・北越銀行　1〜12」（『新潟日報』一九八〇年八月一一〜二四日）。北越銀行『創業百年史』一九八〇年。「良寛と私　近藤敬四郎（全国良寛会会長　元北越銀行頭取）」（『芸術新潮』第四〇巻第二号、一九八九年二月）。北越銀行所蔵資料。

18 八十二銀行と小出隆

健全経営と地域社会への貢献、経営理念を確立

八十二銀行は、昭和恐慌のさなかの一九三一（昭和六）年六月、長野県下の第十九銀行と六十三銀行が合併して設立された。二八年に県下の中規模銀行を糾合して創設された県下トップバンクの信濃銀行が前年に破綻したことが、両行合併のきっかけとなった。ともに五〇年以上の歴史をもつ両行の性格は対照的であった。第十九銀行は製糸専門銀行といわれ、「オーバーローン（に）しても製糸金融の面倒を見るというような行風」であったのに対し、六十三銀は「英国式の商業銀行としての考え方をもっていて、余裕をもたせて」資金を運用する行風であった。他方、六十三銀の経営陣は、「政治との関わりが深かった」のに対し、第十九銀は「政治には全く野心を持たず、周囲からの誘いにも乗らなかった」という（『地方銀行史談』第三集）。小出隆は、このように性格の対照的な両行の合併により新設された八十二銀行において、営業部次長として経営の最前線に立った。

●父は長野農工銀行の初代頭取

小出隆は、一八九六（明治二九）年八月長野県更埴郡稲荷山町に生まれた。父・小出八郎衛門は、六十三銀行の前身である稲荷山銀行頭取、稲荷山第六十三国立銀行頭取のみならず、長野農工銀行の初代頭取、衆議院議員などを歴任した銀行家、政治家であった。小出隆は、一九一八（大正七）年三月に早稲田大学商学部を卒業、二一年三月に六十三銀行に入行した。入行後、六十三銀行横町支店長、本店営業部次長を経て、新設八十二銀行営業部次長となり、三七年七月には、常務取締役に就任した。

小出の営業部次長、常務時代は、新設八十二銀行にとって苦難の時代であった。初代頭取小林鴨を三五年に、第二代頭取黒澤利重を三九年に、いずれも五〇代半ばで相次いで失い、第三代頭取に片倉製糸会長の三代片倉兼太郎を迎えた。とはいえ、主力としていた製糸業は衰退過程にあり、また、借入金負担や低収益のもとで、預金の増強もままな

らなかった。「現在（一九六〇年）では、各銀行とも行員は外に進出して預金の増強にあたっておりますが、当時は外に出て預金を漁ったりすれば、内容が悪いから資金漁りにくる、と全く逆効果でした」（同前）と、小出が回顧するような状況が、比較的長く続いたのである。日中戦争後になってようやく事態は改善し、その後、同行は県下銀行を吸収・合併し、四三年末には一県一行となった。

五一年二月、飯島正一頭取の急逝によって、小出隆は頭取に就任した。副頭取は黒澤三郎で、ともにそれまで常務取締役として、実質的に同行の中枢にあった二人が、名実共に同行のトップに立ったのである。この体制は、七三年五月まで、二二年間にわたって続いた。

サウンドバンキング堅持を宣言

小出は、頭取就任後初めての支店長会議で、「もともと地方財界そのものの基盤が極めて浅いところから、丁度底の上がった盥《たらい》のようなもので、少しの揺れにも直《じ》きに水は溢れ易く、財界不況に処する抵抗力が極めて弱い。……創立以来先人は何れも営業方針を堅実第一に執り、現在を背負う我々も亦この方針を体して一意専心努力をしてきたからこそ当行今日の基礎を築き得た。従って、今後も堅実方針を堅持して現下経済界に対応すべく、方途を謬《あやま》らぬようにして、歩一歩本行の隆盛を致して参りたい」と、サウンドバンキング堅持を宣言した。また、小出は、折りに触れて、金融恐慌時の苦い経験を行内外で語ったという。

農業県から工業県への転換を支える

小出の頭取時代は、戦後復興期から高度成長期前期をカバーしている。この時期、長野県経済は、戦前の製糸業から、戦後の食品産業、さらには諏訪、岡谷、伊那地方における精密工業、電子工業、東北信における機械工業、部品工業への産業構造の転換を進めていた。農業県から工業県への転換である。戦時中に大都市圏から疎開して来た約四〇〇の工場の多くは、その後も長野県に定着し、なかでも電機、精密機械、一般機械の分野での研究開発、設備投資は目覚しく、カメラ、腕時計、オルゴールなど、世界に名を馳せる商品が次々に生まれた。そして、それに対応して、県下各地域に下請けを中心とする中小企業が誕生していったのである。

小出は、一九六〇年一一月の第五七期株主総会において、

「戦争前は、長野県といえば製糸というようにほとんど蚕糸業一本の構造でしたが、最近は、全くその様相が変わってまいりました。……長野県を工業県として発展させるためには、当行はできるかぎりのお力添えを惜しんではなるまいと思うのであります」と語り、これらの金属・機械機器部門の資金需要に対して積極的に応じていった。

他方、長野県は、有数の山岳県であった。このため治山治水は、県政の重要な部分を占め、八十二銀行は、これら地域開発資金の供給にも大きな期待を寄せられた。高瀬川上流開発、三峰川総合開発に始まり、工業用地開発、道路・橋梁の整備などの事業資金の調達の多くは、八十二銀行に向けられたため、同行の地方債保有高、公共向け貸出金は逐年増加した。一九五四年に二億円強（地方債）、八億円弱（貸出）に過ぎなかった公共向け残高は、七〇年には、地方債四八億円（対保有有価証券比率九・五％）、貸出一三〇億円（対総貸出残高比率四・七％）に達し、また、国鉄信越線、中央線の電化、複線化などに対する鉄道利用債引き受けについても、同行が県や市町村の肩代わり引き受けを続けたため、六六年三月には、同行の鉄道利用債保有額は四八億円に達した。

●経営効率改善を推進

とはいえ、高度経済成長は、生産や資金の大都市集中を伴って進行したため、長野県経済の発展は相対的に低位を余儀なくされ、地銀上位行としての八十二銀行は、その経営にさまざまの工夫を要請された。小出は、取引先の拡大、店舗網の展開、大衆化路線の推進のみならず、行員の経営意識の向上、組織近代化などに全力を傾注し、サウンドバンキングを軸とする同行の経営効率の改善を推し進めた。

■小出　隆（こいで　たかし）略年譜

1896（明治29）8・21　長野県更埴郡稲荷山町生まれ
1918（大正7）3　早稲田大学商学部卒業
1921・3　六十三銀行入行
1931（昭和6）8・1　新設八十二銀行営業部次長
1937・7・25　同行常務取締役
1951・2・23　同行取締役頭取
1973・5・10　同行取締役会長
1975・12・22　同行取締役相談役
1979・12　同行相談役
1982・12・11　逝去、86歳

まず、一九六〇年に、アメリカの社外取締役制度に似た参与制度を導入して、政財界のトップ、有識者に、銀行経営に関して積極的助言を受け入れる態勢を整備し、この制度は、八〇年まで二〇年間続いた。また、六八年から七一年にかけて、県内七信用金庫すべてと業務提携を実現し、これは、地銀、信金初のオープンコルレスとして、一般にも報道された。さらに、六九年一〇月には、長野市中御所に地上八階、地下一階、総床面積二万二六五一㎡の本店を新築し、七一年一〇月には東証市場第二部に株式上場を果たし、同年一一月には念願の池袋支店を開設して、東京進出を実現した。

一九七三年五月、小出は二六年間にわたった頭取を辞任し、会長職に就いた。後任の頭取は、同じく二六年間副頭取を務めてきた黒澤三郎であった。さらに、二年後の七五年一二月には、黒澤頭取が会長に就任し、小林春男副頭取が頭取に就いた。小出会長は、取締役相談役となったが、七九年一二月には、取締役も退き、相談役として大所高所から助言することとなった。

「功を焦ってはいけない。無理は必ず歪みを生じます」、「地元とともに」、「親しまれる銀行」と、小出は語り続けた。サウンドバンカーこそが小出の一貫した信念であった。小出は、頭取時代から、政治的色彩を持つ公職は極力避け、バンカーに徹し、就任した公職は、全国地方銀行協会副会長、全国銀行協会連合会役員、長野県銀行協会会長など、業界ならびに県内経済・産業の発展に関する分野に限られた。

こうしてひたすら八十二銀行の発展に尽力し続けた小出は、一九八二年一二月一一日、急性呼吸不全により逝去した。八六歳であった。健全経営と地域社会への貢献という八十二銀行の経営理念は、まさに小出によって確立されたものであったが、この理念は、今日まで、同行に脈々と引き継がれている。

（伊藤正直）

◉参考文献
『八十二銀行史』一九六八年。『八十二銀行五十年史』一九八三年。地方金融史研究会『地方銀行史談』第三集、一九七四年。地方金融史研究会『続地方銀行史談』第五集、一九九三年。地方金融史研究会『日本地方金融史』日本経済新聞社、二〇〇三年。

19　山梨中央銀行と名取忠彦

病苦と闘いながらの人づくり

「銀行が、もし万一、取り付けのようなことがあったときには、役員は全財産を投げ出して、預金者を擁護しなくちゃあならない。そのときは、この家なんか、つぶれるかも知らんけど、いいか、覚悟しときなさい」と、名取忠彦頭取は淑子夫人に言い、淑子は「それもしかたありません。男の子が三人あるから、なんとか三人で稼いでくれるでしょう。」（名取淑子『たどりしあと――回想・名取忠彦』一六五頁）と応えた。

労働争議、泊まり込んで業務を継続

これは、一九五四（昭和二九）年一〇月、銀行労働争議史上、まれに見る大争議と言われた、山梨中央銀行のいわゆる「中銀争議」の一齣《こま》である。全銀連などの支援を受けた従業員組合は、一一日間のストを決行、ピケを張った。これに対抗して名取頭取以下役員および職員組合は、銀行内に泊まり込んで業務を継続した。激しい争議は、銀行の業績停滞と組合の分裂という傷跡を残して終結した。

戦後の労働争議は、ほとんどの地方銀行が乗り越えなければならないハードルであった。敗戦に伴う戦前秩序の瓦解、東西冷戦の開始という国際情勢のなかで、労働運動のあり方も変化し先鋭化していた。戦前・戦時期に数々の銀行を合併してきた多くの地方銀行において一体的風土を期待するのは困難であった。旧態依然の人事管理にも不満が蓄積していた。なにより激しいインフレが行員の生活を破壊した。労働争議という洗礼を経て各行は、現代的な労使関係の構築という避けられない課題に取り組むのである。

戦後、「人づくり」に情熱を注ぐ

正常な労使関係を形成し一体的風土を醸成できるかどうかの鍵は、信頼関係の再建にあった。その際、頭取のパーソナルな資質や魅力というものは、非常に重要な役割を果たした。山梨中央銀行の第四代頭取である名取忠彦もまた、行員から畏敬の念と親愛の情を寄せられ、戦後の「人づくり」に情熱を注いだ一人であった。

銀行家としての名取は、龜山甚（常陽銀行）、布浦眞作（山口銀行）、中山均（静岡銀行）などのように金融業務に精通し、その発展を牽引したタイプではない。むしろ、川喜田久太夫（百五銀行）、氏家清吉（七十七銀行）などと同じように、「長者の風格」によって人心をまとめ上げ、銀行の進むべき道を大局的に軌道付けたタイプである。

血縁・環境が名取を地域のリーダーへ

そうした名取の人格形成にとって、彼を取り巻く各様の血縁関係は重要である。また幾度か生死のはざまをくぐることになる大病が与えた影響も無視できない。

名取は、旧姓・旧名を広瀬繁（後に忠彦と改名、以下名取忠彦と記す）といい、一八九八（明治三一）年一一月に広瀬久政の三男として誕生した。広瀬家は、代々「文左衛門」を襲名する山梨県東山梨郡、塩山の名家であった。屋敷の周囲には土手がめぐらしてあり、地元では「土手文」、「土手のうち」と呼ばれていた。父・久政は県会議員や代議士を務め、その弟たちには、雨宮敬二郎の養子となった三男・亘、塩山の大酒屋である風間家養子の四男・久高、若尾家の分家・民造の養子となった五男・彰八、陸軍中将で陸軍大学校長を務めた七男・猛、大正天皇の侍医であった八男・久誠などがいた。また名取忠彦の長兄・久忠は山梨県で初の大臣（一九三九年一月、平沼内閣の厚生大臣）となり、次兄・勝丸は大地主である網野家の養子になった。

名取忠彦の妻、淑子の名取家も甲府の旧家で、第十国立銀行の母体となった興益社時代からの有力株主・役員であった。淑子の祖父となる忠文は第十国立銀行創設における中心人物の一人であり、父・忠愛は、山梨貯蓄銀行頭取、甲府市長、貴族院議員などを務めた。淑子の弟と妹が亡くなったことから、忠彦・淑子が名取家を相続するのである。

こうした環境が、本人の意思に関わらず、地域のリーダーとしての役割を課すのであろう。

元来病弱であった名取は、一九二二（大正一一）年に東京帝国大学経済学部を卒業後、三菱銀行に入行した。しかし肺病の悪化によってまもなく退職する。病魔との闘いの始まりであった。安静と栄養しか対策はなかった。病状が安定すると、東京大学大学院に入り工場経営学を専攻した。淑子との結婚はこの頃である。その後、東京高等商船学校（現・東京海洋大学）で講師を務めた。無給で週二日、経済原論と商業地理の講義をしたという。

●銀行辞職、療養生活は足かけ五年

体調を回復させた名取は、折から人材を求めていた第十銀行、細田武雄頭取の要請を受け、一九二七年四月、金融恐慌の真っ只中で同行に入行した。勤務地は東京支店であり、翌二八年一月からは支店長となった。張り切って仕事に励んでいた名取であったが、三一年にまたもや発病した。病苦を押しての勤務が無理を招いたのか、生死にかかわる事態となり、ついに三四年一月、銀行を辞職した。鎌倉における世捨て人同然の療養生活は、足かけ五年に及ぶのである。

■名取　忠彦（なとり　ただひこ）略年譜

1898（明治31）11・26　東山梨郡の広瀬久政の三男として生まれる。旧名、広瀬繁

1922（大正11）　東京帝国大学経済学部を卒業。三菱銀行入行、神戸支店で勤務するが、胸を患い退職、療養する

1924・11　名取忠愛の娘、淑子と結婚、名取繁を名乗る

1927（昭和2）4　第十銀行頭取・細田武雄の要請により同行に入行、翌年東京支店長

1934・1　病状悪化により第十銀行を退職、足かけ5年の療養生活を送る。この間に、繁を忠彦と改名

1939・1　奇跡的に回復、第十銀行取締役（非常勤）に選任

1940・10　大政翼賛会山梨県支部の発足にあたり、理事に選任され、庶務部長、県事務局長を歴任

1941・12　第十銀行と有信銀行が合併し山梨中央銀行を創立、同行取締役

1942・1　山梨県翼賛壮年団の結団に伴い、団長に選任される

1945・10　堀切善次郎内相による山梨県知事への打診を固辞

1946・1　公職追放となる

1　山梨中央銀行頭取・上原庄治郎急逝、同行取締役会による後任頭取への要請を固辞。同行頭取に大森国平が就任、名取に常勤勤務を依頼、日銀甲府支店長からも経営参加を要請される

3　取締役総務部長として行務に復帰

1947・1　大森国平頭取の逝去により頭取に就任（〜75・12）

1954・10　労働争議が激化、全店無期限のストライキ

1958・5　甲府商工会議所会頭

1959・6　過労のため喀血、9月まで病臥

1970・4　全国地方銀行協会副会長（〜75・5、同協会相談役就任）

1975・12　山梨中央銀行会長

1977・2・20　逝去、78歳

大政翼賛会活動で充実した日

奇跡的に助かった名取は、一九三七年に甲府に戻った。三九年には非常勤ながら第十銀行取締役に選任され、銀行との関係が復活した。しかし名取の熱意は、第二次近衛内閣が四〇年に発足させた大政翼賛会の活動に向かった。名取は山梨県支部において理事に選ばれ、庶務部長、県事務局長という重要な役割を果たした。さらに四二年に山梨県翼賛壮年団が結団されると、団長に推された。東奔西走する名取にとって、この時期が生涯で最も充実した日々であったという。

戦後、公職追放

敗戦は名取に壊滅的な打撃を与えただろう。その中から「聖断によっていのちを全うし得た、民族としての私は、生きねばならぬ。死してはならぬ。たとえ米人の股をくぐれと言われても、その股をくぐって、矢張り生き抜くのだ。」（名取忠彦『敗戦以後』一六頁）という固い決意も生まれた。しかし終戦直後の状況は厳しかった。戦前の資産家、名取家の経済力も威信も転落の一途であった。そして一九四六年一月、名取は公職追放になるのである。

他方で、名取を必要としていたのが山梨中央銀行である。同行は一九四一年に第十銀行と有信銀行が合併して誕生した。名取は同行取締役でもあり、合併時には設立委員も務めた。行名も名取の発案と言われている。その山梨中央銀行頭取、上原庄治郎が急逝したことから後任頭取として要請されたのである。名取の人柄、識見、手腕は役員一同が認めるものであったが、名取は固辞し続けた。公職追放の身で責任ある立場には立てない、というのが理由であったが、「国民義勇隊が組織され心ひそかに死を決してその首脳部となった私にとって、一地方銀行内部の問題などは実のところどうでも良いことなのであった」（名取『敗戦以後』一三九〜一四〇頁）。

行務に復帰、そして頭取へ

そうした頑なな名取を翻意させるべく、大森国平頭取が懸命に説得した。日銀甲府支店長も名取に経営参加を要請してきた。実際、労働組合との対応を含め戦後の荒波を乗り切ることは、堅実無比な老頭取にとっても、山梨中央銀行にとっても難しい状況であった。窮状を見かねた名取は、ついに大森頭取の補佐を承諾し、一九四六年三月、新設された総務部長として行務に復帰するのである。これで安心したのか、翌四七年一月、大森頭取は逝去した。

「たたかうこと」「耐えること」を教え諭す

「中銀争議」の際に名取は、常に最前線に居た。その後の正常化のプロセスでも「名取頭取は、当時すべての研修会議に必ず出席されて、行員に直接呼びかけられました。」(『続地方銀行史談』第一〇集、一五頁)というように常に陣頭に立った。当然に激務となる。一九五九年六月、名取は喀血した。それが一カ月近くも続いた。絶対安静、面会謝絶、銀行も三カ月休んだ。再起不能と思うのが自然な雰囲気であったろう。

まるで自ら進んで死地に赴くような、名取の思いや生き方を、職務上の責任というだけで理解することはできない。名取は、新入行員への講話において、必ず「たたかうこと」、「耐えること」を教え諭したという。いわば死を賭して行務に励みながら、悲壮感がなく、他人には温かい頭取の姿をみて、多くの行員の心は何かを感じたことであろう。

一九七〇年、名取は七一歳で全国地方銀行協会の副会長となる。一高、東大の後輩にあたる当時の伊原隆会長(横浜銀行頭取)は「先輩に副会長になれなんていうのは申し訳ないけど、協力して下さい。あなたなら、いろいろと相談しやすいから」(名取淑子『たどりしあと』二三一頁)と言って要請した。これも、外柔内剛と評される名取の人柄と経歴のゆえであろう。

名取は実業人であったが、同時に安岡正篤を同志と呼び、自由主義と祖国愛を両立させた在野の思想家でもあった。また多芸の人である名取は、日本画を描き、和歌を詠み、そして『敗戦以後』(一九五二年)、『釣りと私』(一九六九年)と力強い調子の名文を残している。

(佐藤政則)

参考文献

名取忠彦『敗戦以後——わが身辺の記』脈々会、一九五二年。地方金融史研究会『地方銀行史談』第三集、一九七四年。名取淑子『たどりしあと——回想・名取忠彦』サンケイ新聞社、一九七八年。山梨中央銀行『創業百年史』一九八一年。地方金融史研究会『続地方銀行史談』第一〇集、二〇〇二年。

北陸地方

20 北陸銀行と第十五代中田清兵衛

三代にわたり自主独立の堅実経営を守る

明治期の日本では、地方の資産家によって数多くの銀行が設立された。その大多数は、設立者自身の資金調達を容易にするためのもので、身内に対する審査の甘い機関銀行であった。しかし、富山県の中田清兵衛家は、三代にわたって地元銀行の頭取を出した地域の名門でありながら、政争のしがらみを避け、日銀と密接に連携しながら堅実な銀行経営を展開した。その中でも最も長く頭取を務め、今日の北陸銀行の基礎を固めたのが、第十五代中田清兵衛である。

第十四代中田清兵衛――県域を超えた活動の基礎を築く

中田家は、富山でも最古の薬種問屋を営み、代々清兵衛を襲名していた。第十三代清兵衛は一八七八（明治一一）年に富山第百二十三国立銀行の設立発起人に名を連ねているが、翌年には隠居しており、中田家が本格的に金融業に関与するのは、第十五代の養父に当たる第十四代からということになる。

第十四代中田清兵衛（通称為太郎）は、中田別家の長男として一八五一（嘉永四）年に生まれ、養子として本家に入った。養父の後を襲うと、はじめ第百二十三国立銀行の取締役となり、同行が一八八四（明治一七）年に金沢の第十二国立銀行と合併した際には、三三歳の若さで頭取に就任している。その後、一度は頭取の座を退いたものの、一八九〇年に再び頭取となり、一九一六（大正五）年に在職のまま死去した。

為太郎は、金沢貯蓄銀行・北陸商業銀行を設立し、富山電灯でも重役を務めるなど、家業である薬種問屋を経営する傍ら、金融を中心に様々な事業に関係した。一八九九年に富山市議、一九〇四年には貴族院議員となって政界にも進出し、かなり派手に金を使ったと言われている。しかし、党派的な対立からは距離を置くことに努め、純粋な実業家代表として自由党・改進党の双方から推薦を受けており、銀行経営に政治は持ち込まなかった。

この為太郎が頭取を務めた時期に、十二銀行は積極的な出店攻勢に出ている。同行は北海道に強力な地盤を持っていることで知られたが、一八九九年に小樽支店を開設したのがその端緒であった。また、同じく一八九九年には支店を石川県に三店、福井県に一店開設しており、為太郎は富山県内に留まらず盛んに県外への進出を図ることで、同行を北陸地方最大の金融機関に育て上げた。地方銀行でありながら県域を超えて活動するという今日の北陸銀行にもつながるスタイルは、すでに為太郎の時には決定付けられていたと言える。

第十五代中田清兵衛と銀行業

第十五代中田清兵衛（通称・徳次郎）は、一八七六年に富山市内で密田林蔵（第九代）の五男として生まれ、後に為太郎の養子となった。生家である密田家は売薬業を営む資産家で、中田家とともに金融業への進出に積極的であった。徳次郎の実父である第九代密田林蔵は、第百二十三国立銀行が設立された際には第十三代中田清兵衛とともに発起人となり、副頭取を務めている。富山県の売薬業・金融業を代表する中田・密田両家の密接な間柄は、徳次郎の入籍によって一層強固なものとなっていた。

徳次郎は、一八九四年に富山中学を卒業した後、志願兵として日清戦争に従軍し、除隊後の一八九七年に富山貯蓄銀行取締役となった。同行は密田家を中心に一八九二年に設立されたもので、貯蓄銀行業務に加えて普通銀行業務をも営んでおり、徳次郎が入行した時の頭取は実兄である密田林蔵（第十代）であった。その後、一九〇八年に富山県農工銀行監査役、一一年に金沢貯蓄銀行取締役、一六年に同行頭取に就任し、着実に銀行業の経験を積んでいる。そして、一九一七（大正六）年には前年に死去した先代為太郎の後を受けて十二銀行頭取に就任し、以後、北陸銀行合併後も含めれば、一九四六（昭和二一）年までのほぼ三〇年間にわたって頭取を務めることになる。

日本銀行を「親銀行」に積極的な出店攻勢を継承

十二銀行頭取となった徳次郎は、先代為太郎の方針を引き継ぎ、県外への出店を積極的に行った。十二銀行は一九一六（大正五）年までに北海道に五支店を構えていたが、徳次郎の代となった一九一七年から三七年までの間に北海道に四支店七出張所を開設し、活発な出店攻勢を継承している。一九二八年には、金融恐慌を契機とする県外銀行の合併により、石川県に一支店一出張所、福井県に三支店一出張所が加えられ、富山県内に限られない業容の拡大が引き続き図られていた。

北海道を中心とする積極的な出店攻勢は、旺盛な資金需要に対応する必要性を生じさせ、一九二〇年代後半までの十二銀行は常にオーバーローンの状態にあった。しかし、

■ 中田 清兵衛（なかだ せいべえ）第十五代 略年譜

1876（明治9） 富山県富山市の密田家（売薬業）に生まれ、中田家の養子となる
1894 県立富山中学を卒業
1897・5 富山貯蓄銀行取締役に就任
1908 富山県農工銀行監査役に就任
1911 金沢貯蓄銀行取締役に就任
1916（大正5）11 金沢貯蓄銀行頭取に就任
1917・1 十二銀行頭取に就任
1927（昭和2）2 第三信託株式会社社長に就任
1943・7 北陸銀行頭取に就任
1946・7 同行頭取を退任し、同行相談役に就任
1947・10 相談役を退任
1970 逝去、94歳

先代為太郎の時から都市銀行を「親銀行」として資金の融通を仰ぐことは避け、日本銀行からの借入によって資金需要を賄っている。徳次郎自身の説明によれば、「預金がふえるとどんどん国債にしていくというので、国債をまるで日本銀行へ預けておきまして、何時でも金が要るときには融通してもらうというような約束」が日銀との間で結ばれており、余剰資金の大部分を国債の購入に当てるという「公債中心主義」をとっていた。「日本銀行を大体親銀行にして、すべて日銀へ行って相談する」というのが、先代からの方針であり、徳次郎自身、日銀へしばしば足を運んで営業局長や理事に面会を求め、半期に二度くらいは書類を整えた上で批評を受けることを続けていたという。こうした日銀との密接な関わりが、徳次郎のバンカーとしての姿勢を決定づけることになる。

● 頭取自ら「検査部長」に

戦前の大多数の地方銀行は、不動産を担保にとった融資をメインとしており、一九二〇年代末の恐慌に直面してその処理に非常に苦慮した。これに対して十二銀行は、不動産担保をとることには消極的で、確実な資産のある者には

積極的に信用貸しを行うなど、一般的な地方銀行とは大きく異なる貸出方針を採用していた。これは、商業銀行主義をとる日銀との付き合いの中で徳次郎に植え付けられたものので、「預金を預かっておって、固定的なものに金を出すということは、これはよほど確実なものでないとやれぬ、こういうことが頭にしみ込んでおるものですからね。それゆえ何時でも換金できるというようなものを主にして出したものです」と説明している。

こうした信用貸を中心とする貸付は、言うまでもなく厳正な審査によって支えられなければならない。徳次郎は、「支店にも、私みずから検査部長みたいに回って、それ〔貸出先の厳選――引用者〕をずいぶんこまかいところまでやりました」、「やはりすべて銀行は自分の銀行でありながら、頭取で中を十分知らぬ人がその時分には多かったのです。私どもみたいに、自分みずからが支店を回って表を見てこれはどうだと一々聞くというような者はあまりなかったように思います」と述べている。この回想からは、「自分の銀行」を守ることに熱意を傾けた徳次郎の姿が鮮やかに浮かび上がってこよう。佐藤政則の指摘するように、徳次郎の堅実な経営方針には、「家産の維持」という志向が強く反映していたと考えられる。

堅実経営と広域地方銀行としての社会的責務

徳次郎の暮らし向きはきわめて質素で、「勤倹貯蓄」が信条であったという。子どもたちに対するしつけも厳しく、長男勇吉を除いた次男以下は奉公人と同様に店に寝かされ、朝起きも奉公人たちと一緒にさせられた。また、先代為太郎が政治を好み、多くの資金を投じたことを反面教師とし、政治的思惑とは断固として距離をとり、銀行家としての合理性に徹しようとした。

こうした政治の介入を忌避する姿勢は、世界恐慌の際にも堅持された。当時、十二銀行は、大蔵大臣であった井上準之助から県内零細銀行である竹内銀行の救済を要請された。しかし、徳次郎はこの時の井上を「政治屋」と断じ、その要請を拒絶したため、「何という頑固なやつ」と呆れられたという。徳次郎は、「だいぶん冷酷だという批評を受けましたけれども、堅実一方で、そういう工合で預金がかえってこちらはふえてきた」と振り返っており、井上の要請を拒絶したことが銀行経営にとってはプラスに働いたと判断している。

とはいえ、一九二七（昭和二）年の金融恐慌で福井県の機業家たちが窮地に陥った際には、十二銀行が荷為替資金として百万円を投じたために金融梗塞を免れたことがあり、「福井で十二銀行はまさかの時に資金をだす銀行だといわれて」いた。同じ時期に、旧北海道銀行に対しても、十二銀行を経由して日銀から五〇万円の特別融資が行われている。堅実経営を固く守る一方で、県域を超えて金融秩序の維持に一定の役割を果したところに、十二銀行の広域地方銀行としての大きな特徴があった。

富山県の枠を超え、北陸三県一行体制を構想

こうした十二銀行の広域地銀としての性格は、戦時期の銀行合同に際しても垣間見られた。一九四一年春に、徳次郎は大蔵省銀行局に「北陸三県一行構想」を示し、九行合同による巨大な地方銀行の創設を提案した。その実現は困難視されたものの、徳次郎は「次善ノ策」としてまず各県一行を実現し、その完成を待って「三県一行ニ邁進」するべきであるとの答申を大蔵省銀行局長に提出している。

当時、富山地域と、高岡を中心とする呉西地域とは対立的感情が強く、県内第二位である高岡銀行の高廣次平頭取と徳次郎とは犬猿の仲であった。そのため、高廣は呉西地域の中越銀行と高岡銀行との合併による一県二行化を唱え、徳次郎と真っ向から対立している。銀行合併構想は県庁や日銀の思惑も絡んで一時停滞したが、最終的には富山県内で一行化するという徳次郎の「次善ノ策」をベースに合意された。こうして、一九四三年一月に富山県内四行で合併覚書に調印、初代頭取には徳次郎が就任することになる。地域性と広域性を兼備した北陸銀行の誕生は、石川県の一県一行化をも促すなど、北陸地方における銀行再編の先駆けとなった。

第十六代中田清兵衛へ

一九四五年八月に富山市は大規模な空襲を受け、徳次郎は自宅や薬種問屋の店舗を焼失した。さらに、敗戦後の新円切り替え等のために東京と富山の間で行き来を繰り返す中、徳次郎は体調を崩し、四六年七月には健康上の理由から頭取を退任、さらに四七年一〇月には相談役も辞任して、以後は銀行に関わらなかった。晩年は郷里の山河を「共有のわが庭」として愛し、七〇年に九四歳で逝去している。

徳次郎の退任に伴い、副頭取の高廣次平が頭取に昇任したが、一九四九年四月の取締役改選にともなって辞任、徳次郎の長男である勇吉（第十六代中田清兵衛）が第三代頭取となった。勇吉は、一九〇四年富山市生まれ。二八年に明治大学専門部政経科を卒業すると日本銀行に入行し、その後、郷里に帰って金沢貯蓄銀行で頭取を務めており、四三年に北陸銀行取締役となるまでに一定の実務経験を積んでいた。頭取に就任するに当たり、北陸銀行は「その規模においては決して単なる所謂地方銀行ではない」という強烈な自負を滲ませている。在任中は機構改革と経営の近代化・合理化に努め、一九五七年に会長となり、その翌年に退任した。中田清兵衛家は、一八七八年の富山第百二十三国立銀行の設立以来、三代八十年間の長きにわたって北陸金融界の中枢にあったのである。

（小島庸平）

◎参考文献

地方金融史研究会『地方銀行史談』第二集、一九七四年。東謙治『近代化にかけた経営者群像――北陸三県金融・経済の盛衰』能登出版印刷部、一九八二年。地方金融史研究会『日本地方金融史』日本経済新聞社、二〇〇三年。富山新聞報道局『越中百家　上巻』富山新聞社、一九七三年。『北陸銀行十年史』一九五四年。北陸銀行『創業百年史』一九七八年。

21 北國銀行と本陣甚一

合併の困難を乗り越えて地域の発展に貢献

戦時期の「一県一行」を目指した銀行合同の強行は、多くの地方銀行に少なからぬ葛藤とひずみをもたらした。戦時期から戦後の地方銀行経営に当たった者は、多かれ少なかれ行内不一致の難局に対処することを迫られたが、ここで取り上げる本陣甚一は、合併後の困難な舵取りに成功し、むしろ逆境をバネに地歩を築いた銀行経営者の一人である。

平坦ではなかった生い立ち

本陣甚一は、一九〇四年一月五日に石川県小松市に生まれた。名字が示すように、生家は北国街道小松宿の本陣を務めた名家であったが、父・孫三郎の代になって宿屋を廃業し、新たに生糸問屋「本陣商店」を開業した。大正年間には県内第一の取引高を誇るほどであったというから、孫三郎は商才に恵まれた人物だったのであろう。

しかし、大店の長男として生まれた本陣の生い立ちは、必ずしも恵まれたものではなかった。本陣は生来虚弱であったが、生母は本陣が生まれて三カ月目に早逝したため、主に祖母の手によって養育された。また、京都帝国大学入学の一カ月後には父の訃報に接し、家業を継ぐよう強く勧める周囲の声を振り切って勉学を継続、一九二九年に大学を卒業すると王子製紙へ入社している。しかし、健康上の理由と家庭の事情から一年足らずで退社して帰郷し、一九三〇年には本陣商店と取引のあった加能合同銀行へ入行した。その一カ月後、小松大火によって生家を焼かれている。良家の長子として生まれたにもかかわらず、本陣がその職業人生を本格的に開始するまでの歩みは、決して平坦なものではなかった。

米谷半平との出会いと銀行合同

父母を早くに亡くした本陣にとって、親代わりとも言うべき存在となったのが、加能合同銀行頭取の米谷半平であった。米谷家は近世期には廻船問屋を営み、一八九三年に米谷銀行を設立した加賀地域有数の資産家である。米谷半平は、本陣にとっては京都帝国大学の先輩にあたる人物で、若年にもかかわらず行内改革をたびたび提言する本陣に好意的であった。本陣もまた果敢に営業を展開し、着実に加能合同銀行の地盤を拡張することで、米谷の厚意に報いている。後年、地元の経済記者によって、本陣は米谷直系の「秘蔵子」であると評されたほど、両者の関係は親密であった。

取締役に就任するまでの本陣の事績として、特に注目されるのが銀行合同である。本陣は、一九三九年に米谷から銀行合併担当を命じられ、北陸企業・小松・鶴来・金石といった諸銀行との合併を次々に成功させた。その後、一九四一年に加能合同銀行にとって最初の県外支店である大阪支店の開設責任者となり、支配人（事実上の支店長）として大阪財界人との交流を深めている。この時、たまたま三和銀行（加州銀行の親銀行）が加能合同銀行の株式を密かに買い集めていることを知り、一九四三年三月に突如大阪から金沢に呼び戻された際には、加州銀行との合併に絡む業務を命じられることを心中すでに予期していた。果たして本陣は、北國銀行設立委員会理事に就任することになる。

本陣は米谷らの期待によく応え、一九四三年一二月に加能合同銀行と加州銀行・能和銀行との三行合併を成功させた。新銀行たる北國銀行の頭取には米谷が就任、本陣も功績が評価されて常務取締役営業部長に昇進している。戦時下で全国的に進展していた銀行合同の最前線で、本陣は頭角を現していったのである。

行内協調への困難な道のり

とはいえ、北國銀行の草創期における行内協調は困難を極めた。前述の通り、三和銀行は合併前から加能合同銀行株の取得を進めていたこともあり、北國銀行創立直後の持ち株比率は一〇・九％と二位（米谷半平の三・八％）以下を大きく引き離した筆頭株主であった。そのため、新頭取は米谷ではなく三和銀行から派遣されても何ら不自然ではなかった。同行系列であった旧加州銀行出身者は米谷体制に対して特に批判的で、役員間の軋轢が深刻化している。こうした事態を重く見た大蔵省は銀行検査官を派遣し、一九四四年七月には三和銀行出身の専務・常務役員の退任を決め、同行との親子関係は事実上解消されている。本陣によれば、これは行内融和を説く「米谷の人格の勝利」であった。

しかし、行内対立の重石となっていた米谷は、合併から三年が経過した一九四六年一二月に急死する。容態急変の報せを受けて臨終の場に立ち会ったのは、行内では本陣ただ一人であった。米谷の死後、後任頭取の選考をめぐり、各派閥の役員や社外からの働きかけがにわかに活発化することになる。

こうした中で本陣は、後任の頭取を北國銀行関係者から選ぶことを避け、外部から移入することを主張、その人選は一九四六年六月に日本銀行総裁を退いたばかりの新木栄吉に依頼するべきであるとし、これが周囲の容れるところとなった。新木は本陣と同郷で親しく、その謹厳な人柄は広く知られ、後に本陣は新木を「私が九十五年間のうちに出会った最も尊敬できる人」と振り返っている。

こうして、新木を介して一九四七年二月に北國銀行の第二代頭取となったのが石橋義雄である。石橋は、当時日本銀行監事で金沢支店長の経験を持ち、北國銀行の創設に助力したこともあって、本陣自身もよく知る人物であった。そのため、石橋の他に挙げられた候補者を本陣は断り、新木に対して石橋を頭取として推薦するよう強く要望した。こうした本陣の奔走の結果、戦後の混乱期における頭取不在という事態は、三カ月に満たない短期間で終わっている。

●筆頭常務として労働争議に臨む

しかし、石橋新頭取の就任は、行内の対立を直ちに沈静

■本陣　甚一（ほんじん　じんいち）略年譜

1904（明治37）1・5	石川県小松市に生まれる
1925（大正14）	第四高等学校卒業
1929（昭和4）	京都帝国大学法学部卒業。王子製紙入社
1930	加能合同銀行入行
1941	同行大阪支店支配人
1943	北國銀行設立委員会理事、同行取締役営業部長
1950・10	専務取締役
1954	副頭取
1961・1	頭取
1966・7	会長兼任
1968・11	頭取退任。会長専任
1976・12	会長退任。常任相談役
1988	収集した美術品と運営基金を小松市に寄付
1990（平成2）	小松市立本陣記念美術館が開館
2006	相談役を退任
2008・1・29	逝去、104歳

化することにはならなかった。むしろ、派閥間対立が昂じた結果、一九四九年一二月には極めて深刻な労働争議が引き起こされている。

敗戦後に労働運動が盛り上がる中で、北國銀行従業員組合は、「銀行経営の民主化」を掲げて役員改選に介入するべく、一九四九年一〇月の総会に向けて株主から白紙委任状を秘密裏に集めていた。これを黙認したある支店長に対し、本陣は背任罪で告訴も辞さないとして会議の場で一喝した。さらに北國銀行従業員組合の執行部一〇名を業務妨害などにより懲戒解雇としている。被解雇者たちは四九年一二月に全銀連（全国銀行従業員組合連合会）の全面的支援を得て解雇撤回を要求したが、すでに執行部を一新していた北國銀行従業員組合は協力的姿勢をとらず、全銀連からの脱退を表明した。結局、金沢地方裁判所は、被解雇者の求めた身分保障の仮処分について却下の判決を下し、一九五〇年三月に石川県経営者協会（直山与二会長）の斡旋により和解が成立している。

この争議は、退任を迫られた元役員が従業員組合と結びついて争議を激化させたという点で、合併に起因する行内不一致と深く関わっていた。この間、本陣は筆頭常務として争議解決を主導し、行内役職員の不協和音を一掃すべく厳しい姿勢で臨んでいる。争議終結後の一九五〇年一〇月に本陣は専務に昇格し、ここに石橋－本陣を中軸とする行内一致の体制が、ようやく整うことになる。

●地元財界と「硬骨漢」本陣

労働争議に際して本陣が見せた剛直な姿勢は、融資の可否を判断する際にも貫かれた。本陣は、石川県財界の重鎮で第四次吉田内閣の国務大臣を務めた林屋亀次郎に対しても、必要があれば増担保を強く要求するなど厳しい態度を崩さなかった。また、一九四七年に金沢市で開かれた第二回国民体育大会の準備資金について地元経済界から連帯融資の申し入れがあった際には、過去に地元の有力財界人一五人に連帯保証で融資された資金が未返済であることを理由に、一度は断っている。県内最大の財界グループである金沢番町会は、本陣の専務昇任を祝って紫檀の丸机を贈っているが、そこには「紫檀丸机の如く円熟せる御人格」によって本陣が「健闘」することを祈る手紙が添えられていた。硬骨漢として知られた本陣に対し、円満な人格を持つよう遠回しにほのめかした意味深長な贈り物であった。

その一方で、本陣の率直で厳しい姿勢がかえって好感を与えることもあった。小松製作所社長の河合良成は、本陣の直言によって損失を回避したことがあり、社内の状況を逐一報告・相談するなど、絶大な信頼を寄せていた。また、国内最大の二輪車用チェーンメーカーとして知られた大同工業の新家熊吉は、ワンマン社長として「天皇」とまで呼ばれたが、常務になったばかりの本陣をひと目で気に入っている。堅実経営を貫く本陣の銀行経営者としての冷徹な目と率直な物言いが、世界規模で事業を展開する地元企業から一目置かれていたことがうかがえる。

頭取として地域の発展に貢献

とはいえ、本陣が堅実経営一本槍で凝り固まっていたというわけではない。一九六一年に頭取に就任した本陣が掲げた方針は、①繊維業の重視と鉄鋼業の育成、②観光事業の振興、③能登地方の開発促進という三点であった。特に過疎対策の一環として繊維産業の能登進出を提言し、当時の繊維業界の首脳部へ働きかけたことは、能登地区を織布の一大産地へ成長させるきっかけとなった。また、観光事業や温泉地開発にも積極的に関わり、親交のあった日本画家の東山魁夷を能登の景勝地に案内している。さらに、日本鋼管や中山製鋼所（本社は大阪）の工場を穴水へ誘致しようと試みたが、これは工業用水の不足により実現しなかった。自身は「全体的に言うと中途半端」と総括しているが、本陣の能登振興に対する肩入れは一方ならぬものがある。隣県の広域地銀である北陸銀行との競合回避という面もあろうが、過疎化の進行していた能登地方の開発に努め、地域の発展に貢献することで業容を拡大しようというのが、頭取としての本陣の基本的な姿勢であった。

晩年

本陣は、石川県商工会の役員・会頭への就任を複数回にわたって懇請されたものの、「銀行にいる者は経済界の協力者となるべきもの」として、経済団体の役員には決して名を連ねなかった。晩年の本陣は、「権力を伴うような地位に長く居てはいかん」としばしば語り、一九六八年に会長専任となってからは経営に関与することをなるべく避け、一九七六年には常任相談役へ退いている。

体が弱く旅行やスポーツを好まなかった本陣の趣味は、

美術品の収集であった。一九八八年には、郷里である小松市に自らのコレクションと運営基金（株式）を寄付し、九〇年に黒川紀章の設計になる小松市立本陣記念美術館が開館している。同年、長男の靖司が北國銀行の頭取に就任し、本陣の晩年は豊かで落ち着いたものとなるかに見えた。

しかし、一九九七年に靖司が背任容疑で逮捕され、翌年には頭取を退任するという事件が発生する。裁判は長期間にわたり、最終的には二〇〇五年に靖司の無罪が確定した。その間も本陣は一貫して北國銀行の相談役を務めていたが、靖司の無罪判決を見届けた二〇〇六年に一〇二歳で退任し、二〇〇八年一月二九日に逝去している。一〇四歳で亡くなった本陣は、当時、男性としては県内で二番目の最高齢者であった。

（小島庸平）

◉参考文献

伊牟田敏充編著『戦時体制下の金融構造』日本評論社、一九九一年。片桐慶子『石川県人名辞典　現代篇11』石川出版社、二〇一〇年。木田亘『郷土人物巷談』北國新聞社、一九九〇年。重利俊一『金沢財界側面史』石川評論社、一九五二年。地方金融史研究会『続地方銀行史談』第一集、一九八九年。地方金融史研究会『日本地方金融史』日本経済新聞社、二〇〇三年。日外アソシエーツ編『石川県人物・人材情報リスト2015』二〇一五年。東謙治『近代化にかけた経営者群像——北陸三県金融・経済の盛衰』能登出版印刷部、一九八二年。北國新聞社出版局『石川県人名鑑　1994年版』北國新聞社、一九九四年。『北國銀行四十年小史』一九八三年。『北國新聞』一九九九年六月八日朝刊、二〇〇八年一月三〇日朝刊。

22 福井銀行と市橋保治郎

地方産業への支援と堅実経営

地方銀行を同質ないし一律に見ようとするのは、あまりに非現実的である。「人絹王国福井」を支えた福井銀行のように、特定産業の集積度が高い地域を地盤とする地方銀行の悩みは自ずと異なる。

福井銀行は一八九九（明治三二）年一二月に創立された。発起人と銀行役員は、すべてが福井県北部の地主であった。成長産業と考えられた絹織物業への支援が当初から強く期待されていたのである。これに応えていくのが、発起人の中心人物であり、専務取締役に選任された市橋保治郎であった。その後、幾多の苦難に遭遇しながらも、逝去する一九五四（昭和二九）年まで地元産業とともに歩むのである。

●法律思想の普及に努める

市橋保治郎は、一八六四（元治元）年一月、鯖江藩（間部氏）の所領であった福井県今立郡南中山村野岡（現・越前市野岡町）に杢兵衛・せんの次男として生まれた。生家は同村きっての名家であるが、大地主というわけではなく、自作も行う中位クラスの地主であった。学業優秀な保治郎は、一八七九（明治一二）年、念願かなって東京に遊学した。まずは慶応義塾に学び、次に旧鯖江藩出身の矢代操が創立メンバーの一人である明治法律学校（一八八一年一月開校、現・明治大学）に転じて法学を学んだ。しかし一八八二年に杢兵衛が、翌八三年には頼みとした長兄、周治が死去した。保治郎は、やむなく帰郷し長兄未亡人と結婚して市橋家を相続するのである。

月刊誌『法海』を執筆・刊行して法律思想の普及に努めていた保治郎は、一八九一年八月に福井県議会議員に当選した。新知識を携えた若き青年政治家の誕生であった。一八九七年八月には県議会議長に就任した。折から福井県では、暴風雨による県下三大河川（九頭竜川、足羽川、日野川）の氾濫が未曾有の被害をもたらしていた。保治郎は、三大河川の完全改修工事を実現すべく懸命に取り組むのである。

地元政界と決別、新銀行設立へ

一八九七（明治三〇）年九月の県議会解散を機に、保治郎は地方政界と決別して銀行家に転じた。議会活動のなかで、経済的繁栄に直接かかわる実業の意義を改めて理解したのではないだろうか。他方、桐生・足利地方の羽二重製織を伝習した福井羽二重織物が、明治二〇年代を通じて新興してきた。一八九九年には織物生産額一四七九万円、機業家数二二九八戸、機台数一万七四六六台とかなりの規模に達し、資金需要も激増していた（『市橋保治郎頭取を偲ぶ』四四頁）。福井県農工銀行（一八九八年七月設立）に対する期待を空しくした保治郎たちは、新たな銀行創立を目論み、渋沢栄一にも教示を仰ぎ、福井銀行設立へと向かうのである。

一九〇〇年一月の開業から順調なスタートに見えたが、日露戦争前後に荒波がきた。まず一九〇四年の大阪・百三十銀行の破綻である。頭取の松本重太郎は、数多くの企業創業にかかわった大規模な産業プロモーターであった。丹後間人の出身ということもあり、福井でも著名な銀行家である。福井市の同行支店では織物業界との取引も活発であった。福井銀行では、福井市内の松本支店が誤解によってとくに激しい取り付けを受けた。そして福井市の九十二銀行が、一九〇七年一月の東京株式市場大暴落の影響をうけ、同年一一月に破綻した。福井銀行もその余波により預金が大幅に減少した。

銀行経営の三原則を順守

こうした銀行破綻が、市橋保治郎に与えた衝撃も深刻であった。銀行経営について迷いが生じたからである。重役・株主に十数名の自殺者や発狂者を出した九十二銀行の破綻をまぢかに見れば、剛毅な保治郎でも銀行経営の恐ろしさを実感せざるを得ない。現に、これを機に福井銀行を去った有力株主・重役がいたという。他方で、絹織物業を積極的に支援するという行き方は、リスクを取らねばならず、松本重太郎の経営姿勢につながる。安全確実な経営と地元産業の振興とは両立できるものなのか、悩みは深まるばかりであった。

さすがの保治郎も、精神的に追い詰められ、福井出身（武生町）の渡邉洪基（東京府知事や東京帝国大学初代総長を歴任）に教えを求めた。渡邉は、次の三条件を示し、銀行破綻の多くは経営者がこれらを守らないことから生じると諭した。そして堅実経営で定評のある第百銀行（池田謙三支配人、のちの頭取）との提携を薦めるのであった。

一　他の事業に関係しないこと
二　政治に関係しないこと
三　品行方正であること

とくに銀行業務に専念し「一人一業主義」を説いた第一の条件は、松本重太郎の生き方とは異なるものであった。保治郎は、これらを「銀行経営の三原則」とすることで活路を見出すのである。変転極まりない織物金融を支えながら、同時に危機的状況を回避できたバックボーンこそ、この三原則の順守であった。

●中国から直輸入の道を開く

福井の絹織物金融は、石川の問屋金融に対して機業家向

■市橋保治郎（いちはし　やすじろう）略年譜

1864（元治元）1・1　福井県今立郡南中山村野岡（現・越前市野岡町）に、市橋杢兵衛、せんの次男として生まれる
1879（明治12）　東京に遊学、慶応義塾と明治法律学校に学ぶ
1883　前年の杢兵衛に続く長兄・周治の死去により帰郷、結婚し家督相続
1888・7　法律思想の普及のため月刊誌『法海』を発行（89年中頃まで毎月発行）
1891・8　福井県議会議員に初当選
1897　福井県議会議長に当選
1899・12　福井銀行営業認可、同行専務取締役
1918（大正7）2・3　福井銀行頭取。明治末期から昭和初期にかけて大手銀行、越前商業銀行、三国商業銀行、若狭商業銀行、高浜銀行、大七銀行、石川銀行、嶺南銀行、森田銀行、洪盛銀行を相次いで吸収合併、営業譲受
1921・12　福井貯蓄銀行を設立、頭取（30年に森田貯蓄銀行と合併）
1923　朝鮮および中国に赴き柞蚕糸直輸入を実現
1924・5　全国に先駆けて人造絹糸及び人造絹織物担保金融を開始
1927（昭和2）12　福井信託を設立、社長
1934・10　福井商工会議所（43年福井県商工経済会に改組）会頭
1945・12　同年9月の森田貯蓄銀行合併に続き、大和田銀行（本店・敦賀市）を実質的に合併し一県一行となる
1954・11・18　逝去、90歳

けの直接金融を特徴としていた。福井銀行はこの分野で最大の貸し手になった。これには、第一次大戦後の不況期に保治郎が決断した大胆な金融支援が大きく寄与していた。一九二〇（大正九）年の反動恐慌を機に、成金的賑わいを見せた羽二重業界も二〇年代に入るとどん底の不況に急落した。このため絹紬、人絹糸との交織物を製織し、羽二重に代る低価格の新規製品で事態打開を図ろうとする機業家が増加した。

保治郎は、一九二三年、松井文太郎（福井商業会議所会頭）、酒井伊四郎（機業家）らとともに朝鮮および中国に赴き、絹紬の原料糸である柞蚕糸《さくさんし》直輸入の交渉にあたった。直輸入実現には金融上の便宜がポイントだったのである。その結果、朝鮮銀行と荷為替取組契約（同行安東支店あて福井銀行発行の信用状による荷為替取組）を結び、柞蚕糸の生産地である安東県（現・遼寧省東港市）において関係業者と懇談、直輸入の道を開いた。こうして福井地方には大量の柞蚕糸が割安に入荷し、絹紬製織の急速な発展によって福井機業界は一息つくのであった。

全国に先駆け人絹織物を担保に貸し出し

福井機業界の抜本的な再生策となったのが人絹織物である。当時の銀行業界では人絹糸・人絹織物への認識が低く、これらを担保品と見なすことは危険視されていた。しかし生糸のような高価な原料を用いる限り、繰り返し内外の景気動向に左右され、市場規模にも限界があった。安価で量産品の人絹を使用した場合には、こうした傾向・限界を突破できる。問題は人絹糸の品質にあり、保治郎は人絹糸のメーカーである大日本紡績の菊池恭三、旭ベンベルグの野口遵とも相談、慎重に検討した。

こうして一九二四年五月、全国に先駆けて人絹糸および人絹織物を担保とする貸し出しを始めた。生糸購入資金の調達に悩む機業家たちは、保治郎の決断に勇気付けられ、続々と人絹織物への転換を進めるのであった。「人絹王国福井」へのスタートである。

後年、日本銀行金沢支店は、一九四一（昭和一六）年の北陸地方銀行統合に関する考査部長あて意見書の中で、次のように保治郎を評価するのである。

「福井銀行は地元産業就中機業の健全なる発展を目標に

〔中略〕、多年孤軍奮闘、市橋頭取は相当私財をも投じて之が育成に努めたる趣に有之、今日同頭取は県産業界の大恩人として絶大なる信頼と尊敬とを受け居候」（日銀金融研究所、六七頁）。

仏教理念を採り入れた経済倫理観を自得

繊維産業、鉄道業など福井県産業の育成に支援を惜しまなかった保治郎だが、営業面では極めて戦闘的な指揮を執り、閑なときには新聞広告チラシで手製の封筒を作るなど、冗費節減は徹底していた。役員報酬や賃金の水準も地方銀行のなかでは低い方であった。数々の銀行合併において融和の実現という観点から一貫して吸収合併を主張し続けた。これは必ずしも福井銀行による吸収合併を意味していないのである。

また保治郎は、渋沢栄一の「道徳経済合一」説に深く傾倒し、儒教とともに仏教理念を採り入れた経済倫理観を自得していった。これは、自己の迷妄や煩悩との真剣な闘いが生み出したものであった。このようなリーダーに率いられ、質実な行風のもとで大胆かつ勇敢な経営を行う福井銀行は、競合する他行にとって厄介かつ手強い存在であったろう。

「流れに随って去る」

華やかな事業面での成功に対して家庭人としての保治郎は「寂寥の人」であったと言われている。なにより心配させられた長男・諒（福井銀行秘書部長）を一九三六年に、続いて次男・勝二（同行専務）も一九四〇年に喪ったことは、筆舌に尽くしがたいものであったろう。

保治郎が、常々愛誦していた「随流去」（流れに随って去る）の如く、大乗的な心境に達して静かに他界したのは、一九五四年であった。

（佐藤政則）

参考文献

笠島信太編『市橋保治郎翁伝』一九四四年。『福井銀行八十年史』一九六五年。市橋保治郎頭取を偲ぶ編纂委員会『市橋保治郎頭取を偲ぶ』一九六六年。日本銀行金融研究所『日本金融史資料　昭和続編　付録』第三巻、一九八八年。地方金融史研究会『続地方銀行史談』第一集、一九八九年。『福井銀行百年史』二〇〇〇年。地方金融史研究会『日本地方金融史』日本経済新聞社、二〇〇三年。

東海地方

23 静岡銀行と平野繁太郎

平凡一路をひたむきに

静岡銀行の平野繁太郎ほど、当時の経営者たちから手本と見られていた銀行家はいないのではないだろうか。

●戦前から戦後への橋渡し役

平野は、静岡銀行頭取の中山均が日本銀行政策委員に就任して頭取を退いた一九四九（昭和二四）年から七〇年まで頭取を務め、戦前から戦後への橋渡し役となり、誕生間もない静岡銀行の行風形成に大きな影響を与えた。その後も会長、相談役として同行の歩みを大局的に見守った。この間、五八年から約一〇年にわたり全国地方銀行協会会長として個性豊かな頭取たちを一つにまとめている。平野の経営観を辿れば、戦前来不変のものと戦後的なものとがどのように融和されてきたのかが、わかるだろう。

かつて静岡県は銀行数が非常に多かった。静岡銀行は、一九四三年、遠州銀行と静岡三十五銀行との合併によって誕生したが、両行に統合された銀行と類似会社は一二〇を超えるという。合併時に平野は遠州銀行の常務取締役であった。

平野は一八九一（明治二四）年に静岡県浜北町（現・浜松市浜北区）に生まれた。父親の平野又十郎は西遠銀行頭取であり、社会事業にも熱心であった。一九一七年（大正六）年の西遠銀行入行から平野繁太郎の地銀生活が始まった。同行は二〇年に資産銀行と合併し遠州銀行となった。

●「公益・互恵・勤倹」を支柱に

平野と中山均は名コンビと言われた。平野は、中山の経営観を次のように述べているが、これは平野のものでもあった。

「銀行とて営利事業体ですから、営利ということは寸時といえども忘れることはできませんし、目先の事も必要ですが、むしろ長い目でみた利益ということと、銀行サイドだけの視野で判断せず、相手方も生かしながら自分も生きていくという考え方でおやりになったように思います」（『中山均　人と思い出』三八〇～三八一頁）。

公益、互恵、勤倹を支柱とする経営観には、各々親子二代（平野又十郎、中山精一）にわたって強い影響を与えた社会事業家、金原明善の存在が大きい。

戦後に平野が、鮪缶詰、魚介缶詰、蜜柑缶詰などの販売会社設立に尽力し、輸出産業として成長する基礎づくりに貢献したことも興味深い。これらは、品質・価格・販売時期・格付け等を一元的に管理することによって、各々の生産者や商社が商況の変動に煽られて個々に乱売・買を行い、その結果品質を低下させ海外市場を失うという状況を克服しようとしたのである。

「茶業界多年の宿弊」を改善

平野は「あまり自由競争過ぎたから市場を失った」（『地方銀行史談』第二集、一四頁）と見ていた。無秩序な銀行間競争による破綻や盛衰が激しかった遠州織物業への金融等々、若い頃の血の滲む経験は、個別的利益の追求よりも全体的利益を重視し、規律付けを容認する土壌ともなったのである。

他方で平野は、戦後、経済活動が安定化するなかで復活した老舗茶商が、戦前のように価格変動による損失を生産農家に転嫁しようとすることには厳しい見方をしている。茶業全体の繁栄、恒久的な発展を意図して「茶業界多年の宿弊」（同前、一八頁）を改善するべく金融面から努めるのである。

戦前・戦後を通じて静岡銀行も平野も大きく変わった。しかし取引先との周密な信頼関係、万一に備えた自己資本の蓄積、銀行間協定に対する徹底した順守等々、大事なところでは変わらないものが多い。平野は言う。

「心持については中山さん時代からずっと培ってきたものを時代が変わったからそれに即応するように変えただけで、腹は中山さん時代からの方針が続いているのだろうと思っております。」（同前、一二頁）

また静岡銀行の良好な発展を促した施策は何かと問われた平野は「特別取り立てて申し上げるような画期的な施策などはないのです。ただ銀行が従来取ってきた真面目な、平凡な方針を周囲から乱されずに、万難を排して確実に実行しただけだと思います」（同前、一三頁）と述べている。

平野が言う「平凡な方針」とは、どのようなものなのであろうか。全国地方銀行協会主催の「銀行講座」における平野の講演「地銀経営者の一つの考え方」（一九六〇年）からいくつか上げれば、次のとおりである。

①自行の実力を土台とした発展策
②経費を節約しながら能率を増進していく
③預金のドレッシングなど論外であり増強すべきは実質預金
④政策などへの安易な他力依存の考えを排し金融機関としての自主性を堅持
⑤資金運転回数の増加による限られた資金の有効活用
⑥融資方針はまず回収の確実性
⑦設備資金への運転資金の流用や融通手形による繰り回し等の警戒
⑧担保は万一の場合の補償であって貸出の対象そのものではない
⑨銀行は企業の資産評価に隠れた資産の計上洩れがあってはならない
⑩系統的に総合統一された機構の力を活かす

上記のなかでも①「自行の実力を土台とした発展策」について「自行の実力を第三者的立場から冷静に検討し、批判してから着手することに致しまして、一歩一歩地歩を固めて、土台のできた上で——確信の掴めた上で力に応じて実行して行くというような、誠に平凡な手口しか用いておらないのであります。」（『平野相談役に聞く』二二頁）と述べている。また⑨の「隠れた資産」については「幾度か苦境時代を乗り越えた経験をもつ事業家は、戦後の安易な経

■平野　繁太郎（ひらの　しげたろう）略年譜

1891（明治24）11・27　静岡県浜北町に平野又十郎の長男として生まれる
1915（大正4）3　慶應義塾大学理財科卒業
1917・9　西遠銀行入行
1920・1　遠江銀行入行、同行常務取締役
1926・1　遠州銀行が遠江銀行を合併、遠州銀行常務取締役
1943（昭和18）3　遠州銀行と静岡三十五銀行の合併により静岡銀行設立、同行専務取締役
1945・8　同行副頭取
1949・6　同行頭取（～70）
1958・7　全国地方銀行協会会長（～69・5）
1970・4　静岡銀行会長
1975・5　同行相談役
1993（平成5）2・23　逝去、101歳

営しか知らぬ事業家に比べて何者にも代え難い無形の資産の所有者であり、貸借対照表に現れない有力な財産とみるべきでありまして銀行は企業の資産評価に、この隠れた資産を計上洩れしてはならぬのであります。」（同前、四二～四三頁）と熱く語っている。

つまり、当たり前のことを当たり前のように実行できる力、さらにその力を日常的に鍛錬できる環境が「平凡な行き方」なのである。この講演の冒頭で平野は次のように自己の経営観を表現するのである。

「私は自分の私生活に致しましても、銀行の経営に致しましても、何等の策も弄せず、奇手も用いず、至極普通な、平凡な在り方、行き方をして進みたいと念じておるのであります。」「企業に致しましても資本の厖大のみが唯一無二の力とはいえぬのでありまして、たとえ資本は小さくても、平素の合理化された経営、のれんと信用とを重んじての何等のけれんも不安ないやり方などが大きな力となって参ると存ずるのであります。これらは学問的に殊更に理論づけるとか、事新しく意義づけるというようなものではなくて、至極平凡な真理であり、誰でもわかっておる事なのでありますが、それを地で行う、実行するというところに問題がかかって参るとかんがえられるのであります。」（同前、四～五頁）。

（佐藤政則）

◎参考文献

『静岡銀行史』一九六〇年。中山均 人と思い出刊行会『中山均 人と思い出』一九六八年。地方金融史研究会『地方銀行史談』第二集、一九七四年。岡田和喜・本間靖夫聞き取り「平野繁太郎氏との座談会」（『地方金融史研究』第九号、一九七八年）。日本銀行金融研究所『日本金融史資料 昭和続編 付録』第二巻、一九八七年。『全国地方銀行協会五十年史』一九八八年。静岡銀行編『平野相談役に聞く』一九八八年。地方金融史研究会『日本地方金融史』日本経済新聞社、二〇〇三年。

24 駿河銀行（スルガ銀行）と岡野喜太郎

勤倹貯蓄に燃え続けた八〇年

一八八七（明治二〇）年一月四日、岡野喜太郎は、静岡県駿東郡鷹根村青野において貯蓄組合「共同社」を結成した。ここから一九六五（昭和四〇）年の逝去まで約八〇年間にわたる金融人生が始まるのである。まさに「私の銀行の歴史は、私自身の歴史であり、それはまた私の苦労の履歴」（岡野「私の履歴書」三八九頁）でもあった。

●堅実な発想、地域を慈しむ心

駿河銀行（現・スルガ銀行）の岡野を単なるバンカーと呼ぶには、かなりの抵抗がある。その堅実な発想、したたかな行動、地域を慈しむ心は土に育った農民のものであった。岡野は、一八六四（元治元）年四月に静岡県駿東郡愛鷹村大字青野（現・沼津市青野）の名主、岡野弥平太・きんの長男として誕生した。この年には新撰組の池田屋事件、禁門の変、幕府の第一次長州征伐がおきており、明治の幕開けはすぐそこであった。岡野家は、甲州・武田氏の一族、芦川氏を祖先とし、武田家滅亡とともに青野に移り土着したという。代々の名主を務める名家であった。

しかし岡野が、豆陽中学校師範科（後の韮山師範学校）に入学した一八八四年頃は、青野村も岡野家も貧窮していた。同年九月に未曾有の暴風雨が襲い、元来豊かとは言えなかった村に大打撃を与えた。それをさらに「松方デフレ」が叩いた。父・弥平太は地租減免ないし延期に奔走した。「文字通りネズミ一匹いなくなった飢饉の田畑」（同前、三六五頁）を見た岡野は、万一に備える貯えの重要性を骨身に沁みて認識した。そして翌年、学生生活を棄て村に戻るのである。

村再建の一助にと、村人を説得して月一〇銭がけの貯蓄組合をつくったが、少額すぎて運用することも難しかった。そこで月五〇銭にした。これが「共同社」である。もっとも、男の日雇い賃金が一〇銭の時代に、貧しい村で月五〇銭の積立は厳しい。集まった組合員はわずか一二名であった。積立金の運用は、①産業資金貸付が主で、借り手不在の時だけ銀行預金とする、②担保は田地のみとし、担保価格（地価）の二分の一以下しか貸し付けない、③利率は年一八％を原則（当時は二〇％が通常）とし、④組合員は借り手にも保証人にもなれない、というなかなか手堅いものであった。

岡野は、「共同社」の満期解散によって新たに「資蓄会」を結成した。同会も堅実な運営により順調に拡大したが、銀行類似業務と見なされたことから、銀行への改組が求められたのである。一八九五年、資本金一万円の根方銀行が誕生した。小銀行が乱立した当時においても最小規模の銀行である。店舗は岡野家の茶部屋を用い、岡野は、頭取に就任した。頭取といっても事務員は一名しかおらず、岡野はなんでもやらねばならなかった。

泡沫銀行の一つに見えた根方銀行であったが、翌年には増資・改称、本店を沼津に移して駿東実業銀行となり、さらに一九一二年には駿河銀行と改称し、周辺中小銀行を吸収する中核的銀行に育つのである。

人と事業を見て、智恵と資金を貸す

岡野の銀行経営の特徴は、徹底した安全志向であった。それは、当時の健全資産である土地担保の貸出だけではなく、相当な家庭の子弟に限った行員採用、有力地主を支店長に据えた支店開設、等々の内部管理にも表われていた。また岡野は、人と事業を見て、知恵と資金のどちらか、あるいは両方を貸す、と言われた。もっとも、こうした手法を確固たるものにしていく過程は、決して平坦ではなかった。

一九〇一年、全国を覆う本格的な金融恐慌が初めて起きた。この余波で駿東実業銀行の重要取引先であった沼津乾

■岡野　喜太郎（おかの　きたろう）略年譜

1864（元治元）4・4　静岡県駿東郡愛鷹村大字青野（現・沼津市青野）に名主・岡野弥平太、きんの長男として生まれる

1879・4（明治12）　沼津中学校入学、82年退学し漢学塾に学ぶ

1883・9　家督相続、結婚

1884・4　豆陽中学校師範科入学、翌年退学し農事に従事

1886・6　部落の荒廃救済のため月10銭がけの貯蓄組合を始める

1887・1・4 共同社設立
1891・3 共同社を申し合わせの上解散、新たに資蓄会結成
1892・4 鷹根村会議員に当選、以後沼津に寄留（21年辞任）
1895・10・19 資蓄会を基礎に根方銀行（資本金1万円）設立、頭取就任、以後適時増資
12 根方貯蓄組合結成
1896・12・28 根方銀行を駿東実業銀行（資本金6万円）に改称、取締役就任
1899・5 駿東貯蓄銀行（資本金3万円）を設立、取締役就任（後に頭取）
1900・4 駿東郡会議員に当選、郡参事会員
1901・3 沼津乾燥会社の破綻による駿東実業銀行の経営危機、私財を担保にした第三銀行からの融資で乗り切る
1906 駿東実業銀行専務取締役
1910 同行頭取
1912・7・14 駿東実業銀行を駿河銀行（資本金60万円）、駿東貯蓄銀行を駿河貯蓄銀行（資本金30万円）と改称
1912（大正元）9 駿河銀行、吉浜銀行（資本金10万円）を買収
10 駿河銀行増資、資本金二七〇万円となる
1913・12 駿豆電気鉄道（株）整理のため奔走
1916・10 駿河銀行、木栄銀行（資本金10万円）を買収
1918・8 駿河銀行、日本実業銀行（資本金10万円）を買収
1921・5 駿河銀行、御殿場銀行（資本金10万円）を買収
1923・7 駿河銀行、静岡実業銀行（資本金50万円）を合併
9 関東大震災により夫人・薹、三女・博子を喪う
10 駿河銀行、伊東銀行（資本金10万円）を買収
1924・10 池田イシと結婚
1925・2 青野耕地整理組合組織、組合長
1926・7 駿河銀行、大磯銀行（資本金10万円）を買収
1927（昭和2）2 駿河銀行、3月に松田銀行（資本金40万円）を合併、4月に駿州銀行（資本金10万円）、12月に駿南銀行（資本金10万円）を買収
1928・3 駿河銀行、4月に富士銀行（資本金10万円）を合併、6月に駿豆肥料（株）銀行部、10月に岡部銀行（資本金10万円）を買収
1930・2 駿河銀行、加島銀行（資本金10万円）を買収
1936・5 全国地方銀行協会（9月設立）常任理事
1942・12 静岡銀行との合併を慫慂されたが反対する
1943・12 駿河銀行、駿河貯蓄銀行（資本金60万円）を合併
1945 駿河銀行、3月に沼津市街地信用組合、4月に清水市街地信用組合を買収
1948・1 共同社組合員の家族を組織し新たに共同社貯蓄組合結成
1953・1 「一千万円貯金運動」を提唱
1954・12 駿河銀行、吉田信用金庫を買収
1957・11 駿河銀行頭取辞任、会長
1965・6・6 逝去、101歳

燥会社も破綻した。窮地に立った岡野は、先祖伝来の田畑を担保に第三銀行から借り入れをして急場を凌ぎ、積立金を取り崩して速やかに損失を償却した。

一九一三（大正二）年には貸出先である駿豆電気鉄道の救済問題に直面した。債権者である東京海上火災の各務謙吉社長を向こうに回し、関係する地元の銀行をリード、なんとか整理案をまとめ上げた。

一九二三年の関東大震災で岡野は妻と三女を一挙に喪ったが、意気消沈することもできなかった。神奈川県における店舗に被害が出た。支払準備金を預けていた東京の古河銀行から支払猶予令によって引き出しができなくなった。他方、同令をいちはやく解除した静岡県では無制限に支払いをしなければならなかった。日銀名古屋支店からの融資でなんとか救われたが、危ないところであった。

震災後における駿河銀行の神奈川県下支店は、震災以前よりも営業基盤を拡充した。他行に率先して預金を支払い、復興資金の融資も積極的に行ったからである。震災被害が相対的に軽微であった静岡県と深刻であった神奈川県にまたがった店舗展開の産物であった。また岡野は、支店・出張所から日報をとり、重要書類の副本を本店に送らせていた。これにより当該支店で帳簿や証書類を焼失しても、対応可能だったのである。

小銀行の買収で店舗網を拡大

岡野は、店舗網拡大の方法の一つとして小銀行の買収に積極的に取り組んだ。一九二三年に合併した静岡実業銀行（資本金五〇万円）は例外的に規模の大きいものであり、過半は資本金一〇万円クラスの銀行であった。なかでも最低資本金一〇〇万円を求めた一九二七年銀行法以降では六つの小銀行を数年で合併・買収した。

実力のある駿河銀行と卓越した経営手腕を示す岡野は、次第に全国的舞台で活躍するようになる。一九三六年の全国地方銀行協会の結成では重要な役割を果たし、創立とともに常任理事に選任された。また一九四三年の内国為替集中決済制度の実施に関しても、地銀協会長・鈴木良作（足利銀行頭取）、同常任理事・廣野規矩太郎（滋賀銀行頭取）などと共に奔走した。

静岡県東部に基盤を置く駿河銀行の成長によって中部の静岡三十五銀行、西部の遠州銀行という三地域の割拠状態が生じた。当初、これは各々の地域的銀行合同を促進するものとして肯定的に見られていたが、太平洋戦争期後半に入ると、大蔵省は中小銀行を惑わせる阻害要因と考えるようになった。

一九四一年には東海銀行、山梨中央銀行が新立され、神奈川では横浜興信銀行を軸に普通銀行一行化を実現していた。割拠状態では隣県有力銀行との均衡を維持できない。一九四三年、静岡三十五銀行と遠州銀行が合併し静岡銀行が誕生した。これは岡野にとってかなりの衝撃であったろう。割拠状態が崩れ、県下現存銀行を一つにしていく母体銀行が生まれたからである。

日本銀行考査局が作成した「東海地方銀行整備ノ件」（一九四四年二月二日）は、「駿河銀行岡野頭取を一両日中に大蔵省に招致、普銀課長より静岡との合同に付勧説すること となり居り」（『日本金融史資料　昭和続編付録』第二巻、六一三頁）と述べており、岡野にとって重要な局面であった。

普通銀行課長に呼び出され、静岡銀行との合併を申し渡された岡野は、「勝手に決めておいて、それを決定した方針とはなんです。私は数十年、銀行経営をやっています。銀行経営のことは私が玄人です。静岡銀行との合併は絶対に承服できません。それでもやるというなら、私は駿河銀行を解散します。その方が国家のためであり、株主のためであり、また預金者のためです。」（岡野「私の履歴書」三八四～三八五頁）と怒りをあらわに断った。

岡野の決死の談判によって静岡県下の一行化問題は膠着状態となった。結局、駿河銀行は単独で残り、駿州銀行（現・清水銀行）も残った。「あの当時の雰囲気を知っているものとしては、その見識、その信念に全く敬服のほかはない。」と田部井俊夫元地銀協常務理事は述べている（『岡野喜太郎の追想』九八頁）。

「勤倹貯蓄自福神」

貯蓄した金は失うことがあっても貯蓄の習慣と克己の心は一生失うことがない。勤倹の神様へ寄付すると思って貯金を続ければ、万一の時にはその神様がこの金で救ってくれる。これが岡野の「勤倹貯蓄自福神」である。一九五〇年代半ばから、当時では桁違いの目標となる一千万円貯蓄運動を呼びかけたのも、永続的な貯蓄を通じて自立と克己の涵養を求めたからであった。

岡野は、九五歳となった一九五八年に、これまでを振り返り自らの経営方針を語っている。

「銀行は営利法人であるから、ある程度の利益を得なければならないが、非常の場合はとにかく、つねに借金をしないで営業することに心掛けている。」「私は今でも非常の場合のことを考えずには、店舗の建築一つでも、金庫のとびらの開閉の仕方でも、その他、営業の雑事に至るまで考えることができないようになってしまっている。」「次に銀行家が注意しなければならぬことは経費の節約である。」「銀行の経営といっても何もむずかしいことではない。それは平凡に徹することである。」「銀行の甲乙は平常の時にはなかなかつきにくいが、非常の場合にははっきりとその差がわかるものである。」（岡野「私の履歴書」三九一頁）

一〇一歳の大往生まで、万一への備えを大事にして、勤倹貯蓄運動に燃え続けた銀行家であった。

（佐藤政則）

◎参考文献

芹沢光治良『岡野喜太郎伝』駿河銀行、一九六五年。岡野喜太郎追想録編纂委員会『岡野喜太郎の追想』駿河銀行、一九六七年。小島直記『岡野喜太郎伝』フジ出版社、一九六七年。『駿河銀行七十年史』一九七〇年。地方金融史研究会『地方銀行史談』第二集、一九七四年。岡田和喜「地方銀行と貯蓄組合」（朝倉孝吉編『両大戦間における金融構造』御茶の水書房、一九八〇年）。岡野喜太郎「私の履歴書」（『私の履歴書　経済人』第二巻、日本経済新聞社、一九八〇年）。日本銀行金融研究所『日本金融史資料昭和続編付録』第二巻、一九八七年。岡田和喜『貯蓄奨励運動の史的展開』同文舘、一九九六年。地方金融史研究会『日本地方金融史』日本経済新聞社、二〇〇三年。

25 名古屋相互銀行(名古屋銀行)と加藤廣治

馬力の人、即断即決の人

名古屋相互銀行は、一九五一(昭和二六)年一〇月、同年の相互銀行法の制定を契機に、名古屋殖産無尽株式会社を前身として誕生し、以後、八九年の普銀転換によって名古屋銀行になるまで、中央相互銀行(現・愛知銀行)、中京相互銀行(現・中京銀行)とともに、愛知県下有数の相互銀行として活躍を続けてきた。加藤廣治は、名古屋相互銀行の発足から八七年の逝去に至るまで、専務取締役、社長、会長として経営のトップに立ち続け、また、六九年五月から七一年五月までは全国相互銀行協会会長を務めるなど、業界の発展にも尽力した。

●新大陸へ雄飛

加藤廣治は、一九〇八(明治四一)年二月、愛知県額田郡下山村の富農、加藤栄太郎の長男として生まれた。父、栄太郎が早くに死去したため、一九二三(大正一二)年の下山小学校高等科卒業後は、下山村役場に書記として勤務した。しかし、東京で兵役を終えた後、新大陸への雄飛を企図して、三〇(昭和五)年には、大連法制学院に入学し、卒業後は、関東庁普通文官試験に合格、同時に、関東庁の警部補、警部となった。三六年三月結婚、三八年一月には長男千麿(現・名古屋銀行頭取)が誕生している。四二年には、関東庁を退職し、関東州家庭用雑貨配給統制組合の常務理事に就任した。終戦直前の四五年七月、召集令状を受け取り、戦争終結後大連に戻ったが、四六年三月ソ連軍に抑留され、帰国したのは、戦後二年弱を経過した四七年六月のことであった。

●帰国後、共和殖産を設立

帰国後しばらくは、加藤は、三河地方の特産、ガラ紡製品の商いに従事したが、一九四九年二月、岡崎に共和殖産株式会社を設立した。ガラ紡の商いで九州地方を巡業している時、みなし無尽の盛業を知ったのがきっかけという。創業にあたっては、小学校時代の校長で恩師であった簗瀬民松郎に社長就任を依頼、固辞する簗瀬を口説いて、本人は専務となった。また、五〇年一〇月には、日銀理事、経済安定本部副長官などを歴任した地元蒲郡出身の山本米治参議院議員を会長に迎えた。同社の業容は順調に拡大し、豊橋、挙母、名古屋に営業所を展開し、四九年六月には名古屋に本店を移し、翌月には名古屋殖産株式会社と社名を改称した。その後も、県内外に支店、営業所を拡大し、四九年一二月には、無尽業の営業免許を取得、社名を名古屋殖産無尽株式会社に変更した。

ところが、その後五〇年に入ると、中小企業専門の金融機関充実の必要性が高唱されるようになり、五〇年末の第一〇通常国会において、自由、民主、社会三党の共同提案で、相互銀行法案が上程された。同法案は、翌五一年六月、衆参両院での審議を経て可決、公布施行され、無尽会社の相互銀行転換の道が開かれた。同法においては、相互銀行転換の基準は、資本金三〇〇〇万円、従業員一人当たり資金量三五〇〇万円が最低基準とされていた。しかし、当時、名古屋殖産無尽では、五一年三月末時点の資本金は二〇〇〇万円、資金量は一九〇万円足らずであった。このため、必死の拡大努力が進められ、五一年一〇月には、資本金五〇〇〇万円、授権資本一億円で相互銀行転換を申請し、幸い、第一次認可を受けることができた。加藤は、「当行は、おそらく審査基準のボーダーラインにあったに違いない」と、当時を回顧している。

相互銀行転換、半年後に社長就任

発足当時の名古屋相互銀行の地位は、第一次認可五八行中、契約高二〇位、資金量二二位、預金高三九位であった。こうした状況に対して、加藤は、「なんといっても、名古屋地区は貯蓄心の旺盛なことでは、全国でも屈指のところ」と、一般預金の吸収を第一目標に掲げた。資金量の増強こそが、同行の発展にとって不可欠としたのである。相互銀行の金融機能の拡充は預金の増強から、という方針は、全国相互銀行共通の課題で、一九五一年下半期には「資金量五〇〇億円増加運動」が展開されていた。名古屋相互銀行は、そのなかで自己目標の二倍以上の達成率を上げ、大蔵大臣賞を受賞した。

相互銀行への転換半年後の五二年五月、名古屋殖産無尽時代からの社長であった簗瀬が退任し、加藤が社長に就任した。「馬力の人」「即断即決の人」と当時から称された加藤は、資金量の増強と銀行としての体制整備に邁進した。五二年から五六年一月までの四年間で五回にわたる増資を行い、資本金は五〇〇〇万円から八倍の四億円、さらに五九年一二月には、一挙に三億円の増資を行って七億円となった。また、当初は掛金の五分の一程度であった預金は、五六年九月期決算で掛金を凌駕して五〇億円を突破し、資金量一〇〇億円を実現した。

■加藤　廣治（かとう　こうじ）略年譜

1908（明治41）2・8　愛知県額田郡下山村に生まれる
1930（昭和5）4　関東庁普通文官試験合格、関東庁勤務
1935・3　大連法制学院卒業
1942・4　関東州家庭用雑貨配給統制組合常務理事
1949・2　共和殖産株式会社設立、専務
　　　7　名古屋殖産株式会社に社名変更
1949・12　名古屋殖産無尽株式会社に社名変更、資本金一〇〇〇万円、契約高六億八一〇〇万円
1951・10　名古屋相互銀行の発足、専務取締役
1952・5　同行取締役社長
1969・5　全国相互銀行協会会長（〜71・5）
1979・6　名古屋相互銀行取締役会長
1987・11・12　逝去、79歳

●伊勢湾台風で被害、資金量は大躍進

資金量増強のために必要なことは業務体制の整備である。加藤は、まず、店舗網の整備拡充を相次いで行い、また、名古屋の中心部である栄町への本店移転を一九五四年二月に実現した。さらに、組織体制を全面的に改正するとともに、五二年には、「行員任用規程」「行員銓衡《せんこう》委員会規程」を定めて、新規大卒・高卒の定期採用を開始した。

こうした組織体制の整備とあいまって、名古屋相互銀行の資金量は、五二年三月の二七億三〇〇〇万円、全国五八相互銀行中二二位から、六〇年三月末には二三二億八六〇〇万円、全国七二相互銀行中九位へと大きくランクアップした。五九年九月に、伊勢湾台風によって甚大な被害を受けるなかでの大躍進であった。九月二六日の伊勢湾台風は、名古屋地域に甚大な被害をもたらし、同行も全三五店中二七カ店で被災したが、同行は、二八日から被災預金者に対する無通帳・無印鑑支払いを開始し、手形に対しても積極的に便宜を講ずる措置をとった。これらの迅速な措置が同行に対する信頼を大きく高めたのであった。

このように銀行の業務が順調に進展し、人員も増加しつ

つあるなか、移転して五年ほどで本店はすでに手狭になっていた。このため六〇年には本店建設委員会が設置され、地上九階、地下三階の本店ビルが建設されることになった。当時、この規模のビルは、資金量二〇〇億円程度の相互銀行としては突出したものであった。このため、内部の本店建設委員会からも、当局からも、当初は難色が示された。これを説得したのはいずれも加藤であった。とくに、当局の難色に対しては、「銀行が建てるならば建物の規模には制約があるかも知れない。しかし、まったくの民間会社が計画して建てるならばどれだけの規模のものであっても自由に建てられる。それなら、別会社がビルを作って、銀行がそこから賃借するというテナント方式にしたら」として、名銀ビル株式会社を設立し、着工にこぎつけた。「馬力の人」「即断即決の人」は、「工夫の人」でもあった。

こうした躍進をしても、なおかつ、加藤は、「相互銀行である当行の信用度はまだまだ十分でない」と語り続けたという。「広く大衆から「たのもしい銀行」「たのもしい行員」という厚い信頼を集める」ことこそ基本であり、そのためには「何といっても資金量を増やすとともに、内容を健全にすることである」というのが加藤の信念であった。五九年一月には資金量「三〇〇億円達成運動」が、六二年二月には「五〇〇億円達成運動」が、六四年四月には「一〇〇〇億円達成運動」が、相次いで提起されていったのは、この加藤の信念に基づいていた。

相銀協会長に就任

一九六〇年代後半に入ると、資本自由化の進展のなかで金融効率化、金融再編成がうたわれるようになった。六八年六月にはいわゆる金融二法が成立し、以後、中小金融機関の合併が急速に進むことになった。この状況に直面して、同行でも、六九年中央信用組合、七〇年豊橋市民信用組合、七一年尾北商工信用組合、七二年大野町信用組合と合併し、資金量、支店網の拡充を推進した。また、六九年五月には全国相互銀行協会会長に就任し、金融再編成下の相互銀行の地位向上に務めた。

緑化運動を率先推進、大臣賞受賞

一九七九年六月、共和殖産から数えて三〇周年を同行が迎える直前、加藤は社長退任を申し出た。七〇歳を目前にしての余力を残しての退陣であった。加藤は会長職に退き、朽木副社長が社長に、長男の加藤千磨が専務から副社長に昇任した。「私は常勤いたしておりますが、政令二途に出ることのないよう留意いたし」という潔い挨拶が、加藤の退任の弁であった。その三年後の八二年六月、朽木社長は退任し、加藤千磨が第四代社長に就任した。

加藤廣治は、「馬力の人」であるとともに「趣味の人」でもあった。「陶器を愛し、美術を賞し、また碁もゴルフも麻雀も酒も強かった」。このためもあってか、同行のサッカー部は実業団日本リーグ八チームに参加するほどとなったし、野球部も全国大会で三回の優勝を飾った。また、特記すべきは、地域緑化に邁進したことで、七五年三月には、名銀グリーン財団を設立し、地域の緑化運動を率先推進した。この功労を讃えて、八五年には、緑化功労者農林水産大臣賞を受賞した。

八七年一一月一二日、加藤は、肺炎のため不帰の客となった。七九歳であった。加藤廣治は三八年間にわたって、名古屋相互銀行の発展を地域経済の振興に尽くしてきた。その二年後、同行は、普通銀行転換を果たし名古屋銀行となり、その後も順調に発展しているが、その礎石は、何よりも加藤の馬力によって築かれたといえよう。

なお、加藤千磨も、九八年五月から九九年五月まで第二地方銀行協会会長を務めており、親子二代にわたって業界の発展に邁進している。

（伊藤正直）

■参考文献

『名古屋相互銀行二十年史』一九七〇年。加藤廣治『紙つぶて』一九七〇年。『名古屋相互銀行三十年史』一九八〇年。『飛躍はここに――名古屋相互銀行のあゆみ』一九八六年。『名古屋銀行五十年史』二〇〇四年。

26　岡崎信用金庫と服部敏郎

岡崎から三河、そして愛知へ

三河岡崎の小さな信用組合として一九二四（大正一三）年に誕生した岡崎信用金庫は、今やメガ信金と呼ばれる地域金融機関となった。何が岡崎信金をここまでにしたのであろうか。もちろん、繊維産業、窯業、戦後では自動車産業を中心とする三河経済の発展が基盤にある。しかし、これだけでは充分ではない。顔の見える出資者の相互金融機関から、貯金（預金）を基礎とする金融機関への展開を担う経営者の登場が必要であった。それが服部敏郎である。服部は、岡崎信用組合発足時に職員として採用され、一九三〇年代後半からは同組常務理事、専務理事を務め、信用金庫への改組とともに初代理事長に就任し一九九〇（平成二）年の会長辞任まで、岡崎信金の堅実な拡大を強力に牽引したのである。

金融機関としての覚醒

岡崎信用金庫の前身となる有限責任岡崎信用組合は、一九一七年改正産業組合法に基づいて、一九二四年七月に岡崎市を事業区域（地区）に設立された。同改正産組法は、手形割引と組合員外貯金を認め、他種産組事業の兼営を禁止していたので、岡崎信用組合は出発から金融業務に特化した協同組合であった。その後、一九四三（昭和一八）年市街地信用組合法、一九五〇年中小企業等協同組合法に基づく改組を経て、五一年の信用金庫法に拠って信用金庫となった。

発足当初の岡崎信用組合の出資金は九万四〇〇〇円、これは、全国平均一二万六〇〇〇円をかなり下回っていた（一九二五年一二月末）。事業規模が全国平均を上回るのは、貯金と有価証券が四〇年頃からであり、貸出や出資金では戦後まで待たねばならない。三六年一二月末でみると、商業者が組合員と貯金者数の七割、貸出額の六割を占めており、貸出額の八四％が有担保であった。貯金額の順位は、愛知県で一二信組中六位、東海四県で三三信組中一六位である（産業組合中央会『第九次　市街地信用組合現況』一一〜

一二頁)。要するに、商業者の相互金融機関として、堅実ではあるが、規模的には平均以下の信用組合という、地味な組合の一つだったのである。

しかし一九三〇年代後半から様相が一変、伸展が猛烈になる。太平洋戦争から戦後の再建整備を経て信用金庫となる一九五一年には相当な規模になっていた。五三年三月末の預金額をとると、愛知県ではトップ、東海四県でも二位、全国的にもトップグループの一員に上昇しており(日本金融通信社『日本金融名鑑 昭和二九・三〇年版』八二八~八四四頁)、事業地区も西三河一帯に拡大されていた。戦時経済と戦災、戦後の大混乱という時代のなかで、岡崎信用組合は平均以下の地味な存在から躍動感みなぎる信用組合へと完全に変身しており、この勢いのまま信用金庫となり、その後の大躍進を軌道付けた。

●有力出資者による経営から職員主体の経営へ

一九三〇年代半ばまでの出資金+貯金・積立に対する貸出の比率をとると、七〇%台~九〇%超と高率で推移している。また出資金に対する貯金・積立の倍率も二倍から四倍台である。そこでは、限りある資金の公平かつ明朗な配分が最も重要な案件であり、有力出資者による顔の見える調整が有効であった。岡崎信用組合においても、理事長・理事とは別に、組合員総会で選出された信用評定委員が、現在の審査部的機能を果たした。

ところが、貯金・積立が激増し貸出が低迷する一九三〇年代後半以降、貸出/(出資金+貯金・積立)比率は急速に低下し、一九四四年度末にはついに六・五%となった。逆に有価証券/(出資金+貯金・積立)の比率は八割である。他方で貯金・積立/出資金の倍率は上昇し一九四三年度末に三四倍となっている。貸出が低迷し運用の過半が国債購入であり、出資のウエイトも低下すれば、有力出資者による顔の見える調整は無意味となる。常勤する事務長・事務職が信用組合運営の前面に浮上する背景であった。

服部敏郎は、創立時に入職した最初の雇員(職員)である。一九三七年一月の総会で常務理事となったが、貯金吸収に極めて熱心であった。第二次産業組合拡充三カ年計画と共に、岡崎信用組合では服部が主導する目標三〇〇万円の貯蓄増強運動を開始した。三七年末の貯金・積立残高は七八万円であり、当時の役員からは無謀な目標と思われたが、一九四〇年末には、前年末の一六〇万円から一挙に三〇〇万円超えを実現させた。なお、四四年頃には一県一信用組合構想も現れたという。服部にすれば、ますます規模が必要だったのである。

◉岡崎銀行と東海銀行の貢献

岡崎信用金庫の戦後の成長には、岡崎銀行が東海銀行に合併されたことと、その東海銀行（現・三菱ＵＦＪ銀行）が都銀化したことが大きく貢献している。戦後の愛知県は、全国で唯一、全国地方銀行協会加盟の地方銀行が存在しない県になったからである。

岡崎銀行は、いわゆる岡崎財閥と言われた資産家層が一八九〇（明治二三）年に設立した地元の銀行である。直系に岡崎貯蓄銀行をもち、三河一帯が営業圏であった。その手堅い経営には定評があり「商業銀行型の堅実経営」、「西三河産業に貢献した功績は顕著」と評価されていた。一九四一（昭和一六）年末の資本金は三二一万円（うち払込一九九万円）、預金総計は七四〇〇万円、積立金一七七万円である（東洋経済新報社『地方金融の検討』一〇五頁、一七八〜一七九頁）。同年末の岡崎信用組合の貯金積金額は四一八万円であったから、まさに仰ぎ見るような存在であったろう。

この岡崎銀行が戦時銀行統合の嵐のなかで、東海銀行に吸収合併されてしまった。合併契約書の調印は一九四五年七月、合併実行は九月、つまり敗戦後であった。岡崎銀行とともに稲沢銀行、大野銀行も合併されたので、愛知県は東海銀行のみとなった。しかも旧岡崎銀行の岡崎市内店舗一一店（本支店、出張所、代理店合計）のうち、東海銀行が継承したのは八店舗であり、その後の配置転換によって一九六一年時点で存続していたのはわずかに二店舗、同年時点の岡崎市における東海銀行支店数は四店舗に止まった（『東海銀行史』店舗網の変遷、一二一〜一二九頁）。

敗戦後から一九五〇年代までの東海銀行の店舗展開は、名古屋市を除く愛知県下の店舗を減らし、京浜、関西方面を増加させるものであった。厳しい店舗行政のなかで配置転換によって都市銀行としての全国支店網を整備することに注力したのである。この結果、名古屋市を除く愛知県下の店舗数は一九四五年九月一七日現在の一一九店舗から六一年三月末には七二店舗へと四七店舗も減少した（同前、四〇～四一頁）。

岡崎を中心に西三河に強固な基盤を保持していた岡崎銀行の影響力が消滅した。岡崎銀行が果たしていた機能を都市銀行である東海銀行がすべて代替できるわけではない。しかも県内での東海銀行の影響力は現状より強くならない模様である。地元に根を張る地方銀行がいない。それは岡崎信用金庫の飛躍にとって絶好のチャンスとなった。同時に西三河にとどまらず、県内全域を対象に金融の責任を負うという新たな認識が生まれたのである。これが服部敏郎の率いる岡崎信用金庫が直面していく戦後であり、当面のモデルはかつての岡崎銀行であった。

服部敏郎にとっての拡充とは

服部敏郎に関しては、多くのエピソードが残されているが、拡大して何をしたいのかという、岡崎信用金庫の使命

■ 服部　敏郎（はっとり　としろう）略年譜

1899（明治32）7　岐阜市で服部乙次郎、いとの次男として誕生
1916（大正4）1　愛知簿記学校を卒業後、愛知県岡崎の製糸会社・三龍社に入社
1924・7　産業組合法に基づく有限責任岡崎信用組合の設立とともに、同組合に入職
1937（昭和12）1　岡崎信用組合常務理事に就任
1943・4　市街地信用組合法施行に基づく信用組合に改組
1948・3　岡崎信用組合専務理事に就任
1950・4　中小企業等協同組合法に基づく信用組合に改組
1951・10　信用金庫法に基づく信用金庫に改組、岡崎信用金庫初代理事長に就任
1952・6　幡豆信用組合（本店・愛知県幡豆郡）の事業譲受
1954・3　内国為替取引を開始
1959・7　名古屋市南区に笠寺支店開設
12　預金積金総額百億円を突破
1962・4　日本銀行と当座預金取引を開始
4　名古屋手形交換所に加盟し本交換開始
1966・7　大成信用組合（本店・名古屋市中区）の事業譲受
1969・3　東海商工信用組合（本店・名古屋市中区）を合併
7　預金積金総額一〇〇〇億円を突破
8　日本銀行と手形割引および手形貸付取引を開始
1973・5　会長制採用とともに、初代会長（～90・5）
6　日本銀行と商業手形の再割引取引を開始
1979・10　総預金五千億円を突破
1990（平成2）11　総預金一兆五〇〇〇億円を突破
1992・5　逝去、92歳

と目的を明示した次のエピソードに注目したい。

一九五一年九月の臨時総代会において信用金庫への改組が審議されたが、提案された定款には内国為替取引の条文がなかった。改組後、個々の信用金庫が日銀に申請し許諾を受けることになっていたからである。終了後の懇親会で服部敏郎は、この件に関して以下のように述べたという。

「現在為替業務は総て日本銀行で集中決済を行っておりますから日銀と直接取引ができなければ結局不可能となります。当組合は来年三月末までに貯金総額七億五千万円達成の計画を致しておりますから、今一段とご後援を願えれば為替取引の認可は相当早いものと考えます。待望の為替取引ができれば、西三河の中小企業の方々にこの上もない便利な金融機関となることを確信しています。」（岡崎信用金庫『真心の奉仕』二三一頁）

極めて明快なロジックである。西三河の中小企業に便利な金融機関⇒為替取引の実現⇒日銀との直接取引⇒貯金の大幅な増加という流れで、なぜ貯金の増額を図らねばならないのか、貯金の増額によって地域経済に何を提供できるようになるのか、これがよくわかる。地方銀行同等の金融能力と機能を、段階的に備えていかねばならなかったのである。

服部敏郎が主導した施策、例えば一九五九～六九年にかけての名古屋市内への重点的展開、繰り返し追求された預金増額運動、あるいは経営危機を招いた幡豆信用組合（一九五二年、本店・愛知県幡豆郡幡豆町）、大成信用組合（六六年、本店・名古屋市中区）、東海商工信用組合（六九年、本店・名古屋市中区）の救済、日本銀行との各種取引の実現等々についても、同様のロジックで考えれば拡充の意義が理解できる。

岡崎信用金庫は、信用金庫ではあるが、機能的には地方銀行なのである。いみじくも一九六八年一二月に実施された日銀考査は、「地元に地銀のない岡崎および周辺地区においては最有力の金融機関として地元経済に密着し、事実上地銀的な役割を果たしている」（日本銀行『調査報告　昭和43年（1）』）と述べている。

「当金庫は地元産業の発展と社会の繁栄に真心をもって奉仕する」、これは一九六二年に服部敏郎が成文化した岡崎信用金庫の基本方針である。服部らしさは、単なる奉仕ではなく「真心をもって奉仕する」ところにある。ここで言う「真心」の意味は、岡崎信用金庫の職員が「誠心誠意感謝の念をもって自己の任務である産業の発展と社会の繁栄のためにお手伝いするという気持ち」を指す。そしてこれが「やがて私達の金庫の発展と繁栄をもたらす結果」となり、金庫の発展は職員の生活の安定をもたらす、という先義後利の経営理念であった（服部敏郎「基本方針について思う」二一〜二三頁）。

「真心をもって」は、突然挿入されたものではないだろう。有力出資者が支えてきた相互金融的組織を、本来その奉仕者に過ぎなかった職員による金融機関へと変わっていくなかで、服部敏郎のような奉仕者に求められた自戒と自立のメッセージだったのである。

（佐藤政則）

●参考文献

産業組合中央会『第九次 市街地信用組合現況（昭和11年12月末）』。東洋経済新報社『地方金融の検討』一九四二年。日本金融通信社『日本金融名鑑 昭和29・30年版』一九五六年。『東海銀行史』一九六一年。服部敏郎「基本方針について思う」（岡崎信用金庫広報誌『だりあ』八号、一九六二年一二月）。日本銀行『調査報告 昭和43年（1）』一九六八年、日本銀行アーカイブ一八三五五。『岡崎信用金庫五十年史』一九七六年。『真心の奉仕——岡崎信用金庫六十年の歩み』一九八五年。『岡崎信用金庫90周年記念誌』二〇一五年。

27　十六銀行と第十一代桑原善吉

召集で辞任するも、十六銀行とともに半世紀

十一代桑原善吉が十六銀行の第四代頭取に就任したのは一九三五（昭和一〇）年一〇月のことだった（以下、一九三四年の襲名前も十一代善吉と表記）。召集のためわずか二年ほどで辞任を余儀なくされたが、戦地からの帰還後、取締役として復帰し、一九八五年に亡くなるまで十六銀行や岐阜財界に携わることになる。

材木商桑原家と十六銀行

桑原善吉家は、安土桃山時代に京都から岐阜に移り住んだ商人である。長良川河畔中川原に店を開き屋号を「雛屋」と名乗った。桑原家は、江戸時代には材木商を営み、明治以降は建設業、山林業、不動産業へと多角化を進めた（二〇一八年現在・雛屋林材株式会社）。

桑原家と十六銀行との関わりは明治初期に遡る。一八七七（明治一〇）年、十六銀行の前身の第十六国立銀行の設立に際して、九代桑原善吉は初代頭取となる渡辺甚吉らとともに発起人となり、その後取締役に就任した。一八九〇年には九代の養子である十代善吉（一八八一年に桑原家の養子となり、八九年に家督相続）が取締役となり、一九二二年には渡辺の後任で第二代頭取に就任し、二七年までつとめた。桑原家は本業の材木商を営む一方で、三代にわたり百年以上も十六銀行に関与することになる。

十一代善吉、銀行業へ

十一代桑原善吉（幼名・真一）は、一九〇一年六月二〇日、桑原善太郎（九代善吉の孫）の子として岐阜市に生まれた。幼少期に両親が相次いで亡くなり、大叔父にあたる十代善吉のもとで育てられた。一九一四（大正三）年に岐阜尋常小学校を卒業すると、家業を継ぐことを見据えて岐阜商業学校（現・県立岐阜商業高校）に入学し、同年中には十代善吉夫妻の養子として入籍した。

一九二〇年、岐阜商業学校を卒業するとともに家業の材木商に従事したが、翌二一年一二月には一年志願兵として名古屋城内にあった名古屋輜重兵第三大隊に入隊した。一

年後に除隊したが成績優秀のため見習士官として再入隊し、一九二五年三月に陸軍少尉に任官した。同年四月には矢橋亮吉の次女と結婚した。矢橋亮吉は、不破郡赤坂町（現・大垣市）の資産家で大理石商を営み、濃飛農工銀行に創立から関与し、一六年からは頭取をつとめていた。

十一代善吉が銀行業に関与するようになったのは一九二八（昭和三）年のことである。二八年一月、前年に頭取を辞任していた岳父・矢橋亮吉の勧めもあり、濃飛農工銀行監査役に就任した。ほぼ時を同じくして、養父が十六銀行頭取を辞任したため、三月には十六銀行取締役も勤めることになった。

第一銀行の後押しで頭取就任

一九三四年四月に養父が亡くなり、十一代善吉が家督を相続した。翌三五年一〇年、役員会の席で頭取・大野英治に後任に指名され、大いに逡巡した。善吉は固辞したものの、役員会で「あなたより他に適任者がいないのだから」と口説かれた。相談した岳父・矢橋亮吉には、引き受けてはどうかと勧められた。決心のつかなかった善吉は、さらに先代と親交のあった第一銀行元頭取の佐々木勇之助を介して、石井健吾頭取、明石照男副頭取、渋沢敬三常務取締役ら第一銀行役員とも面会した。第一銀行と十六銀行は古くから密接な関係にあったからであった。第一銀行の役員陣を前に、善吉は「十六銀行の重役会で、私に頭取をと指名された。しかし、第一銀行のご援助がなければ、私には、とても大役は務まらないので、ご相談に参りました。ご意見を承りたい」と述べたという。幸い、石井頭取らからは全面的に応援するとの回答があり、特に渋沢敬三は「とことんまで応援します」と声をかけたという。このことがきっかけで善吉と渋沢は親しい間柄となった。こうして第一銀行からの後押しもあり、善吉は三四歳で十六銀行頭取に就任した。

一県一行主義と十六銀行

十一代善吉の頭取在任期間は短かったが、期間中で最も大きな出来事は岐阜県内の銀行合同の推進である。善吉の頭取就任の翌年の一九三六年五月、馬場蔵相は、一県一行主義を打ち出した。三五年末時点、岐阜県内には十六銀行、大垣共立銀行、飛騨銀行など普通銀行十一行、貯蓄銀行三行が存在していた（大蔵省『銀行総覧』）。大蔵省は、経営不振であった百二十八銀行、美濃銀行、美濃合同銀行、八百津銀行の整理閉業方針を打ち出し、十六銀行に援助依頼を出した。その結果、一九三六年一一月に百二十八銀行は営業の一部を十六銀行に譲渡して解散した。そして、三七年二月、十六銀行は、美濃銀行・八百津銀行を買収した。美濃合同銀行は、自力再建を行っており合同猶予を願い出ており、この時は合併に至らなかった（一九四〇年八月、十六銀行と合併）。

召集と頭取空席

一九三七年七月、盧溝橋事件を契機に日中戦争が勃発すると、陸軍予備役少尉であった善吉は、いつ召集されても慌てないよう覚悟していた。同年八月、長良川の花火大会の夜、善吉は召集され、名古屋輜重三連隊に入隊することとなった。善吉は、副頭取の山崎丈夫に頭取の辞任を申し出て、後任頭取への就任を打診したが、山崎は帰還するまで辞表を預かり、頭取を空席とし、自らが頭取職を代行すると回答した。善吉は、第三兵站自動車部隊副官として大陸戦線に出動した。後に中隊長となり約二年間山東省各地の作戦に従事したが、一九四〇年九月にアメーバ赤痢のため内地帰還となり、熱海での療養を余儀なくされた。善吉は、取締役には留任したものの、健康上の理由から頭取復帰を固辞し、四一年一月、山崎丈夫が頭取に就任した。

療養中の善吉のもとには岐阜政財界の要職就任の打診が数多く舞い込んだ。戦時中には大政翼賛会県総務、岐阜商工会議所会頭、県商業報国会副本部長などを歴任した。

吉川智慧丸頭取実現に向けて奔走

戦後、一九四八年二月、善吉は戦時中に翼賛会総務を務めていたことから公職追放を受けた。六月に十六銀行取締役を退任し、かわって非常勤の監査役に就任して十六銀行の経営の一線からは退いた。しかし、五〇年、戦時中から戦後の混乱期に十六銀行を支えた山崎丈夫が病気を理由に頭取退任を申し出たため、善吉は、この後任頭取の人選に奔走することになる。

監査役の渡辺甚吉、上松貞治郎らと会合を持ち、善吉の頭取再就任も打診されたが固辞し、最終的には日本銀行から大物頭取を招くことで話がまとまった。日銀岐阜事務所、名古屋支店を介して日銀総裁一万田尚登と面会の約束を取り付けた。一九五一年一月一三日、吉田茂首相の代理でアメリカに出発する直前の一万田と面会し、新頭取の人選を依頼した。一万田は帰国後に話を聞くとやんわりとかわしたが、善吉は、すぐに日銀から新頭取の出向をお願いしたいと一歩も譲らなかった。翌日、一万田は日銀元理事の吉川智慧丸を推薦し、その場で電話をかけて十六銀行頭取就任を依頼した。吉川智慧丸は、一九一八年日銀入行で一万田とは同期の間柄であった。こうして、二月一六日、吉川新頭取が就任し、四月には桑原は再び取締役に就任し、七五年一二月までつとめた。十六銀行の他にも新岐阜百貨店、岐阜グランドホテルの社長や県経営者協会会長、県林業同友会長などの各種団体の公職も歴任し、一九五八年には再び岐阜商工会議所会頭に就任した。孫の十三代善吉（現・雛屋林材社長）によれば、「祖父はとにかく多忙でした。孫でも近づき難い存在で、お正月に顔を合わせるくらい。でも話せば優しい人でした」と回想しており、最晩年まで岐阜財界の中心人物であり続けた。

（早川大介）

■桑原　善吉（くわばら　ぜんきち）略年譜

1901（明治34）6・20　岐阜市に生まれる
1914（大正3）6　十代善吉の養子として入籍
1920・3　岐阜商業学校卒業
1921・12　名古屋輜重第三大隊入隊（22・12除隊）
1928（昭和3）1　濃飛農工銀行監査役（～37・3）
3　十六銀行取締役
1934・4　先代善吉死去、家業を継ぐ（34・9善吉（十一代）と改名）
1935・10　十六銀行頭取（～37・8）
1937・8　第三兵站自動車隊副官として大陸戦線に出動（40・10内地帰還）
1948・2　公職追放（51・6解除）
1951・6　十六銀行取締役（～75・12）
1975・12　同行相談役
1985・2・4　逝去、83歳

●参考文献
桑原善吉『白峨ひとり語り　桑原善吉回想録』岐阜日日新聞、一九八二年。『十六銀行百年史』一九七八年。十六銀行『百折不撓――ぎふ財界人列伝　十六銀行』岐阜新聞社、二〇一一年。

28 大垣共立銀行と土屋義雄

顧客第一主義とサウンドバンキングを理念に

大垣共立銀行は一八九六（明治二九）年四月、日清戦争後の投資ブームのさなかに開業、第百二十九国立銀行の業務を継承して成長したが、一九〇九年の行金費消事件の発生を機に安田財閥の傘下に入り、経営改革を断行、一九二〇年代の不況期に銀行合同を進め営業地盤を広域化した。戦後安田財閥の解体に伴い自主経営へ復帰し、戦後混乱期をよく乗り越えて発展、二〇〇六（平成一八）年三月には創立一一〇周年を迎えた。

土屋義雄は大垣共立銀行が安田系列となった同じ時期に入行、第二次世界大戦末期の一九四四（昭和一九）年に社長に就任、戦後改革から経済復興にかけての困難な時期に自主経営の舵取りに尽力した。

「人間修養のため」大垣共立へ入行

一八八四年九月二一日、大垣近郊の地主土屋勇太郎の次男に生まれた義雄は、当初エンジニアを志した。「大垣の中学を出まして仙台（の）第二高等学校に入って、そのころはエンジニアになろうと思って、工学部に入るつもりであった」という。しかし兄の死により二高を中退、志望を変えて神戸高商（現・神戸大学）に入学、一九〇七年三月第一回生として卒業した。その後一時兵役につき、〇九年七月大垣共立銀行へ入行したのである。「お前のところ」（土屋家）の「子供は兵隊から帰ってきたが家においてはいかぬ、しばらく銀行へ行け」、大垣「共立銀行で、ちょっとしばらく人間修養のためにおらねばならぬ、田舎の地主の息子というのはみんなろくでない者ばかりできるからというので、入ったわけです」。彼はこのように往時を回想している。

そして土屋の入行した大垣共立は、同じ一九〇九年七月、前述したように安田財閥傘下に入った。

安田保善社は大垣共立株式三〇〇〇株、総株数の一四・二％を引き受け、頭取に安田善三郎、取締役に安田善八郎、監査役に杉田巻太郎が派遣された。善三郎は善次郎の娘婿（一〇年に伊臣貞次郎と改名）、善八郎は善次郎の妹婿・忠兵衛の娘婿、杉田は大垣共立取締役の娘婿で大垣出身。なおこの人事で大垣共立創立以来の頭取、戸田鋭之助は副頭取に就いた。

安田善次郎の顧客第一主義

「銀行経営も商人の精神をもって行うべきもので預金者も貸出先も総てお客様だと思えといわれました。それとサウンドバンキングに徹せよと教えられました」。大垣共立銀行の元頭取・土屋斉（義雄の次男）は、土屋義雄の「経営理念について、お感じになったことは」という質問に対して上のように答えているが、それは入行以来、安田善次郎流の経営方式を教え込まれてきた義雄が身につけた理念であっただろう。

大垣共立が安田系列になった翌年二月、安田善次郎が視察に訪れた時のエピソードがある。たまたま物乞い風の客が来店し、支店長が対応するのを目撃した善次郎は、自らその客に対して「まいどありがとうございます。どうぞごゆっくり」と丁寧に挨拶し、支店長に対して「お客の風采で応対するということはケシカラン、わが安田家にはこんな不心得な行員は一人もいない。行員はみな心に前垂れをかけて温情を込めて接している」と、その接客態度を叱責し、「今日かぎり使はぬ」と申し渡したという。

大垣共立は士族と商人との「共立」の銀行として発足したが、旧藩士を中心に設立され、旧藩主の異母兄が頭取であった第百二十九国立銀行の業務を継承してきたため、「殿様銀行」と言われていた。それだけに安田善次郎の前垂れ主義、顧客第一主義の教えは、行内に衝撃を与え、入行早々の土屋も大きな感銘を受けたと思われる。

堅実主義の薫陶を受けて

安田傘下に入った大垣共立は、安田保善社監督部の指揮のもとに堅実主義を導入し徹底的な内部整理と改革を推進した。役員の安田善三郎、善八郎は東京に在住し、重役会へもほとんど出席しなかったが、改革の実務は保善社派遣の行員の指導により行われた。とくに一九一〇（明治四三）年四月営業部長として着任した兵須久は手腕を発揮した。同年六月には派出所、代理店の大幅な整理方式を決め、翌一一年上期には不良債権二一万一〇〇〇円を資本積立金全額一八万五〇〇〇円を取り崩すなどして消却、当期利益金をゼロ、株式配当を無配とした。

兵須の薫陶を受けた土屋は、後年彼の仕事振りを次のように語っている。

兵須氏は「安田善次郎翁に手腕力量を認められた人だけに、着任早々内外全般にわたり、事の大小を問わず自ら起案起草をおしまず、身をもって範をたれ、着々熱意をもって実践された。ことに債権整理に対しては個々に交渉して自らその衝に当たり、巧みに整理の方式を案出してその方針を断行した。又地元重役に対しても、保善社との間に立ち常に至誠をもって融和と意思の融通とに尽くしたので、双方から信頼と感謝を受けた」。

兵須は一九一二年七月取締役に選出され、営業部長を兼務、一九一四年三月京都銀行（一九二三年安田銀行に合併）支配人に転出し、後に安田銀行常務取締役に就任している。

営業地盤を広域化し経営に安定性を

安田傘下の銀行では人事、貸出等に関する重要事項につき保善社へ稟議し、認可を得る必要があった。大垣共立では一万円以上の貸出を稟議したという。審査は厳しく担保物件や融資先の信用を調査し、適否が決められていた。

厳しい貸出規定のもとで、少しでも資金運用の効率や健全性を高めるため営業地盤の広域化が要請された。大垣共立は第一次世界大戦ブーム下の一七年には不良資産の消却を断行、積立金を旧水準にまで復し、大いに社会的信用力を高め、これをバックに積極的に銀行合同を推進したのである。一九一〇年の真利銀行合併を手はじめに一九年に五十六銀行、二〇年代には養老、農産、共営、七十六および本田銀行を買収ないし合併している。

こうして本拠の西濃穀倉地帯での店舗網を強化する一方、東濃方面、さらには県外の桑名、長浜および名古屋近郊の農村地帯（現・名古屋市北区内）へも店舗を設けるなどして営業地盤を拡充した。経営の安定性を高め有力地銀としての地歩を確実にしたのである。

地元視点に立って銀行合同に腐心

土屋は一九二〇年四月副支配人に就き、二三年九月支配人に昇格した。支配人以上の行員は保善社職員に限られていたため、地元採用の土屋は副支配人となった後、「保善社へ誓約書を出し、保善社の人間となり」支配人に就任したのである。そしてその後順調に昇進し、取締役、常務、専務を経て「生え抜き」の社長に就任した。

「純然たる保善社の人間ではない」支配人あるいは社長として土屋が腐心したのは、いかに地元の利益を守るかであった。例えば乱脈経営から多額の不良債権を抱えた農産銀行の買収。日銀、大蔵省の強い要請を受けて安田保善社は大垣共立に救済方を指示したが、「私は絶対にそんなことはやれない、共立銀行の力ではこれはやりにくいということをいったのですけれども。私が最後まで拒絶したものですから、副頭取を一人呼んで承諾させて、私にやれということだったのです」。彼はこのように回顧している。

また七十六銀行合併に際し旧支店の一部を廃止したが、それは「地方銀行としての本来の意義を堅く守って、本店を中心とする半径十里以内をその営業圏とする」という方針による。「支店は本店から自動車で一時間以内到着可能な地域」というのが土屋の持論であった。

社長として取り組んだのは一県一行主義に基づく十六銀行との合同問題であった。一九四三年十六銀行との合同を勧奨されたことに対して「安田銀行以外とは合併しない」と表明。しかし四五年七月には安田保善社は日銀から安田・大垣共立の合併は不可能な旨を内示され、大垣共立は十六銀行との合併を正式に勧奨された。土屋は「昭和二〇年五月ごろは」合併を「承知する方針」に傾いたというが、やがて終戦を迎え、この合同問題は自然消滅するに至った。

■土屋　義雄（つちや　よしお）略年譜

1884（明治17）9・21　岐阜県不破郡荒尾村に県内有数の地主、土屋勇太郎の次男として生まれる。大垣の中学校を卒業、旧制第二高等学校中退

1907・3　神戸高等商業学校卒業。一時兵役に就く

1909・7　大垣共立銀行入行

1920（大正9）4　同行副支配人

1923・9　支配人

1925・1　取締役に就任、支配人を兼務（～38・1）

1930（昭和5）1　常務取締役

1942・1　専務取締役

1944・4　取締役社長

1950・10　取締役頭取（頭取制復活に伴い）

1962・10　取締役会長

1967・10　相談役

1970・10・2　逝去、86歳

安田を離れ自主経営へ体制整備

終戦に伴い土屋は十六銀行との合同問題から解放されたが、新たな重荷を負うことになった。一九四六年の安田保善社の解散により三七年間にわたった大きな後ろ楯を失い自主経営に歩み出した大垣共立の舵取りである。しかも安田傘下の企業として制限会社に指定され万事に制約の多い中でのスタートであった。総司令部に対する事務処理の打ち合わせは著しく複雑困難なものであったが、土屋は身を挺してこれに当たった。

一方、自主経営を確立するため経営体制の整備に努めた。保善社派遣の会長、専務が退陣したため、取締役から専務を補充、新たに常務を置き、一九五〇年一〇月頭取制を復活し副頭取をおいて対処し、五一年一〇月には日銀大阪支店調査役寺田畊三を常務に迎え、さらに五三年には副頭取制を廃止し、富士銀行（旧安田銀行）から松川一馬を常務に迎えて経営陣を強化した。寺田は五八年一〇月専務になり、六二年一〇月に土屋の後を継いで頭取に就任している。

経営組織については一九四八年一〇月本部機能をも持っていた本店営業部から本部を分離独立させ、本部機構を漸次充実し、六一年には近代的な経営管理システムを確立した。

中京経済圏を見据えてネットワークづくり

復興後の経営環境に即応するため、一九五〇年代後半期には積極的な施策を推進した。融資政策には余裕資金の運用という観点だけでなく、貸出先を育成する方針を採用した。これに伴い審査方式や貸出政策にも修正を加え、店舗の新設を進めた。

制限会社の三年間、店舗新設を抑制されてはいたが、一九四八年、関・多治見に支店を設け、東濃の刃物、洋食器や陶磁器の産地との取引を拡大した。五六年には店舗配置を抜本的に見直し、都市部への配置転換を基本方針に定め、さらに六一年には、営業圏について持論を修正し、店舗配置長期計画を作成して、愛知県を主体にしつつ、岐阜、三重両県への店舗展開と大阪、東京両支店の開設などを決めた。そして中京経済圏の発展を見据えたこの店舗網づくりの計画は、六〇年代後半の高度成長期以降順次、実現されていくのである。

このように高度成長期を前に発展の基盤づくりを指導し

てきた土屋は、一九六二年会長に就任、六七年相談役に退き、七〇年一〇月二日、六一年余の銀行生活に別れを告げた。

（杉山和雄）

◉参考文献

大垣共立銀行『わが社の七十年』一九六六年。大垣共立銀行『80年のあゆみ』一九七六年。『大垣共立銀行百年史』一九九七年。和木康光『伊吹の年輪（大垣共立銀行のあゆみ）』中部経済新聞社、一九八一年。地方金融史研究会『地方銀行史談』第二集、一九七四年。『続地方銀行史談』第五集、一九九三年。地方金融史研究会『日本地方金融史』日本経済新聞社、二〇〇三年。由井常彦編『安田財閥』日本経済新聞社、一九八六年。

29 百五銀行と川喜田壮太郎

漸進主義を継受し、使命感をもって

一八七〇年代に設立された国立銀行一五三行のうち、創立時のナンバーをもって存続している銀行は、わずか六行。百五銀行はその数少ない銀行の一つである。一二〇年余にわたり同行が持続的発展をとげ得たのは、堅実経営、「手堅い漸進主義」の行風を着実に継受し固守してきた経営者が存在したからである。川喜田壮太郎はそうした経営者の代表と言えよう。

●川喜田家と百五銀行との関係

川喜田壮太郎は八年間の日本銀行勤務の後、一九三六（昭和一一）年郷里（三重県）の百五銀行に入り取締役となった。当時同行頭取は父親の久太夫であったが、百五銀行と川喜田家の密接な関係は、同行の創業期に始まる。一八七八（明治一一）年に旧藤堂藩士を中心に設立された津の第百五国立銀行が、八二年に東京第四十五国立銀行による株式買い占めにあって経営危機に直面した際、川喜田、亀井、田中ら地元の大商人達は、結束して資金を拠出、株式を買い戻し、「士族の商法」を繰り返さないため経営にも参画するようになったのである。そうした商人たちの中でも、川喜田家の尽力はとくに大きかったと言われる。

川喜田家は三〇〇年の歴史を持つ有力な木綿問屋で、三重県でも屈指の資産家であった。ただ当主の久太夫は一八七八年生まれ、第百五国立銀行の大株主、経営者となるには若年すぎたので、筆頭分家の川喜田四郎兵衛が久太夫の後見人として活躍することになった。彼は八三年に取締役、八七年には副頭取として藩士出身の頭取を補佐する立場に就き、九四年には頭取に就任している。

久太夫は長ずるに伴い一九〇三年に取締役に就任、さらに四郎兵衛の死去により一九一九（大正八）年三重農工銀行頭取を辞して百五銀行の頭取に就任した。なお、四郎兵衛の長男（二代四郎兵衛）は二一年に取締役に、次男の雲井憲二郎は一八年に常務取締役になった。この点では地方銀行の多くと同様、百五銀行は三重の資産家、川喜田家と資本的にも人的にも深いつながりをもっていたのである。

父・久太夫の銀行観——「銀行はこわい商売」

こうした事情から見て、久太夫の長男、壮太郎が将来の頭取として百五銀行に入るのは、いわば自然の成り行きであり、常識でもあったであろう。しかし久太夫は彼の就職について「銀行屋だけにはなるな」と厳しく戒めていたという。壮太郎によれば久太夫は、「銀行関係者が銀行から金借りるなんということはもってのほかだ」と説いた。銀行経営は「金銭的にいえばうちのため決してプラスじゃないんだ」と常々述べていたという。戦前の地方銀行にひそむ病弊は、銀行の大株主や役員に対して銀行が大口の情実貸しを行うことにあった。百五銀行はこのような、いわゆる機関銀行的性格とは無縁であった。

それどころか、久太夫の考え方は「銀行みたいなこわい商売はないし、こんな損な商売はないという式だった」。壮太郎は次のようにも述べている。

「取り付けがあったら……せっかく先祖が三〇〇年もかかって今日の川喜田家の基礎を築いたのに、銀行やっていたら一ぺんになくなってしまいます。そのころは何といったって私財提供でしょう。だからご先祖に対して申しわけないから、おまえは何になってもいいから、銀行のあと継ぎだけはしないでくれ、というのが私に対する教育方針だったんです」。

壮太郎が法政大学を卒業したのは一九二八（昭和三）年。昭和金融恐慌の翌年——二〇年代に続発した銀行破綻がピークに達する頃であった。地方銀行の経営者の中には銀行整理にあたり、私財を提供して没落する資産家も少なくなかった。こうした状況の中で久太夫は家産を保持するため、このハイリスクを伴う銀行経営を自分限りで打ち切りたいと考えたのであろう。

壮太郎にもこの久太夫の考え方へ共感するものがあった。自分名義の株券が担保に入れられて日銀から金を借りていたことに、「いやな気がしました」と述べている。

大学で経済学部に進んだ壮太郎は研究室に残り、将来は研究者になるつもりであった。

日銀勤務から得たもの

壮太郎は一九二八年、大学就職部の紹介により日本銀行に勤めることになった。「百五銀行のあと継ぎは一切しない」という条件で入行したという。父・久太夫も当初、研究者への道を勧めていたが、日銀勤務を喜び、「日本銀行の支店長か何かになる」ことを期待した。

川喜田父子はこのように、壮太郎の日銀勤務をもって百五銀行経営者になるための修業とは考えていなかったが、日銀役員の受け取り方は違っていた。たとえば、中根貞彦理事である。壮太郎は入行の翌年、彼の娘と結婚するが、この結婚について「あれはどうせ辞めて、何れ百五銀行に行くやつだから、かまわないと思っていた」と述べたという。そして中根が「私のおやじを口説いて、それがきっかけでぼくは日本銀行を辞めて百五銀行へいくことになった」。壮太郎はこのようにも語っている。

日銀勤務はこうして当初の思惑とは違い、国庫局に四年、営業局に四年の八年間にとどまったが、この間に得たものは大きかった。不況に呻吟する地方銀行の実態を、中央銀行という高い視点から観察できたことは、日銀勤務を通じて得た幅広い人脈とともに百五銀行を経営するうえで貴重な財産となったであろう。ことに岳父、中根の三和銀行の初代頭取就任もあって、百五銀行は戦後、三和銀行と資本的にも密接な関係を持つに至った。それまでは久太夫が三菱の岩崎家と親しかったため、百五銀行は三菱銀行を銀行経営のモデルと見なし、提携してきたのである。

「百五の行風」にはぐくまれて

ところで壮太郎が入行した百五銀行において経営の任にあたっていたのは、雲井憲二郎であった。久太夫頭取は有力木綿問屋として築きあげてきた資産や信用を基礎に、中央政財界に広範な人脈を持っており、それが同行を支えるバックボーンではあったが、銀行経営の実務には全く疎かった。

雲井は早稲田大学を終え渡米し、コロンビア大学を卒業、帰国して第百銀行に勤め池田謙三の薫陶を受けた。一九一五（大正四）年に百五銀行に入行、一八年――四郎兵衛頭取の最晩年に常務取締役になり、一九三六（昭和一一）年に副頭取に就任している。壮太郎によれば「この人は典型的な銀行マンなんです。サウンドバンキングの神さまというぐらいの人なんですよ。これに私のおやじは、信頼して、委していたのです」。「こわい銀行」から家産を守るためには、何よりも堅実な銀行経営が望ましかったのである。

「本行の営業方針は国立銀行時代より堅実第一主義で、萬利百損よりも百利無損を期する所謂石橋式で手堅い漸進方針をもって終始して来たのである。」『百五銀行沿革史』は「百五の行風」をこのように記しているが、この行風は雲井によって確立されたと言われる。雲井は次のようにも述べている。

「百五銀行は地理的の関係で、数字の上では、日本一の銀行になる事は出来ないが、その内容に於ては、日本一のよい銀行になることは出来る」。彼は「内容充実で日本一」の銀行を目指したのである。

百五銀行に入った壮太郎は当初、東京駐在の取締役として大蔵省、日銀など関係方面との連絡にあたっていたが、戦争の激化に伴い四四年に本店に戻り、企画部長、検査部長を兼務し、四五年二月雲井頭取のもとで副頭取になった。この間、雲井から百五の堅実経営の理念や手法を学んでいたことは容易に想像される。

■川喜田　壮太郎（かわきた　そうたろう）略年譜

1904（明治37）8・9	三重県津に久太夫長男として生まれる
1928（昭和3）3	法政大学経済学部卒業
4	日本銀行入行、国庫局、営業局に各四年間勤務
1936・7	百五銀行入行、取締役、東京駐在（頭取は久太夫、副頭取に雲井憲二郎）
1944・10	取締役企画部長、検査部長
1945・2	副頭取（久太夫は19年以来務めた頭取の地位を雲井に譲る）
1950・9	頭取
1971・11	会長
1972・9・27	逝去、68歳

●行風を鼓吹し行内融和をはかる

一九五〇年九月乾碩也の後を継いで頭取に就任した壮太郎は、翌年八月、四日市支店新築に際して、「一歩前進」と題し次のように述べた。

「どんな事業をやっても、また、どんな小さい仕事でも他人のやることより一歩前進しているということが、事業確保の方法であり、発展の道であると信じます。……浮いた気持で二歩も三歩も前進することは避けるべきだと思います。レイモンドというアメリカ人は、二歩も三歩も前進した建物を設計します。しかし、私はそこまでゆかずにイギリスの古い様式も心得、一方、アメリカの新しい都市設計にも経験のあるキングさんを選びました。……当銀行の経営は他の銀行よりも一歩ずつ堅く、お客に対して他の銀行よりも一歩でも便利に、従業員は他の銀行の人よりも、少しでも多くを勉強して間違いを少なくし、能率をあげて銀行の収益をあげ、銀行員としての誇りをもち、常識と良識をたかめて欲しいと思います」。

建築設計に関連して手堅い漸進方針を強調したが、当時の事情から見て、受け継いできた「百五の行風」を改めて説くことには行内の意思統一と融和を促進する狙いもあったと思われる。壮太郎の後任頭取の金丸吉生は終戦直後の行内事情について、次のように記している。

「勢南銀行と百五銀行の合併で対立があった。終戦直後、……労働問題が先鋭化しまして、勢南側が組合長をたてたんですが、この勢南側の組合長の時に、三井、三菱なんかの財閥解体ということを一つの口実として、百五銀行の重役は全部追放せいといいましてね。これは誰も知らないことですが、……川喜田家が自主的に遠慮したことになっているはずですけれど」。

ちなみに、乾頭取は勢南出身であり、百五出身の金丸は本店審査課長から小さな亀山支店の支店長に「いびりだされた」という。

●堅実主義の担い手として

壮太郎が堅実主義、漸進主義経営の担い手としての使命感を持っていたことは、一九五四年三月の百五銀行創業七五周年記念式典における談話からもうかがわれる。

「銀行経営の要諦はあくまで堅実経営にあると存じますが、これに合理化と新鮮さを常に加えて行かなければならないと存じます。……永遠の生命のある百五銀行をよりよい銀行にして次の時代の人に引継いで行くことが我々の義務と存じます」。

内容充実を土台に環境の変化に即応して「一歩前進」し、「相応の利益」をあげるという「手堅い漸進方針」を継受し、百五銀行を少しでも「日本一よい銀行」に近づけて次代に引き渡す使命感がそれである。名経営者は誰にも負けない使命感を持つと言われるが、壮太郎はそうした銀行経営者であった。二一年間にわたり、頭取としてそのような使命感のもとに自己資本の充実、預金の増強とともに、県内全域における店舗網の整備、名古屋支店の強化、東京支店、大阪支店の開設など基盤固めを着実に推進し、「百五の行風」とその成果を次代の経営者に引き継いだのである。

（杉山和雄）

◉参考文献

『百五銀行沿革史』一九四七年。『続百五銀行沿革史』一九七九年。『百五銀行小史』一九九九年。『百五銀行百年のあゆみ』下巻、一九七八年。「百五銀行頭取　川喜田壮太郎氏との座談会」（『地方金融史研究』第四号、一九七一年）。地方金融史研究会『続地方銀行史談』第一二集、二〇〇四年。『続地方銀行史談』第五集、一九九三年。地方金融史研究会『日本地方金融史』日本経済新聞社、二〇〇三年。

近畿地方

30 滋賀銀行と北川昇

滋賀銀行の「産婆役」、戦後の再建を主導

北川昇は、日本銀行の銀行検査担当者の立場から、滋賀県の新銀行設立のために奔走し、滋賀銀行の「産婆役」となった。その縁もあって、日本銀行退職とほぼ同時に滋賀銀行に入行し、実質的な頭取として金融再建整備を主導し、その後の高度成長に向けた地ならしを行なった。また、地方銀行経営だけではなく、日本の金融システムに一家言を持った人物でもあった。

●ニューヨークでの経験を買われて考査部調査役に就任

北川昇は一八九〇（明治二三）年一月一日に滋賀県で生まれた。高等小学校を卒業し、一五歳で日本銀行大阪支店に就職して調査局審査部に所属した。また、この間に関西大学夜間部を卒業している。一九二六（大正一五）年一月からはニューヨーク代理店監督役付として勤務し、「リザーブ・システム（連邦準備制度——引用者）の銀行検査の実情を調査」して帰国した。

一九二九（昭和四）年一月に帰国して直後に、アメリカでの経験が買われて、二八年六月に設置された考査部の調査役に就任した。考査部とは日本銀行が取引先銀行を検査する部署であり、関東大震災後に金融機関整備改善を目的として設置された金融制度調査会の答申を受けて、一九二七年の金融恐慌後に設置された。第一次世界大戦後の日本銀行は「不良銀行をいろいろな方法によっていくつも集めて一つ」にする方法、「優良銀行に不良をつける」方法、「大銀行にすっかり吸収させてしまう」方法で弱小銀行を減少・淘汰しようとした。しかし、この方針で合併した銀行の多くが金融恐慌で破綻したことを受けて、考査部設立後の日本銀行は、主に一般の銀行「経営がうまくいっているか、あるいは内部に非常に銀行の基礎を危うくするような欠陥が隠れてないか」を検査し、「主として将来経営の合理化ということを主眼」に置いて、合併の実質的な推進主体となったのである。この方針のもと、北川は合併のための基礎資料となる銀行検査のほとんどすべてに関わったの

である。

滋賀銀行設立の「産婆役」を務める

北川は、自身の郷里であり、その縁で県下の銀行の経営陣をよく知っていたこともあって、一九三〇年から滋賀県下銀行の合併に向けた調査を開始した。当初は八幡銀行、第百三十三銀行、湖北銀行を合併の候補行としていたが、調査の結果、経営内容が一段劣っていた湖北銀行が候補から外れ、八幡と第百三十三の合併による新銀行設立が計画されることになった。

検査の結果、両行ともに経営状態が悪いわけではなかったが、県下の「各都市、町村にそれぞれみな支店、出張所を」持っており、「そうしてお互いに激しい競争を」していると判断された。過当競争による非効率を合併によって解消し、より盤石な経営基盤を持つ新銀行を設立することが、滋賀県の金融の安定化につながると判断されたのである。ちなみに、滋賀銀行は経営合理化を目的とした合併で設立された最初の銀行であった。

北川は、まず日本銀行京都支店長を経由して、秘密裏に両行の経営陣に合併の意向を伝えた上で、合併の基本条項などを立案した。しかし、日銀と両行首脳の間で合併に向けた話し合いが進捗し、一九三一年中の合併が予定された矢先に、名古屋で金融恐慌が起こった。二九年中頃から取り沙汰され始めた鉄道敷設認可を巡る疑獄事件のあおりを受けて、三一年末から三二年初めに名古屋三大銀行の一つだった明治銀行を含む有力銀行が休業し、他の有力銀行も激しい預金取り付けにあったのである。これを受けて、三一年中の合併は延期されることになった。世間に「やはり不良銀行が合併するというような考え方」が根強くある中で、「何ら別に内容が悪くない銀行を合併したりしてもし預金者に誤解を与えて」しまうと、動揺がさらに広がる恐れがあったからである。

名古屋の混乱が沈静化したのち、北川は八幡・第百三十三両行の資産内容の査定をやり直し、再び日本銀行と両行とで合併が協議されたが、両行は合併比率をめぐって激しい駆け引きを行なった。両行は、合併比率の裁定を日本銀行に一任し、その結果に全面的に従うとしたが、一方で、両行の比率に大きな差異があった場合、「優者ニ対シテハ劣レル銀行トノ合併ニヨル内容ノ低下ヲ憂エラレ、劣レルモノニ対シテハ斯ル内容ナリシカト疑惑ヲ抱カレ」て、臨時株主総会において合併が否決されかねないと述べ、日本銀行に対して対等合併の裁定を要望したのである。北川は、この要望を実現させるために当事者間に立って様々な調整を行なった。このことも功を奏して、日本銀行は一九三三年四月に両行の株式比率無条件対等合併を決定したのである。

■北川 昇（きたがわ のぼる）略年譜

1890（明治23）1・1 滋賀県で生まれる
1905・3 高等小学校卒業後すぐに日本銀行大阪支店に就職し、調査局審査部を経験、また、この間に関西大学夜間部卒業
1926・1 ニューヨーク代理店監督役付
1929（昭和4）1 帰朝後、考査部調査役就任、以後42年まで考査部に在籍、考査課長、考査局次長を歴任
1945・1 検査部長を最後に日本銀行を退職
　　4 滋賀銀行取締役
　　10 副頭取
1948・10 頭取
1951・10 任期満了により頭取退任、顧問就任（〜55・10）
1979・6・18 逝去、89歳

次に北川は、日本銀行の意向を受けて、八幡・第百三十三両行が持ち合っているお互いの株式を相殺し、過不足分を「混同株式処分金」として処理する「抱合減資」を行う案を提示した。日本銀行は、六％配当の継続を前提とすると、新銀行の資本金は合併後の預金に対して過大であると考えており、持ち合い株式を合併時に相殺して減資しておく方が将来の経営に有効と判断したのである。バランスシートの圧縮によって経営資源をより効率的に再配分するという意味で、日本銀行の方針であった合併による経営合理化が行われたのである。

　しかし、この合併により、両行の株主権利に不平等が生じた。この観点から北川は、「株主権平等の原則論から見て疑義があり立案者も多少躊躇した」が、第百三十三銀行の専務取締役であった廣野規矩太郎と相談した結果、「まさか高遠な法理論を振り廻わす株主もあるまいから頬かむりして行くこと」にした。それは的中し、一〇月一日の創立総会においても、また、その後六カ月の異議申し立て期間中も株主から疑義が出ることはなく、滋賀銀行は誕生したのである。北川は、自身が回想するように、まさしく「滋

賀銀行新立誕生の産婆役」を務めたのである。

戦後復興期の経営立て直し役として、経営再建を主導

合併後の三年間は滋賀銀行にとって整理期間であった。滋賀県内の景況回復が遅いために資金需要は低調であり、また、非効率な資金運用による低収益のために預金吸収に消極的にならざるを得ず、経営は低迷した。日中戦争が始まった一九三七年から軍需部門の資金需要の増加によって業績は一時的に好転した。しかし、戦時期の金融統制のもとで、滋賀銀行は、貯蓄銀行を含む四行と一信託会社を合併して業容を拡大したものの、政府の要請に従って預金と国債および戦時関連債券を吸収する機関となって終戦を迎えた。

この間の北川は、滋賀銀行の合併に関わったのち、一九四二年まで考査部に在籍し、その後日本銀行自体の検査を行う検査部長を最後に、四五年一月に同行を退職した。しかし、同年四月、滋賀銀行の取締役として入行し、同年一〇月、新たに設けられた副頭取に就任した。

北川に白羽の矢が立った理由は、内部者しか知り得ない情報を含めて同行設立時の経緯を熟知し、現経営陣とも面識のある、滋賀出身の日本銀行出身の人物であったからに他ならない。北川の入行時は、頭取の廣野規矩太郎は衆議院議員も務めており、副頭取職は廣野を実務面からサポートする、北川のために設けられた職であった。滋賀銀行を知悉し、また日本銀行とのパイプを持つがゆえに、敗戦によって金融環境の激変が必至となる中での舵取りを任されたのである。

副頭取時代の最大の仕事は、戦時補償の打ち切りに伴う戦争関連の不良債権の処理であった。滋賀銀行は処理途中の状況から判断して損失が少なく、金融再建整備の影響は他の地方銀行に比べて軽微なものになると思われた。しかし、新たにＧＨＱから金融債の切り捨てが要請された結果、金融債を多く持っていた同行は、資本金九割を切り捨てた上、預金一口三〇〇〇円を基準にその超過分である第二封鎖預金の五〇％を切り捨てることになった。滋賀銀行は他の地方銀行並みに厳しい状況から戦後のスタートを切ることになったが、北川は、一九四六年二月に同行本店に設置された日本銀行大津事務所や、同年一一月に設置された大蔵省大津地方部と連絡を取りつつ、この処理を可能な限り

効率的に進めていったのである。

◉頭取として高度成長の基盤固めを行う

滋賀銀行の再建整備は、同行創立一五周年の一九四八年一〇月一日に終了し、北川もほぼ同時に頭取に就任した。北川は預金吸収を引き続き行うとともに、県内企業の軍需から民需への転換資金などの融資に力を入れ、特に地場の繊維関連の中小企業に積極的に資金を供給した。この結果、経済復興に伴う企業活動の活発化もあって同行の貸出残高は急激に伸び、その増加率は全国銀行の平均を超えるものであった。これによって収益は順調に増加し、創業当初の整理時代と戦時期を通じての苦しい経営は過去のものとなった。北川は、頭取を任期満了で辞任する一九五一年一〇月までの四年間で、滋賀銀行が高度成長期を迎えるまでの地ならしを行なったのである。

最後に付け加えておきたいのは、北川は日本銀行が果たすべき機能について鋭い視点を持った論客だったことである。北川は頭取時代に、一九四三年開始の日本銀行の内国為替集中決済制度に関する論文を発表し、この制度が内包する問題点を鋭く指摘し、その後の議論に影響を与えた。日本銀行出身者らしく、地方銀行経営のみならず、日本の金融システム全体に対する関心を持ち続けた人物だったのである。

（今城徹）

◉参考文献

『滋賀銀行50年史』一九八五年。増田源太郎編『滋賀銀行20年史』一九五四年。地方金融史研究会『地方銀行史談』第一集、一九七〇年。靏見誠良「内国為替集中決済制度と短期金融市場――一九四三～一九五六」(『経済志林』第六八巻第一号、法政大学、二〇〇〇年七月)。

31 京都銀行と片岡久兵衛

「七不思議」に挑戦、京都府経済の繁栄に貢献

「これだけの大都会に地元銀行がないのは、〝日本七不思議〟の一つ」。一九五〇（昭和二五）年一〇月、京都市を訪れた日銀総裁一万田尚登は商工会議所で講演し、こう述べたという。かねてから京都市進出を決断し、そのための布石を着々と打ってきた丹和銀行頭取片岡久兵衛にとって、一万田総裁のこの発言が大きな励ましとなったことは想像に難くない。当時、丹和銀行は府下唯一の本店銀行でありながら、本店は福知山市にあった。

旧体制を刷新

片岡久兵衛が丹和銀行の頭取に就任したのは、戦後間もない一九四六年四月。高木半兵衛からのバトンタッチであった。高木は七九歳、片岡四四歳、一世代の若返りと言える。片岡は一九〇二（明治三五）年福知山に生まれ、東京商科大学（現・一橋大学）専門部を卒業した後、父親らの設立した治久銀行に入行、一九三一年一月取締役になり、三五年頭取に就任した。ちなみに、治久銀行は一九〇八年、佐藤治兵衛、片岡久兵衛（先代）の出資により設立され、行名は両者の名前から一文字ずつ取って付けられたという。一九二二（大正一一）年に合名会社から株式会社に改組している。

治久銀行が福知山・高木・何鹿の三行と合併し両丹銀行が設立すると、片岡は取締役になり、次いで両丹・宮津・丹後商工・丹後産業四行の合併によって丹和銀行が生まれると常務取締役に就いた。頭取には両丹銀行の高木半兵衛が就任し、常務取締役三名のうち、二名は他銀行出身者であった。新銀行発足時から片岡は高木頭取を補佐する立場にあった。そして戦後という新しい経営環境を迎えて、府下唯一の地元銀行たる丹和銀行の経営を高木頭取から託されたのである。

片岡は頭取に就任すると直ちに経営体制の刷新に取り組んだ。丹和銀行には合併後五年にしてなお、統轄店制度という暫定的な組織が存続していた。三つの統轄店が設けら

れ、旧三行がそれぞれ分担する仕組みで、本店営業部が東部統轄店、宮津支店（旧宮津銀行本店）が中部、峰山支店（旧丹後商工銀行本店）が西部の統轄店とされた。各統轄店が旧行時代の店舗の監督にあたり、合併前の実態がほぼ残されており、単一経営体の組織というには程遠かった。

片岡は五月にはこの統轄店制度を廃止し、本部機構として新たに総務部、業務部、監査部を設けた。そしてこの改革を機に、設立以来の役員は次々に退任し、経営陣は片岡頭取を中心に新しい顔ぶれとなったのである。

●京都市への本店移転を決断

一九四八年八月、戦後の再建整備を終え再出発した丹和銀行が直面したのは、京都市への地元銀行誘致問題であった。京都市にはかつて多くの地元銀行があった。例えば一九〇一年——日本の銀行数がピークになったこの年には、二〇行以上を数える。しかし、同年の恐慌をきっかけにその多くは衰退消滅し、一九二三年には京都組合銀行に加盟の有力銀行はすべて姿を消した。一九二七年の金融恐慌時に残る一行も破綻した。その後郡部から市内へ移転した銀行も、四三年に丹和銀行などに買収され、京都市に本店銀行はなくなるのである。

京都市の金融市場を掌握したのは、都市銀行であった。第一国立銀行や三井銀行は設立と同時に京都市に支店を設け、他の大銀行も競って進出した。一九四五年八月末についてみると、市内に支店をもつ普通銀行は一〇行を数えるが、八行は三和、三菱など都市銀行であり、その店舗数は七二店のうち六二店を占める。地方銀行は丹和、滋賀の二行にとどまる。京都市内では都銀の支店が圧倒的な店舗網を持っていた。

しかも、都銀にとって京都市は預金吸収地にすぎなかった。その預金は主に市外の大企業向けに融資された。この結果、京都市に多数存在する中小企業の金融難はきわめて深刻となった。

このため、京都商工会議所、京都府、京都市を中心にして一九四八年前後には、「地元の金は地元へ」と、地元銀行の育成を急務とする機運が台頭し、本店銀行の誘致運動が活発化した。加えて四九年一一月、池田蔵相の一県一行主義修正の言明もあって、片岡頭取は決断を迫られたのである。本店銀行としての機能を円滑に進めるため京都市移転の必要性を痛感していた経営陣は、これに素早く反応し、翌二月には取締役会において京都市移転を正式に決議した。

片岡頭取時代に常務取締役や取締役会長を務めた高木正は、この決断に関して次のように回顧している。

昭和「二一年に昔の頭取とか常務とかいう人が全部やめまして、そして二世がなったんですね。その連中は、少し先が見えたとみえまして、一県一行のくせに丹波、福知山では不合理だ……。どうしたってこれは京都へ出なきゃならぬ……そういうような気分があって、そういう老人が退職しましたので、若い者がわりあいに楽に考えをまとめることができた、ということが一番大切でしょうね。老人連中だったら、自分の土地からよそへ行くなんていうことは、全然もう問題にならなかったと思います」。

◉京都府本金庫を受託

丹和銀行にとって京都市は近くて遠い市場であった。「京都は土地の名前からしてなかなか覚えられぬのですよ。昔ながらの読み方をしていますから」とは、先に引用した高木正の述懐である。しかも「どこそこの銀行の小切手を切っておるということが、一つのプライド」という土地柄であった。そして歴史の示すように地元銀行の発達は難しいとされてきた。

そのような京都市へいかにして本店を移転させるか、丹和銀行は周到な計画をたて、着実に準備を進めた。一九五〇年四月には三条烏丸の京都支店に業務部の一部を移し、京都分室とした。この京都分室の設置は、京都移転の「一つの瀬踏み」でもあったといわれる。「ごく一部の者が行ってやってみて、石橋をたたくような考えで、うまくいくようならば行くし、やっぱり丹波がいいということならば、それでもいい」というような雰囲気であったという。

移転準備に一歩ふみだした丹和銀行にとって、一〇月に京都府本金庫を受託したことは、幸いであった。本金庫の受託には直接的な業務上の利点だけでなく、丹和銀行の社会的信用力を一般に認知させる上で大きな効果が期待される。このため丹和銀行は京都府に対して、従来の取り扱い機関、日本勧業銀行京都支店からの移管を強く働きかけてきたのであった。一方、京都府では、五月に蜷川虎三が知事に就任し、地元中小企業育成の観点から地元本店銀行を育成しようとする意向が強かった。蜷川によれば「福知山に本店があった当時の丹和銀行に府の指定金庫にならんかと持ちかけたら、快く引き受けてくれました」という。いずれにせよ、丹和銀行と府との交渉は順調に進み、八月には丹和銀行への府本金庫受託業務の移管は承認されたのである。

■片岡　久兵衛（かたおか　きゅうべえ）略年譜

1902（明治35）1・30　京都府福知山町に生まれる
1923（大正12）3　東京商科大学専門部卒業
　　　　　4　治久銀行入行
1931（昭和6）1　同行取締役
1935・10　同行頭取
1936・11　両丹銀行（合併により設立）取締役
1941・10　丹和銀行（合併により設立）常務取締役
1946・4　同行頭取
1951・1　京都銀行（商号変更による）頭取
1956・4　京都銀行協会会長（～72・3）
1972・3　京都銀行取締役相談役
1973・11　同行相談役
1980・3　同行顧問
1988・10・11　逝去、86歳

●地域密着で移転の基盤固め

本金庫受託を機に京都市進出へ向けて次々に新施策を打ち出した。第一に銀行名の変更。府本金庫の受託銀行にふさわしい行名が要望され、一九五一（昭和二六）年一月、丹和銀行は「京都銀行」へ商号変更したのである。大蔵省への申請書は「府市民に最も馴染みのある京都銀行と商号を改め、府下唯一の地元銀行として、府市民の要望に応え、取引の伸張と内容の充実を期したい」と述べている。

第二に経営陣を強化した。京都財界との関係を一層親密にし経営基盤を強化するため、郡是製糸社長、島津製作所社長および日本レース社長を社外重役として迎えたのである。

第三は資本金二八〇〇万円から一億円への大増資である。預金増加への対応や店舗網拡充を図るための措置であった。しかもこの増資により、大株主は両丹地方の取引先や役員、従業員から京都、大阪、東京、神戸の法人や社外重役へと変わった。京都市の本店銀行にふさわしい株主構成となったのである。

第四に、地元に密着して新規取引を開拓するため、丹波丹後地方に散在する非効率店舗の統合廃止、京都市進出への重点配置策をとった。この結果、両丹地方の店舗数は終戦時の五八カ店から一九五一年末には二八カ店へと半分以下に減少している。一方、京都市内の店舗はこの間に一カ店から七カ店へ増加した。

預金増強の重点施策によって京都市内の預金高は、一九五〇年三月末一億九二〇〇万円から五三年三月末には三一億七八〇〇万円へ著増した。預金総額に占める比率は九・一％から四三・三％への上昇である。「京都銀行と名付ける限りは、銀行らしい銀行にならねばならぬ、なろうと思ったら、第一に資金量がある程度必要だ」との懸念も一応解消されるに至った。ちなみに、五三年三月末には、総預金は定期預金を中心に七三億円に達している。

さらに地元産業の振興、とりわけ中小企業金融に尽力し、中小企業育成の一翼を担った。京都府では一九五一年四月、全国に先がけて制度融資を発足させたが、京都銀行はこれに積極的に協力し、五二年九月「京都府中小企業新小口融資制度」の取り扱いを開始、五三年度にも「京都府中小企業診断融資」などの制度融資を取り扱った。京都市の制度融資についても取扱機関となった。

また独自に、将来性を見込んで小企業を極力支援するなど地域に密着した営業活動を展開した。そうした中から京都銘柄と言われるベンチャー企業も出現し、それによって京都銀行も業績を伸ばしたのである。

積極政策を推進　京都府経済の繁栄に奉仕

京都銀行は一九五三年八月本店を京都市内の高島屋跡へ移転した。名実ともに京都銀行としての新しいスタートであった。そして五六年三月末には預貸金とも府下で首位を占めるに至った。同年四月には片岡頭取は社団法人京都銀行協会の会長に選任された。地元銀行頭取の就任は、実に四〇年ぶりのことであった。京都銀行は京都金融市場で地域のリーディングバンクとして認知されたのである。

それだけにその使命と責任は一層大きくなる。京都銀行はこの課題に応えるため「地域密着の地銀」「都市型地銀」を指向して、果敢に積極路線を推進することになった。一九六六年一〇月新本店完成に際し片岡頭取は、「経営方針である京都府経済の繁栄に奉仕し、近畿経済圏の銀行として一層発展すること」、それには「一段と量的拡大と質的向上が必要であり……それを可能とするのは諸君のバイタリティー、創造力、勇気と自信と努力なのであります」と訴えている。
本店移転を成功させ、京都銀行発展の基礎固めに尽力した片岡は、一九七二年三月頭取から取締役相談役に退くが、その六年後の七八年、京都銀行は近畿経済圏地銀のトップに躍進したのである。

（杉山和雄）

●参考文献
『京都銀行二十年史』一九六二年。『京都銀行五十年史』一九九二年。地方金融史研究会『続地方銀行史談』第四集、一九九二年。地方金融史研究会『日本地方金融史』日本経済新聞社、二〇〇三年。地方金融史研究会『戦後地方銀行史』Ⅰ・Ⅱ、東洋経済新報社、一九九四年。蜷川虎三『洛陽に吼ゆ』朝日新聞社、一九七九年。

32 京都信用金庫と榊田喜四夫

「コミュニティ・バンク」を育てた愛京人

榊田喜四夫は、当初外交官志望であったことから、意図せざる形で父喜三が理事長を務める京都信用金庫に入庫したと言えよう。しかし、責任ある立場となってからは、戦前の市街地信用組合から続いていた非合理的な経営組織を刷新し、また、職員研修による働き方や職場の改革などを行って、京都信金を全国屈指の金庫に育てた。また、自身の唱える「コミュニティ・バンク」論を京都信金において実践し、京都の産業や文化の振興に大きく貢献した。

●外交官志望から信金理事長の道へ

榊田喜四夫は一九二八（昭和三）年三月八日、京都市上京区に父・榊田喜三の四男として生まれた。喜三は、京都取引所会員の地場証券会社だった榊田証券の社長であると同時に、四〇年三月には、二三年に京都取引所会員により結成された京都繁栄信用組合の組合長となり、その後京都信用金庫（京都信金）理事長を七〇年四月まで務めた。ただし喜三は、組合長・理事長時代を通じて経営上の主要な意思決定を専務理事や入庫直後の喜四夫に委ねていた。自身は経営を監督するかたわら、必要なときに全国や京都の信用金庫業界のまとめ役を引き受けていたのである。

榊田喜四夫は京都府立第三中学校から一九四四年に海軍兵学校に進学したが、翌年の敗戦によって兵学校が閉校となったため、金沢の旧制第四高等学校に編入し、四七年に東京大学法学部に進学して、外交官を目指して勉学に励んだ。しかし、途中で結核を患ってしまい、これにより、東大を卒業する五三年に受験した外交官試験で最終面接まで進んだものの、身体検査で不合格となってしまった。この時期朝鮮戦争後の不況で就職先がなかったため、喜四夫は理事長だった父に呼ばれて、再受験までの「腰かけのつもり」で京都信金に入庫した。入庫当初の職場は「僕らの感覚と全然ちがう」し、「金庫の雰囲気にもなかなかなじめなかった」のである。

入庫後、預金勧誘や貸付の業務をこなすものの「中途半端な気持ちで過ごし」ていた。しかし、一九五三年一一月に起こった京都公同信金の破綻処理を京都府信用金庫協会長として行なっていた喜三が過労で倒れたことから、喜四夫は理事に就任することになった。榊田はこの段階でようやく京都信金とともに生きていくことを決めたのである。

●第一次五ヵ年計画の成功によって経営の近代化を実現

榊田が実質的に経営責任者となったのは、彼が第一次五ヵ年計画を策定し、実行したときからである。一九五七年四月にスタートしたこの計画は、当時一五億円だった預金を六三年までに一〇〇億円にすることを目標としており、当初は地元金融界や世間はもとより、京都信金内でも達成が危ぶまれていた。発展の可能性の低さから「斜陽の街」と揶揄され、ただでさえ預金獲得が他地域よりも難しくなった京都において、東京の優良金庫であった城南信金だけが達成している預金一〇〇億円を突破することなど不可能と考えられたからである。

しかし榊田は、喜三が「カンと経験でやってきた」これまでの旧態依然の組合経営から脱して合理的な組織を作り、長期的な見通しを持って進めば、目標額の達成は可能だと考えた。まず取り組んだのが組織の整備と強化である。それまで本店と本部の機能の棲み分けが不明確で、経営陣の意思決定が必ずしも明確に経営に反映されていなかったが、榊田は理事長のもとに自身を本部長とする本部を置き、本部が本支店や総務課、人事課、経理課、業務課、審査課、管理課といったラインを直轄し、意思決定が実行されるまでの時間短縮を図った。また、五ヵ年計画を成功させるための諸施策を審議する場として、理事長直轄の企画審議室を設置した。

次に行ったのが、職員に対する営業訓練である。榊田は計画開始年に発足した日本マーケティング協会のセールス・トレーニング・システムを導入し、職員に対して「まず仕事の社会的意義から説きおこし、セールスについての科学的な考え方、技術の具体的なトレーニングというのを徹底的に訓練」して、これまで経験や勘あるいはツテに頼る部分が大きかった外務員の仕事を体系化したのである。また、この訓練の中で行われたセールスのロールプレイングを編集した『応酬話法の研究』が作成され、実務に活かされることになった。営業訓練は各職員の仕事に科学的根拠を与え、結果として京都信金の経営内容の向上に大きく寄与したのである。榊田は職員教育を常に重視し、この後も様々な研修を実施したが、ユニークなものとしては、理事長就任直後から始めた若手職員の二カ月の海外研修がある。京都信金が金融自由化の中で業界でもいち早く外国為替取扱業務に対応し、海外を参考にした金融商品を開発できたのは、外交官志望だった榊田自身の鋭い国際感覚とともに、この研修を受けた職員達の存在が大きかったのである。

京都信金は、内部組織を刷新し、倍額増資や支店の増設などを行って業容を拡大した。営業区域の拡大については、京都市南区に積極的に進出した。南区では工場進出や東海道新幹線に関係した用地買収が盛んに行われており、土地売却代金を獲得するための金融機関同士の競争が過熱していた。特に東海道新幹線の売却代金は銀行振込に限定されたために京都信金は銀行に対して劣勢だったが、時には銀行から顧客を奪って預金獲得に邁進したのである。以上を実施した結果、高度成長期とも相まって預金は順調に増加し、計画スタートから三年半後の一九六〇年八月に目標額を達成した。京都信金は全国で七番目に預金一〇〇億円を達成した信用金庫となったのである。

「コミュニティ・バンク」論

預金一〇〇億円を達成した翌年の一九六一年四月から新たな五ヵ年計画が始まったが、これを開始するに当たって榊田は社内報で、「金庫が規模的に大きくなるに従って金庫に対する顧客、一般大衆の考え方が変り、その要求するところも変ってきた。……金庫の地域社会における存在価値が変ったのであります。……今後の金庫の活動は、コミュニティ・サービス」（社会への奉仕）に「最大のウエイトをおかねばならないのであります」と、「コミュニティ」という単語を初めて職員に示した。榊田は、銀行よりも信用金庫の勢力が強い京都においてトップの、さらには業界屈指の信金となった自負から、京都信金は地域に金融サービスを提供する存在を超えて、本拠地たる京都の繁栄を主導する存在にならねばならないと考えたのである。これを出発点として生まれたのが、現在も京都信金のアイデンティティとなっている「コミュニティ・バンク」である。

一九七〇年四月に理事長に就任した榊田が考える「コ

■榊田 喜四夫（さかきだ きしお）略年譜

1928（昭和3）3・8 京都市上京区にて榊田喜三の四男として生まれる
1940・4 京都府立第三中学校入学
1944・3 海軍兵学校入学
1946 旧制第四高等学校（金沢）編入学
1953・3 東京大学法学部政治学科卒業
4 京都信用金庫入庫
1954・1 理事
1955・5 常務理事
1961・5 専務理事
1965・7 副理事長
1970・4 理事長
1973・5 全国信用金庫連合会理事、全国信用金庫協会理事
1977・5 京都府信用金庫協会長、近畿地区信用金庫協会副会長
7 京都信用保証協会理事
1981・4 京都経済同友会代表幹事（～85・3）
5 全国信用金庫連合会理事
1985・11・15 逝去、57歳

ミュニティ・バンク」とは、「地域社会のオーガナイザー」となる金融機関である。具体的な機能は、第一に、地域経済発展のためのサービスである。融資活動に加えて、企業分析や経営指導などの情報サービスも含まれており、取引先に対してより付加価値の高いサービスの提供を目的とした。第二に、各種の消費者ローンや生活・財産設計といった、顧客の日常生活に関わる金融サービスとその情報発信である。第三に、地域の産業・生活・文化のあり方や将来設計への積極的な関与であった。榊田は、金融機関経営者の立場から、間接金融優位の高度成長期が終わって金融自由化の流れが強まり、業態区分を超えた競争が起こると予想していた。地域発展を様々な面から支える「コミュニティ・バンク」となることが、京都信金の競争優位を確立するために必要不可欠と考えたのである。これを示すために、一九七一年に、「Customers」、「Company」、「Community」、「Culture」の頭文字である「C」をモチーフとした現在のシンボル・マークを制定して、本格的に京都信金の「コミュニティ・バンク」化を推進したのである。

◎強い「愛京心」から「コミュニティ・バンク」を実践

榊田はあらゆる機会を捉えて「コミュニティ・バンク」論を発表し続け、京都信金も「コミュニティ・バンク」として多種多様な活動を実施した。その実例として、堀場製作所の堀場雅夫とともに取り組んだベンチャー企業の育成支援を見ておく。

戦後の京都は、従来の伝統産業企業だけでなく、有望なベンチャー企業を育成する基盤があった。しかし、一九七二年のオイルショックによって京都の電子機器関連中小企業の経営が大幅に悪化し、経営近代化と活性化が喫緊の課題となった。このとき榊田は、中小企業の情報化時代への対応を支援する組織が必要と考えて、経営に関する各種情報提供を行うセンターを構想し、七八年に市、地域財界、大学とともに京都産業情報センターを創設した。この際、京都信金はセンターの開設とその活動や、情報提供を受けた有望なベンチャー企業に積極的な融資を行なったのである。堀場は、「いまでこそ〔一九八五年時点──引用者注〕、この方面へ金を貸す市中銀行は増えましたが、当時は京都信用金庫の貸出しに対し、回収できるのかと、同業者間でかなり話題になりました。榊田さんの生前の経済活動を語るうえで欠かせないコミュニティ・バンクの、これは具体的な表れの一つであり、見事な成果だと申してよいと思います」と述べている。榊田は、ベンチャー企業の育成支援に熱心な京都の産業文化を維持・発展させるための取り組みに構想段階から関与し、京都信金はこの構想を実現するためにリスクを取って行動する「コミュニティ・バンク」として機能したのである。

上記は一事例に過ぎないが、榊田が京都信金の「コミュニティ・バンク」化を推進したもう一つの理由は、全国において京都の存在感が低下していることに対する強い危機感であった。榊田は、京都経済同友会では入会から代表理事に至るまで常に京都の将来のあり方を考える委員会の責任者を務めた。これはまだ副理事長であった一九六七年のことであるが、榊田は、「豊かな京都への提言　未来都市を求めて」と題して、自身が委員長であった委員会レポートを発表し、京都は観光業のみに依存する都市から生産都市・情報産業都市への革新が必要不可欠と主張していた。京都信金の「コミュニティ・バンク」化の推進は、金融業界の変化に対する対応であったとともに、上の主張を実践するためであったと言って良い。榊田は、ともに代表理事を務めた立石電機社長の立石孝雄が評したように、「理論と実践の愛京人」だったのである。

（今城徹）

◉参考文献

京都信用金庫『ここに生まれここに育って五十年――京都信用金庫のあゆみ』（本編・別冊クロニクル）、一九七三年。京都信用金庫『金融改革の嵐を乗り越えて――地域社会とともに六五年』一九八八年。『榊田喜四夫著作集』編集委員会編『榊田喜四夫著作集』一～五巻、京都信用金庫、一九八六年。

33 南都銀行と亀田源治郎

堅実を旨とし、親愛を重んじた経営を実践

亀田源治郎は、少年時代に吉野銀行に入行し、南都銀行の設立や戦時・戦後復興期の混乱を経験して頭取となった。頭取までの道のりは多くの銀行経営者よりも険しかったが、叩き上げだからこその経営理念である「三実の精神」を打ち出して、南都銀行を先代・先先代頭取の時代よりもさらに健全経営の銀行に成長させた。また、健全・堅実な経営を実践するとともに、行員の福利厚生の充実に意を砕く経営者でもあり、行員待遇の面からも南都銀行を健全な銀行に育てた。南都銀行を名実ともにサウンド・バンキングにした立役者と言えよう。

意図せず地元・吉野銀行に入行

亀田源治郎は一八九四(明治二七)年三月一二日に奈良県吉野郡下市町で生まれた。高等小学校在学中に実家が事業に失敗し、高等三年になった亀田は希望していた師範学校に進学するか、就職するかの選択を迫られた。そんな時に、家の使いでたまたま吉野銀行の部長宅に訪れた際に、その人物から、師範学校に行かないのであれば、吉野銀行で働かないかと勧められた。父親は進学を希望したが、亀田は母の意向を汲み、一四歳となった一九一八(大正七)年五月に、地元に本店を置く吉野銀行に月給五円の給仕として入行した。

その後「三歳予は夜ごと宿直て朝がけにはき拭き掃除日課とはせし」、また銀行勤務の傍ら、「早稲田なる学びの庭は踏まねども校外生にてありしことあり」と、早稲田大学の通信講義録で勉学を続けた。亀田は、師範学校や大学には進学できなかったが、「中学もはた大学もおおかたは業通し世に学びしか」と、社会で着実にキャリアアップしていることに誇りを持っていたのである。

亀田は一九三四(昭和九)年六月の四行合併による南都銀行設立を経験した。この合併について、当時は平行員であったために銀行経営に関する重要な情報を知り得る立場にはなかったが、「おやじの関係もあり、非常に当時の役

員の方から目をかけてもらった。また非常に枢要な人の近くで仕事をしたということで、相当枢機に関することも聞いて」おり、「多少内容の優劣はあったとしてもいい銀行はいい銀行として、やはり利益はだんだん下がって苦しくなってくる、こういうふうな状態であったから皆さん〔四行の経営陣――引用者〕の意見があって」合併に至ったと述べている。

一九三七年四月から上市支店、四〇年一二月から御所支店の支店長代理を務めた。戦時期の南都銀行は「産業としては民需から軍需に変わるとか、あるいは民需をやっておっても、いわゆるキャッシュの取引になるということで、銀行の資金需要が非常に少ないからなかなか収益力もない」状況であった。また、「世はすさび暮し乏しく同僚の日に去りゆきし戦いの頃」と回想しているように、男性行員の中には、応召や徴用によって休職するだけでなく、待遇の悪い銀行からより良い待遇が得られる地元の軍需会社や統制会社に転職する者も多く、行員不足は深刻であった。しかし、戦時体制下の貯蓄増強の要請に応えるために、困難の中支店をあげて預金勧誘を継続したのである。

検査部役職と労働組合長として銀行を支えた戦後復興期

亀田は一九四五年四月に、本支店の現金・手形・有価証券などの検査や、本支店の一般事務の検査を行う検査部の次長に就任し、四九年一一月から五二年一月まで部長を務めた。亀田は、検査部時代について「小僧上がりで下のことも知っているし、上のことも知ってい」た存在だったと回想している。吉野銀行時代から在籍した亀田は、戦後直後の経営状態や行内事情を詳しく知りうる立場で戦後復興期を迎えたのである。

戦後復興期の銀行における最大の課題は、金融機関再建整備法に基づくバランスシート調整であった。戦時期の地方銀行は、政府の方針に従って国債および戦争関連債券の保有を増加させていたが、戦後の戦時補償打切りによって、大幅なバランスシート調整の実施を余儀なくされた。

南都銀行も法令に従って終戦直後の資産・負債の評価替えを行った。回収不能となった資産とそれに見合う負債で構成される旧勘定を整理して発生した確定損を、同じく整理により出た確定益、旧勘定積立金、資本金、一口三〇〇〇円を基準としてその超過分となる第二封鎖預金を整理原資として処理したのである。当初は確定益、積立金および資本金九割切り捨てで処理できるはずであったが、途中で政府方針の変更があり、結果的に第二封鎖預金も使わざるを得なくなった。しかし、処理対象となった軍需産業関連および疎開軍需工場関連の勘定が少なかったこともあり、南都銀行の第二封鎖預金の切り捨て率は全国平均の六二％に対して一六％であり、預金者への負担は比較的軽かったのである。また、株主に対しては未払込徴収と同時に資本金の九割切り捨てが行われたが、多くの南都銀行の株主は、亀田が回想するように、金融機関再建整備が全国一律に実施されたことから「株が何割減資されても……やむを得ぬ」と考えていたため、大したトラブルもなく処分が実施されたのである。

また、この時期の亀田は、一九四五年一二月制定の労働組合法に基づいて結成された従業員組合執行委員長も務めた。「ほうはいと民主の声起りきて従業員の組合生まる」、「従組の長改選の時きたり満場一致三歳つとめる」と述懐するように、亀田は行員から望まれて三年間在任し、経営側との労働協約の締結や、ユニオン・ショップ制の導入を行った。

●「三実の精神」を信条として頭取に就任

一九六五年三月、亀田は二代目頭取赤坂頼磨の死去に伴い頭取に就任した。赤坂は一九〇二（明治三五）年一〇月に愛知県で生まれ、一九二八（昭和三）年六月に吉野銀行に入行、一九五六年八月から頭取を務めた。赤坂は就任に際して「地方銀行である南都銀行のあり方と、私のあり方は同じものでなければならない。私は、頭取とは一．企業、二．得意先、三．専従従業員、四．株主の四者に対する奉仕者だと思っている」とし、「銀行は、お得意先の番頭である」との信条を持って経営を進めた人物である。また、南都銀行一代目頭取の佐田忠一は、当時の新聞に「銀行の虫」と評されるほど徹底した堅実主義で経営を行った。

亀田が頭取になった理由は、亀田が「その地方の実情に精通して」おり、また、行内で「赤坂前頭取が一行員から築き上げて頭取になったことで、銀行内部に大きな希望をもたらしたなどから、頭取は行内から、という基本的な考え方が確立され」ていたからであった。頭取就任に際して、「赤坂頭取が依田頭取の後をうけて肉付けされた銀行の経営理念は、当然、私が引継ぎ実行していくことになります」と述べた上で、「この上に、私が私なりに考えることは、非常に平凡なことではありますが、実行に移すのは、非常にむずかしい問題、即ち、第一に誠実であること、第二に堅実であること、第三に質実であることであります」とし、これを「三実の精神」として経営の信条としたのである。佐田のような大地主の息子でも、赤坂のような帝大出のエリートでもなく、高等小学校中退後、南都銀行一筋に勤め、ゆっくりとだが着実にキャリアを積んで頭取となった亀田だからこその経営理念だったと言えよう。

■亀田 源治郎（かめだ げんじろう）略年譜

1894（明治27）3・12	奈良県吉野郡下市町で生まれる
1918（大正7）5	吉野銀行入行
1934（昭和9）6	合併により南都銀行入行
1937・4	上市支店長代理
1940・12	御所支店長代理
1945・4	検査部次長
1947・8	南都銀行従業員組合執行委員長（〜50・9）
11	検査部長心得
1949・11	検査部長
1952・1	五条支店長兼城戸支店長
1955・10	本店営業部長
1956・10	取締役本店営業部長
1957・10	常務取締役
1961・11	業務部長事務取扱委嘱（〜63・3）
1963・7	専務取締役
1965・3	頭取
1972・11・15	逝去、78歳

●手厚い行員待遇を実現し、全国屈指のサウンド・バンキングを維持

昭和四〇年代の奈良県では、全国と同様に、それまでの主要産業であった繊維、木材、ゴム製品といった軽工業の衰退と、一方で工業団地開発と企業誘致による機械産業の増加といった産業構造の変化を伴った成長が見られた。これを背景に、南都銀行の業績も順調に伸びた。一九六七（昭和四二）年と七一年に二度の増資を行なうなど経営基盤をさらに強化した。資金調達については、この後七四年四月の大阪証券取引所第二部市場への上場によってさらに機動的に実施できるようになった。

一九七〇年九月期から、配当率一五%を超えない範囲で一〇%以上の配当を行うことが可能になると、南都銀行は

同年上期から一二％の配当を実施した。この配当率は七四年上期まで続き、中国銀行とともに全国一の高配当を維持した。亀田は、「配当の規制緩和は実現し責め一きわに重きを思う」と強い緊張感を持ちつつ、資本の充実を図り、高い収益力を背景とした高配当を実施して、サウンド・バンキングの名声を維持したのである。

亀田がその他で銀行経営に直接関わることで取り組んだのは、六九年六月開催の支店長会議で三大事業として打ち出された、本店の増築、大阪支店の開設、コンピューターの導入であった。

本店の増築はコンピューターの導入と一部関連していた。本店は元々合併四行のうちの一行であった六十八銀行の奈良支店を利用したものであり、一度増築されたものの、高度成長期における急激な業務の増大によって手狭となっていた。さらに事務処理の本部集中化がこの問題に拍車をかけ、事務処理能力向上のためにコンピューターの導入を行うには、本店の増築か移転しか手がなかった。結果的に隣接した宅地を入手して増築し、一九七一年一月に完成した。また、これとともにコンピューターの導入も順次実施された。

大阪支店は、亀田の誕生日である一九七一年三月一二日に開店した。元々奈良と大阪は経済的な結び付きが強く、地元からも店舗開設の要望は常にあったが、南都銀行の店舗政策は地元中心であった。しかし、高度成長期における経済圏の広域化によって関係がさらに密接となったため、大阪と取引する顧客の利便性向上や預金吸収のために大阪支店の開設を決めたのである。

最後に、亀田がもう一つ取り組んだこととして、養育年金制度と災害補償制度の開始について触れておきたい。亀田が戦後復興期に従業員組合長を兼任していたことは既に述べたが、その経験もあってか、頭取就任後は行員の福利厚生の充実に力を入れた。その表れが一九六九年三月開始の養育年金と、七〇年五月開始の災害補償制度であり、養育年金の導入は全国で二番目の早さであった。養育年金については、「いとけなくて親失いし子ら思い年金制の肚を固めり」と詠んだように、亀田が若くして亡くなった行員の葬儀に参列した際に、遺児の姿が目に焼き付いたことが導入のきっかけとなった。また災害補償制度については、労働基準法上の補償を上回る特別補償の存在が大きな特長であった。「傷負いて立ち居もいまだままならぬ若人の身を夕べ祈りぬ」とあるように、亀田はすべての行員が憂いなく働ける環境作りにも熱心だったのである。

（今城徹）

◉参考文献
『南都銀行50年史』一九八五年。『南都銀行小史』一九八四年。亀田源治郎『一すじの道』亀田ミサヲ、一九七三年。「南都銀行頭取亀田源治郎氏との座談会(1)(2)」（『地方金融史研究』第五号、一九七二年）。

■大阪府

34 近畿相互銀行（近畿大阪銀行）と赤石二郎

激変の無尽・相銀期を指揮した辣腕社長

赤石二郎は、加島銀行入行以後、中小企業と関係の深い金融機関で行員生活を送ってきた人物である。野村銀行時代の上司に請われて、大阪の無尽会社社長となり、戦後の混乱で経営が悪化していた近畿無尽の経営を立て直し、任期中に近畿相互銀行を全国屈指の銀行に育て上げた。また、無尽会社を銀行とすべく相互銀行法の成立に奔走し、業界の地位向上に一役買った人物でもあった。

●普通銀行から無尽会社へ

赤石二郎は一八九二（明治二五）年四月二二日、群馬県前橋市に生まれた。「郷里では中以上の家柄の生まれで」あったと言うように、裕福な家で育った。

一九一九（大正八）年六月に京都帝国大学法学部を卒業し、加島銀行に入行した。しかし、一九二七（昭和二）年の金融恐慌において支店長として、「暴動化直前の顧客大衆に追い詰められた取付けを経験」し、同行が業務整理の一環として行った支店譲渡により、野村銀行（現・りそな銀行）に移籍した。同行で数店舗の支店長を経験したのち、本店で主に人事を担当する秘書課長を務めた。

一九三八年六月、戦時期において個人や中小企業者に少額貸付を行うことを目的に設立された政府系金融機関の庶民金庫の創立メンバーとなり、同金庫の理事となった。四二年四月に、戦争遂行のための資金循環を円滑に行うために制定された金融団体統制令によって各業態別の統制会が組織され、赤石は庶民金庫が無尽会社と市街地信用組合の親銀行であったことから全国無尽会社統制会理事となった。この統制会は四五年六月に市街地信用組合統制会と合併して庶民金融統制会となり、赤石は引き続き理事を務めた。

一九四七年から一年間経済再建委員会委員を務めたのち、四八年八月に近畿無尽株式会社（近畿無尽）の社長に就任した。赤石が社長に就任するまで、同社の社長は頻繁に交代していた。この理由の一つは、四二年に府下無尽会社が合同した際、近畿無尽は住友銀行の資本と役員を受け入れており、同無尽の経営陣となっていたこれら役員が一斉に公職追放となったからであった。

またもう一つの理由は、戦後の労働民主化に対応して組織された労働組合が新経営陣の退陣を度々要求したからである。赤石は野村銀行秘書課長時代の上司であり、当時全国無尽協会長であった松島準吉からの要請により、無尽業務経験のない、実業界から来た会長のサポート役として社長となった。しかし、会長が就任翌年に労働組合からの突き上げによって辞職したため、結果的に名実ともに社長として近畿無尽を指揮することとなったのである。

◉終戦直後の悪化した経営を立て直す

戦時期の無尽会社は、他の金融機関と同じく戦時関連債券保有機関となっており、一九一四（大正三）年制定の無尽業法の規制で預金業務は行えなかったものの、事実上定期預金と同じ貯蓄無尽を取り扱っていた。近畿無尽は無尽契約高で東京の大日本無尽に次ぐ二位で「勢いは大したもの」であり、赤石は庶民金庫理事および無尽統制会理事の立場から、経営内容が良好であることを知っていた。

しかし、一九四六（昭和二一）年一〇月の金融再建整備法で戦時補償打ち切りに伴うバランスシート調整がなされた結果、近畿無尽は資本金全額と多額の封鎖預金を切り捨てても損失を補填できず、政府補償を受けて再出発しなければならなくなった。またこの時期、終戦直後のインフレーション対策として行われた臨時給与支払いなどによる経費の膨張に加えて、封鎖預金解除による預金支払資金を準備する必要があり、近畿無尽は、不足分を大和銀行（旧野村銀行）と大阪銀行（旧住友銀行）から年利一〇・二％の高利で借り入れなければならなかった。この時期の近畿無尽は、「戦争による打撃が大きかったためであろうか、二三年八月、思いもかけぬ私が社長に就任したころの内容は」戦時期の業績とは「相当隔たりのある乱れたもの」となっており、赤字経営が続いていた。

この理由の一つは、戦時期の無尽会社の大合同による急激な業容の拡大であった。近畿無尽の場合、「激しい戦争のあいだ住友の名を傷つけたくないとのために犠牲は覚悟の上で執った方針が、戦後財閥から離れてからはすくなからぬ痛手となって残った」のであり、同業者からも「近畿は動脈硬化」を起こしていると揶揄されるほどであった。

赤石は経営再建のために、すでに実行されていた経費削減策と収益増加策を継続するとともに、主たる営業区域である大阪府内店舗を整備し、大蔵省の営業区域拡張容認の方針のもと、近隣県での支店設置を積極的に実施した。当時の店舗政策を振り返って赤石は、「時期を逸しては新設の許可は得られない」ので、「只管大蔵省に懇請した。他行の大阪進出に対抗するために先ず大阪市内の増設に力を注ぎ、従来合併予定があったためおろそかにしていた京都・神戸、さらには名古屋地方進出など、資金についても行員の質量についても、ムリに押したことも時がくれば解決できると信じていた」と述べている。少し強引であっても営業範囲を拡大し、取引先中小企業を増やし、資金量の拡大することが経営再建に必要不可欠と考えていたのである。

一九四五年一二月から普通預金・定期預金業務を開始したが、主力は無尽契約であり、五一年の相互銀行転換直前まで、契約額・給付額ともに急激に増加した。これは、戦後復興期の金融逼迫の中で普通銀行から資金調達ができない中小企業の資金需要が強かったためであった。また、近畿無尽は契約期間三年および五年の無尽を主力としていたこともあり、長期資金融資も多かった。このほかにも、中小企業における金融難の緩和策の一環として行われた政府資金の預託を受けて、積極的な貸出を実施した。

無尽会社を相互銀行とするべく業法設立のために奔走

一九五五年からの好景気により、金融機関は企業の旺盛な資金需要に対応していったが、中小企業は普通銀行にとって限界的な取引先であり、金融引き締め期には融資の削減や打ち切りの対象となりやすかった。五〇年代、赤石は来阪した大蔵大臣や日銀総裁と行う懇談会において、中小企業専門金融機関代表としてたびたび意見を述べていた。これは相互銀行法成立後であるが、例えば一九五七年春の日銀総裁との懇談会において赤石は、大企業系列下にない中小企業や卸・小売部門の資金難の緩和を要望している。

政府はすでに商工組合中央金庫や国民金融公庫といった政府系中小企業専門金融機関を設立していたが、民間の中小企業専門金融機関の育成に本格的に着手した。この中で、大蔵省は無尽会社について、無尽業法を改正し、無尽会社をより近代的な中小企業専門金融機関にする必要があると考えていた。また無尽業界にとっても、取締法であった無尽業法の抜本的改正と、金融業界や世間での無尽会社の地位の向上は悲願であった。

大蔵省は一九五〇年七月に「相互銀行法案」を作成する
準備を始め、赤石は松島に無尽業界側の代表となってもらうことの承諾を取り付け、松島の活動をサポートした。GHQは抽選や入札で給付が決まる無尽をギャンブルと捉えており、無尽会社が預金を扱う銀行となることに否定的であったため、政府による法案の提出は不可能であった。しかし、無尽業界が猛烈に運動した結果、議員立法によって一九五一年六月に相互銀行法が制定された。

赤石は相互銀行法が「占領行政のころであったから表裏さまざまな苦労があった」中で松島の尽力によって成立したこともあって、相互銀行法にある「銀行」という言葉にこだわりがあり、「この頃、新聞などで「近畿相互」と書かれているのを見る。……五年前「銀行」の名をとるのにどれ程苦労を重ねたか、その苦心を顧ると仮令、呼名であるとしても……縮めていう場合は「近畿相銀」と申して欲しい」と述べている。これは、これまでの無尽と連続する相互掛金業務だけではなく、普通銀行業務も行えるようになったことを強調したいという思いから出た言葉だったのであろう。
■ 赤石 二郎（あかし じろう）略年譜

1892（明治25）4・22 群馬県前橋市に生まれる
1919（大正8）6 第六高等学校から京都帝国大学法学部に進学、卒業
7 加島銀行入行
1929（昭和4）5 加島銀行による野村銀行への営業一部譲渡に伴って同行に移転、梅田・富田林・柏原・古市各支店長、秘書課長を歴任（～41・7）
1938・6 庶民金庫理事（～47・6）
1942・5 全国無尽会社統制会理事
1945・6 庶民金融統制会理事
1947・2 経済再建整備委員会委員（～48・1）
1948・8 近畿無尽社長
1951・10 相互銀行法に基づく商号変更により近畿相互銀行社長
1963・8 取締役会長
1967・5 相談役
1977・3・27 逝去、84歳

近畿相銀の経営を近代化し、業容発展の基盤を固める

相互銀行転換後の近畿相銀の業績は順調に伸びたが、その主力は当初他行以上に力を入れていた相互掛金から預金・貸出に移っていった。預金は転換後普通銀行と同じ業務が行えるようになり、資金量に占める預金の割合も一九五六年以降上昇した。この結果、六〇年から六三年の第一次長期経営計画において、開始当初の行員一人あたり資金量業界第二三位は六二年三月には第九位となった。また、計画自体も三年を待たずに目標値を達成した。

貸付については、転換後に手形貸付と手形割引が可能となって融資業務が拡充した上に、六一年から割賦返済可能な「キンキ・ローン」、六二年から「パブリック・ローン」といった、加入者にとって相互掛金給付よりも借入金利が把握しやすい金融商品を開始した。これらの商品を武器に、大阪を中心に中小企業の旺盛な資金需要に応えていったのである。この結果、融資量に占める貸付の割合は一九五九年に給付金を逆転し、上記の金融商品の登場により、その差はさらに開いていった。

近畿相銀の経営が勢いを増し始めた一九六二年は近畿無尽創立から数えて二〇周年に当たった。翌年、赤石は、二〇周年で積み上げたものを土台としたさらなる発展を期して、地域社会と近畿相銀の発展のために創意と英知を持って常に前進すべしとの「行是」を制定し、八月に取締役会長に退いた。この時、近畿相銀の資金量は当初の業界三四位から五位に成長していた。

会長就任に際して、今後日常の業務からは遠ざかるものの、「最高人事にはタッチさせて欲しい」と表明し、後任を赤石が社長就任の時から苦労を共にしてきた吉澤新作に託した。これは、社長在任の一五年間で築いてきた「内部状勢で気を使うことなく、お互いに話し合って、不平のない公平無私な扱いを喜び合える」環境が今後も続いて行くことを願ってのことだったのである。

（今城徹）

参考文献

『近畿銀行50年史』一九九四年。赤石二郎『追憶』大阪手帖社、一九六八年。後藤新一『無尽・相銀合同の実証的研究』日本金融通信社、一九九四年。

35 紀陽銀行と山口孫一

豪胆と慎重で銀行を率いた実業界出身の頭取

高度成長期に紀陽銀行を率いた山口孫一は、銀行の生え抜きではなく、また、金融業界でのキャリアもない、実業界から飛び込んできた人物であった。しかし、実業界で培った積極性と実行力で、歴史が長いゆえにともすれば慎重すぎる経営を行なってきた紀陽銀行を経済広域化の中で力強く前進させ、和歌山を地盤とし、大阪や他の大都市とも強い関係を持つ銀行に育てた。

●異色の経歴を持つ頭取

山口孫一は一九〇八（明治四一）年四月二七日に和歌山県海草郡山口村（現・和歌山市）にて、山口孫七の長男として生まれた。山口家は代々「銭屋」で知られた素封家であり、酒造業を主な生業としていた。また孫七は、一九三八（昭和一三）年に紀陽銀行の母体となる紀伊貯蓄銀行頭取でもあった。

一九三一年三月に東京農業大学農学部を卒業後、翌年には親戚にあたる上山英一郎が創業した大日本除虫菊株式会社に入社し、三五年から同社の経営陣に参画した。ちなみに、山口は三五年に、技術的な内容の記述も充実した『日本の除虫菊』を出版している。この本は一八九〇（明治二三）年に発刊されて一九三五（昭和一〇）年で第三三版となっていることから、山口が本書を著したわけではないが、一九三四年一月の県農事試験場主催の除虫菊座談会には「技師」として出席していた。

一方、紀陽銀行に非常勤取締役として入行したのは一九四九年一〇月である。山口は五五年三月に山田虎次郎頭取の死去に伴って五代目頭取となるが、この時点ではいまだ大日本除虫菊取締役を兼職しており、銀行専業となったのは五六年からである。山口は頭取となる人物としては珍しく、紀陽銀行の生え抜きではない上に、元々金融業とは縁のない人物だったのである。兼職の上で最初から取締役待遇となった背景には、山口自身が紀陽銀行の最大株主であったことも要因であろうが、高度成長期の同行は異色の経歴を持った頭取の舵取りで経営されたのである。

◉大都市圏に積極的に進出

山口は紀陽銀行の経営について、日本が高度成長の只中にあり、和歌山の経済も第一次産業中心から第二次・第三次産業中心へと産業構造の変化を伴って急拡大していく中で、創業以来掲げてきた堅実経営を維持するだけではさらなる成長は望めず、より積極的な展開が必要だと考えていた。

この一つの表れが大都市への積極的な進出である。山口が開設した大都市支店の第一号は一九五四年一月に開設された大阪支店と言って良いだろう。このとき山口はまだ常務であったが、彼が山田頭取に強く働きかけたことが支店開設につながった。

紀陽銀行の取引先の多くは、和歌山と経済的に密接な関係を持つ大阪で商売をしており、かねてから大阪での円滑な取引のために同支店の設置を要望していた。また紀陽銀行としても、取引先の利便性の向上と同時に、預金獲得が期待できる大阪支店の開設は非常に重要であった。

地方銀行の大阪支店としては一四番目の開設であったから、密接な関係を考慮すると少し遅いぐらいであったと思われるが、当時の経営陣にとって同支店の開設は「清水の舞台から飛び降りるような決断」であった。山田頭取は紀陽銀行が創業以来続けてきた堅実経営を実践していたが、山口は、大都市まずは大阪市内への進出が必要不可欠と判断したのである。

一九五八年から段階的に支店設置の規制が緩和されると、山口は県内店舗網の効率化と拡充を図るとともに、同年四月に東京支店を、六六年四月に名古屋支店を開設した。特に前者については、東京への一極集中が進む中で、大蔵省や日本銀行との円滑な連絡調整や情報収集機能の向上が今まで以上に必要となったからであった。

また一九六四年からは、「北上作戦」と呼ばれた大阪南部への進出が始まり、まず同年七月の堺支店の開設を皮切りに、七〇年までに大阪市内、泉大津、堺市で合わせて四支店が設置された。県内支店網の効率化について山口は、「七五年にわたって地元の方々に親しまれた当行にあっては、単に効率が悪いという理由だけで簡単に配転は行わない」、また、大阪進出については、店舗配転を実施する場合に「和歌山市への配転ではなく、経済の広域化に対処して大阪地区を中心とする広域経済圏に進出」すると述べている。山口は、和歌山県唯一で歴史ある紀陽銀行は、地元顧客の利便性を確保することと、高度成長による経済圏の広域化に積極的に対応することを両立させる必要があると考えていたのである。

●積極的な預金吸収と堅実な融資を実行

山口は「預金増強第一主義」を経営方針に掲げて陣頭指揮をとった。一九五九年年頭に「貯蓄の個人的、国家社会的効用は今更申し述べるまでもなく自明でありますが、この貯蓄につながる預金増強こそ銀行の社会的使命とするところであり、当行自体としても預金の増強なくして発展を期し得ないことは申すまでもありません。……また預金の増強によって地元産業育成資金は充実し、適正堅実なる貸出をより豊富に行い得ることによって、地元銀行たる当行の使命の他の一端を果たし得るものであることは言をまちません」と述べて、預金のさらなる増加が地元企業の成長に寄与し、和歌山経済の活性化に繋がるとの信念を持っていた。

この信念のもとで、山口は預金増強運動を強力に推進した。具体的には、毎年、決算月や預金伸長月であった一一月を預金増加月間と設定して行っていた運動に加えて、創立六〇周年を記念して一九五五年に行った「創業六〇周年

■山口 孫一（やまぐち まごかず）略年譜

1908（明治41）4・27 和歌山県海草郡山口村（現・和歌山市）で生まれる
1931（昭和6）3 東京農業大学農学部卒業
1932 大日本除虫菊入社
1936・1 同社監査役
1940・7 同社取締役
1946・1 同社専務取締役（～52・1、以後～56・3取締役）
1949・10 紀陽銀行取締役（非常勤）に選任
1951・10 同行常務取締役
1955・3 同行取締役頭取
同 和歌山銀行協会会長
5 全国地方銀行協会評議員（のち理事、～67・5）
1958・6 経済団体連合会評議員
1965・8 関西経営者協会常務理事（～68・5）
1966・4 日本経営者団体連盟常任理事（～68・4）
1970・10・31 逝去、62歳

記念貯金運動」や、五〇〇億円預金吸収を目標とした五九年の「皇太子殿下御成婚記念預金増強運動」がある。六一年一一・一二月の「五〇〇億突破預金増強運動」では山口が前面に立ち、自身の署名入り定期預金証書を作成し、また、頭取名の入った勧誘挨拶状の発送や、新規顧客に対する礼状の送付を実施する力の入れようであった。その後も、六四年に一〇〇〇億円突破、六八年に二〇〇〇億円突破を目標とした預金増強運動が行われ、両目標を達成していった。

また、山口は全行員に対して、預金吸収増加を実現するために、紀陽銀行行員としての責任を自覚し、効率的な業務の遂行を徹底することを求めた。これを具体化したものが、一九六〇年から始まった重点活動方針の示達であり、六六年からは特に重要な一項目が経営指針として掲げられるようになった。

一九六六年から七〇年に示された経営指針の中でユニークなものに、六六年の「頭の回転を早く」がある。山口は、このフレーズを最重要項目とした理由を、「めまぐるしいばかりに経済が変転していることに加えて、金融機関の自由競争がますます熾烈化する、こういう中においては、刻々の時点で正しい判断をしていくことが何といっても必要」であり、そのためには「たえず叡智をみがくことが必要」だと考えたからだと述べている。

一方、貸出については創業以来の堅実主義を取り続けた。山口は、「地元銀行は地元産業と共にあり、地元産業と共に栄えることは銀行本来の使命であります。従って、資金の運用もこの方針にそって行うべき社会的責任があ」るとしながらも、「如何なる変動に際しても預金者の信頼に応え得られる様、貸出にあたっては慎重な態度をもって臨むべきは勿論、変転する経済情勢に対応して適切な管理を不断に行うことが尚一層肝要」だと述べ、預金の安全運用に徹する態度を堅持した。この結果、総貸出に占める中小企業向け貸出の割合は一九六〇年の七〇%から、大阪、東京、名古屋といった大企業取引を中心とするエリアへの出店もあって七〇年には五五%に、また総貸出に占める県内貸出の割合も五五年の九一%から七〇年の八〇%にそれぞれ低下した。地盤で積極的に吸収した預金が結果的に大企業や県外企業に流出した側面があったことは否めないであろう。

様々な形で銀行の大衆化を推進

山口は「預金増強第一主義」による積極的な預金吸収とともに、銀行の大衆化を推し進めた。山口は、紀陽銀行の大衆化とは「銀行を支えていただいている顧客に対し、私たちの努力の成果を一人でも多くの人に分かちたい、銀行の持つ便益を社会のすべての人に利用してもらいたい、そして地域社会の発展とともに銀行が栄えること」と考え、その実現のために「われわれ役職員がまず身辺の人たちから、また営業店がその近隣の人たちから幅広くおし進めて大衆に働きかけて行くために、銀行の商品を開発し、サービスの奥行きを深め、前向きに金融を行」う必要があるとした。

具体的な取り組みとしては、多種多様な預金商品開発や営業による積極的な勧誘、PR活動の実施などがある。また、貸出の大衆化として、一九六三年から消費者ローン、六六年から住宅ローン、翌六七年からビジネス・ローンを開始した。紀陽銀行の消費者ローンは、ピアノや自動車、電化製品といった特定企業の特定製品の月賦購入を可能にしたものであり、紀陽銀行の個人向けローン残高は全国地方銀行平均を上回るものであった。

「量」と「質」が伴った成長を求めて

山口は、「量だけの成長は砂上の楼閣にすぎない」とし、「内部の協力体制、内部の大衆化が成ってこそ質的向上もできる。そして、一人一人がコスト意識の堅持と利益の追求に徹し、地元銀行としての大衆銀行とならねばならない。成長は質の向上をともなったもの」であらねばならないと考えていた。山口にとって、預金量を増やし、効率的な経営を行い、地元で信頼される銀行となることこそが「量」と「質」の伴った成長だったのであり、創立七〇年に際してあえて「七〇年の歴史を一擲せよ」と述べたのは、山口自身の考える紀陽銀行の成長の実現に向けた決意表明であったと言える。

山口は遠慮会釈のない人物であり、役員や幹部を歯に衣着せぬ表現で叱責することが常であったが、その反面、叱責した後のフォローを忘れない細やかさも持ち合わせていた。また、古美術に造詣が深く、一九四八年には『古美術鑑賞録』、五〇年には『近世美術鑑賞録』を出版している。これらは共に美術作品の写真を掲載した上で、山口が各作品の特徴などを記したものとなっている。実業界を経験したからこその豪胆さや実行力の高さと、人の機微を敏感に察する鋭い観察眼を併せ持った人物だったのである。

（今城徹）

◎参考文献

『紀陽銀行史』一九七五年。『紀陽銀行100年史』一九九六年。戸川猪佐武『日本の地方銀行』光文社、一九八一年。山口孫一『日本の除虫菊』一九三五年。山口孫一『古美術鑑賞録』河原書店、一九四八年。山口孫一『近世美術鑑賞録』便利堂、一九五〇年。

36 尼崎信用金庫と松尾高一

地域と業界に貢献した「あましんの父」

松尾高一は尼崎信用金庫の創立者であり、高度成長期もその手腕を遺憾なく発揮して同金庫を全国屈指の信用金庫に育てた。加えて、信用金庫業界を代表する人物の一人でもあり、全国や近畿の信用金庫協会の要職に就いて業界に対する信用の向上に注力した。また、地域金融機関の長でありながら、同時に尼崎で様々な公職を歴任し、尼崎の発展を多方面から支えた人物でもあった。

●紆余曲折を経て尼崎信用組合を設立

松尾高一は一八八八（明治二一）年七月五日、岡山県吉野郡小野村（現・岡山県美作市）に生まれた。事業家としての松尾の経歴は、二一歳の時の養蚕組合の結成から始まる。この時期、他の農業県と同じく、岡山でも農家副業として養蚕が振興されていたことから、松尾は蚕種の共同購入と村内での蚕の共同飼育を組合員とともに行い、一年目からその運営を軌道に乗せた。さらに翌年、養蚕事業とその技術指導を行う「松尾勇高館蚕業講習所」を父と共同で開業してさらに養蚕事業を展開しようとしたが、運転資金の不足からこの組織は閉鎖せざるを得なくなった。

松尾はこの後地元村役場の書記となったが、先輩の紹介で後に「大大阪」を作り上げた大阪市長である関一の知遇を得て、大阪市役所で臨時雇いとして働いた。この間、妻の叔父の紹介で、大阪選出の衆議院議員で、大阪市米穀同業組合と大阪信用組合の組合長でもあった、上田彌兵衛の経営する大日本木管株式会社にも勤務した。なお、松尾は信用組合設立に際して上田が運営する組合を参考にしている。

一九二一（大正一〇）年五月、松尾は「産なきものは協力し、産あるものに理解を求め、産あるものは産なきものに協力する」の宣言とともに、上田や関と地元有力者の支援を受けて、尼崎一円を営業区域とする有限責任尼崎信用組合（尼崎信組）を同郷の中江済と設立した。当時は第一次世界大戦後の反動による不景気であった上、二二年末において市内銀行預金一二四六万円・貸出六六四万円・預貸率五三％の数値が示すように、銀行預金の半分は市外で運用されていた。また、市内唯一の本店銀行であった尼崎共立銀行においても、二五年末預金四六七万円・貸出一六三万円・預貸率三五％と状況は支店銀行よりも深刻であった。

この中で、産業組合法における信用組合の中でも、組合員に対して手形割引を含めた貸出が可能な市街地信用組合であった尼崎信組は、銀行を利用できない地場中小企業にとって「小型銀行」として機能する金融機関であった。松尾らの努力もあって組合の経営は創業直後から軌道に乗り、金融恐慌後の一九二八（昭和三）年には預金が一〇〇万円を超え、三六年末には組合員数一五六五名、預金二八四万円・貸出一四二万円と全国でも有数の市街地信用組合に成長した。ただし戦前を通じて、実質的な経営者は松尾であったものの、尼崎市民からの信頼を得るためもあって、組合長には創立に協力した地元有力者が就任し、松尾自身が就くことはなかった。

組合長として戦時・終戦直後の尼崎を支える

一九三一年九月の満州事変勃発後、日本は三〇年から始まった深刻な不況を脱して軍拡を伴った好景気を迎え、尼崎では尼崎製鋼所や中山製鋼所などの進出により、鉄鋼業を中心とした重化学工業化が進み、また、金属・機械関連の中小工業が増加した。さらに三七年七月の日中戦争勃発によって尼崎の工業地帯はより拡大した。

尼崎信組はこの中で既述のように業容を拡大したが、戦時期においては軍需部門への各種資源の集中投入と、一方で不要不急産業とされた民需部門への融資抑制がなされたため、組合員数と預金は増加する一方で貸出は伸び悩み、また、取引先であった中小企業の多くは転廃業を余儀なくされた。この間、一九四三年三月に市街地信用組合法が制定され、これまで農林省の産業組合法のもとにあった市街地信用組合は大蔵省専管の金融機関となったが、尼崎信組も国債消化機関となっていった。

一九四四年四月、前任の小森貞治郎が退任し、松尾が組合長となった。四五年三月から八月にかけて尼崎は一〇回の空襲を受け、被害は市の一三％におよび、市内住宅の一九％が失われ、人口の一四％が被災した。組合も六月の空襲で市内の三支部が焼失し、松尾も自宅を失ったが、預金者への緊急支払いや被災支部の再開などに奔走するなど、役職員は「殉職覚悟の下、連続的な空襲の間を縫い、鬼気迫る焦土の中で活動を続けた」。

終戦後、日本が軍需中心から民需中心に転換する中で、尼崎信組の取引先も経営を再開したが、これらの多くは、経済復興期においても支援が後回しとなった部門に属しており、金融難は引き続き深刻であった。

しかし、市民生活は活気を取り戻しつつあった。終戦直後の市民生活を支えたのが闇市であり、尼崎には三和復興市場と呼ばれた一大闇市が存在していた。闇市ゆえに当時何度も警察からの手入れを受けたが、この闇市の顔役であり、一九六三年から四年間新三和商業協同組合長の肩書きで尼崎商工会議所副会頭も務めた池田清一は当時「その都度、松尾さんにはよくお世話になり、解決にあたってもらった」と回想しており、尼崎信組はこれを商店街とする際に融資を行った。また同時期に、阪神尼崎駅の最寄りである中央商店街の復興についても、松尾は組合からの融資を実施するとともに、日本勧業銀行や復興金融公庫からの融資を引き出すために活動した。

一方、すべての金融機関と同様、尼崎信組は一九四六年一〇月制定の金融機関再建整備法に基づき、戦時期に保有した債券に対する補償の全額打ち切りに対応した大幅なバランスシート調整を余儀なくされた。この結果、組合は資本金に当たる出資金と各種積立金と、預金中四六年制定の金融緊急措置令で保全された一口三〇〇〇円の超過分（第二封鎖預金）の六五％を失うことになった。切り捨てられた預金は確定した損失の五五％であったから、尼崎信組の

■ 松尾　高一（まつお　たかいち）略年譜

1888（明治21）7・5　岡山県吉野郡小野村（現・岡山県美作市）に生まれる
1921（大正10）5　有限責任尼崎信用組合設立
1927（昭和2）3　関西大学専門部経済学科卒業
1935・12　専務理事
1944・5　組合長
1951・10　信用金庫法により尼崎信用金庫に改組、理事長。兵庫県信用金庫協会会長、全国信用金庫協会副会長、全国信用金庫連合会代表理事
1955・6　関西信用金庫相談役（兼任）
1956・7　第一貯蓄信用金庫相談役（兼任）
1965・11　須磨信用金庫理事（兼任）
1973・5・19　逝去、84歳

敗戦は組合員の出資金と預金によって清算されたと言えよう。

尼崎の発展に尽力し、信用金庫業界の重鎮として活躍

一九五一年六月の信用金庫法の制定により、尼崎信組は中小企業専門金融機関として尼崎信用金庫（尼信）に改組した。五五年からの高度成長期における尼崎の急成長に支えられて、同金庫は尼崎の店舗網を充実させるとともに兵庫県の北摂地域にも進出するなど、積極的な経営を展開した。この結果、尼信は五八年に総預金九〇億円を達成して西日本最大の信用金庫となり、また、尼崎市内の金融機関で最大の預金を持つに至った。六一年には尼崎手形交換所に単独加盟して手形の直接交換を実現し、六三年からは、西日本の信用金庫として初めて日本銀行との当座取引を開始するなど、松尾は高度成長期に尼信を地元で最も信用のある中小企業専門金融機関に育てた。

また、この間一九五六年に松尾は大阪市の第一貯蓄信用金庫の救済を実施した。三二年設立の同金庫は大阪市南西部を地盤に展開していたが、乱脈融資が表面化して破綻の危機にあった。しかし、大阪市内の信用金庫が同金庫の救済に消極的であったため、大蔵省近畿財務局が当時近畿地区信用金庫協会会長であった松尾に同金庫の救済を依頼したのである。当時の経緯について、大阪市信用金庫理事長の美波竹次は、第一貯蓄信金の救済について「近信協、大阪府信用金庫協会の役員会でも、いろいろの話が出ました。しかし意見はなかなかまとまりません。……そのとき、近財〔大蔵省近畿財務局――引用者、以下同〕の長谷川丈作〔金融課長〕さんが、尼信にわたりをつけて、それで多分、〔第一貯蓄信金の経営再建に対して〕つっかえ棒が必要じゃないか、支援するということで、尼信さんが資金面にもバックアップする……ということになったわけです」と回想している。

尼崎一円を営業区域とする尼信にとって、大阪市に本店を置く第一貯蓄信金の救済は言わば越権行為であったが、松尾は、「金融機関存立の基底は大衆の信用にあり、その信用をつなぐ大きな要素の一つは運営の衝に当たる人にある」との信念のもとで、第一貯蓄信金の経営陣を退陣させて尼信から役員を派遣し、債権債務の洗い出しを行って経営を再建した。松尾は一九五一年から兵庫県信用金庫協会

会長および全国信用金庫協会副会長といった業界の要職にあり、この救済は信用金庫全体の信用を考えての行動だったと言える。

ただし、松尾は単に業界のことだけを考えてこの救済を行ったわけではなく、尼信の大阪進出の足がかりとも考えていた。一九六〇年に優良取引先の多い東成区に今里支店を開設すると、翌六一年には大蔵省に第一貯蓄信金の吸収合併要望書を提出して積極的に大阪への進出を狙った。この行為に対して異を唱えた大阪府信用金庫協会が近畿信用金庫協会を脱退する騒ぎとなったために、しばらくの間合併は頓挫したが、六五年に近畿財務局は越県合併を認め、尼信は第一貯蓄信金を合併した。この結果、尼信の営業区域は尼崎を中心とする京阪神地区と大阪一円となり、経営がさらに発展することになった。松尾は業界全体の信用維持が尼信への信用向上につながり、これが尼信のさらなる発展に寄与すると考えていたのである。

尼崎の発展に多方面から貢献

松尾は尼信を経営するとともに、一九五五年から尼崎商工会議所会頭を始めとして様々な地域の公職に就き、地元の発展に貢献した。例えば、六三年に尼崎でパチンコ店開業に対する反対運動が起こった際に、当時兵庫県公安委員会委員であった松尾は、周辺環境の悪化を理由とする反対派と、人通りが増えることを理由に開業に賛成する地元商店街の対立を調停し、パチンコ店開設を差し止めた上で、ほぼ完成していた建物を市場にし、そのための資金を尼信から融資するなどした。

また、一九二七年に関西大学専門部経済学科を卒業したことが縁で、六〇年以降同大学監事や評議員や校友会尼崎支部長を務め、六三年には取引先に研修の機会を提供する「経営一日大学」を実施するなど、母校との絆を大切にしていた。松尾は七三年五月一九日に八四歳で亡くなるまで、地元金融機関の理事長として、また地域の顔役として多方面から尼崎の発展に尽くしたのである。

（今城徹）

参考文献

『尼崎信用金庫70年史』一九九二年。金融タイムス社出版事業部・編『和顔愛語の人　松尾高一伝』金融タイムス社、一九七六年。
後藤新一『信組・信金合同の実証的研究』日本金融通信社、一九

九六年。尼崎市役所編『尼崎市勢』第八回（大正一五年七月調査）、一九二六年。尼崎市役所編『尼崎市勢要覧』第一七回（昭和一七年版）一九四三年。尼崎商工会議所ウェブページ https://www.amacci.or.jp/outline/kaitou.html　商工財務研究会編『金融緊急措置令に依る封鎖預金等解説』一九四六年。関西大学ウェブページ http://www.kansai-u.ac.jp/nenshi/people

中国地方

島根県・鳥取県

37 山陰合同銀行と山内信次郎

島根・鳥取両県の地方銀行、その基礎を据える

一九四一（昭和一六）年六月、山内信次郎は、鳥取・島根両県の地元銀行として新設された山陰合同銀行の頭取に就任した。以来、五九年一一月に退任し相談役に就任するまで一八年余の長期にわたって重責を担った。なかでも戦後の再建整備に懸命に取り組み、さらに二県に跨る地方銀行とはどうあるべきか、その原則を打ち立て、山陰合同銀行の基礎を築いた。そのなかで縁も所縁もなかった山内が、いつの間にか、山陰の人となっていくのである。

◉日本銀行から山陰合同銀行へ

戦時期には、日本銀行から頭取を迎え入れる地方銀行は少なくなかった。山内信次郎が山陰合同銀行に入った一九四一年には、山内に前後して七十七銀行頭取に柏木純一（検査部長）、伊豫合同銀行頭取に平山徳雄（参事、前函館支店長）が就任している。柏木や平山が七年程度の在任期間であるのに対して、山内は一八年強と格段に長い。

山内信次郎は、一八八六（明治一九）年四月に現在の愛媛県松山市に生まれた。東京帝国大学を卒業後、日本銀行に入行しバンカーとしての修練が始まった。同行では、国庫局、名古屋支店、広島支店、調査局、営業局、ロンドン代理店監督役付を経て調査役に昇進した。そして調査局、営業局外事部、名古屋支店での勤務ののち、函館支店長を皮切りに熊本支店長、門司支店長、本店に戻り出納局長、文書局長を務め、一九四一年四月に定年退職している。名古屋支店次長時代には、愛知県を中心とする三二年の金融恐慌に直面し、鎮静化に奔走した。

自身の『回顧』によれば、在職中から転出の話は再三あったが、どれも「気乗りがせぬ」ものであった。しかし、山陰合同銀行の話は「大いに気が進んで、よろこんでお受けした」という。地縁もなく、それまで山陰に来たこともない山内の「気が進ん」だ理由の一つは、山陰合同銀行が島根・鳥取「両県一行の銀行であって、いわゆる一県一行主義をもとびこえていた」（山内『回顧』五頁）ことにある

と思われる。当然、全国的な注目を集めていたが、それ以上に、山内自身が一定の経済圏を基盤とする強固で大規模な地方銀行の創出を信条としていたからである。

これはまた、金融協議会、金融統制会の中枢を担った日本銀行の考え方でもあった。難航が予想される山口県、広島県の銀行統合を促す意味も含めて、日本銀行における山陰合同銀行の戦略的位置づけは高かったと考えられる。常務取締役二名を派遣した上に、いわばエース級とも言える山内を頭取に据えた所以であろう。

もっとも新設された山陰合同銀行の経営内容には問題も多かった。日本銀行は、創立開業日における総預金の一〇％強にあたる一五〇〇万円を低利、長期で特別に支援している。山陰合同銀行が優良な銀行に生まれ変わるには一〇年を要する、と山内は言う。したがって山内の「使命の第一は、この一〇ヵ年計画の遂行」（『回顧』三二頁）にあり、山陰合同側からすれば監督者到来という意識はあったであろう。しかしながら、その後の山陰合同銀行の危急を懸命に凌ごうとする山内の背中は、二県一行である山陰合同銀行とはどうあるべきかを自ずと語り、同行の役職員を覚醒させ、また山内自身も山陰という地域社会への愛情を深めていくのである。

銀行統合

新設された山陰合同銀行は、直ちに一九四一（昭和一六）年一〇月、石州銀行（本店は現・浜田市）、および矢上銀行（同、邑南町）を買収し、普通銀行の二県一行を完成させた。これによって預金一億六三〇〇万円、山陰の全ての主要地に店舗を有する銀行となった。この合併における矢上銀行の藤田為雄頭取との預金をめぐるやり取りが興味深い。山内は、藤田から山陰合同銀行の預金が多すぎはしないか、「持て余すことはないのですか」と真剣な質問を受け「ちょっと面食らった」（『回顧』二五頁）と言う。山間の小地域に割拠する小規模銀行の実態に触れた瞬間である。

山陰合同銀行に結集した四行の預金のウェイトを払込資本金との倍率（預金／払込資本金）でみてみよう。同行設立直前の一九四一年上期末でとると、松江銀行一九・四倍、米子銀行一八・四倍、石州銀行一一・五倍、そして矢上銀行が六・七倍である。矢上銀行の預金に対する消極性が目立つ。貸出も難しく証券運用も困難な山間の地域銀行頭取である藤田が「預金も宝の持ち腐れの感」を持っていたのであろうと、山内は述べ、改めて銀行統合は「誤りがない」(『回顧』二五～二六頁)と確信するのである。ちなみに、同期末の中国銀行は三七・九倍、芸備銀行は五六・〇倍である。一九四一年下期末の山陰合同銀行が一三・六倍であるから、まさにこれからという現状であった。

■ 山内　信次郎(やまうち のぶじろう)略年譜

1886(明治19)4　現在の愛媛県松山市で生まれる
1911　東京帝国大学独法科卒業ののち日本銀行入行
　国庫局、名古屋支店、広島支店、調査局、営業局、ロンドン代理店監督役付、調査局、営業局外事部、名古屋支店で勤務
1932(昭和7)8　同行函館支店長
1934・8　同行熊本支店長
1937・3　同行門司支店長
1939・4　同行出納局長
1940・2　同行文書局長
1941・4　同行退職
　6　山陰合同銀行頭取
1959・11　同行相談役
1978・6　逝去、92歳

そこに山内が「死闘の開始」と言う太平洋戦争が始まった。一九四三年九月の鳥取震災と石見水禍への緊急対応、顧客層の拡大に繋がる三菱銀行鳥取支店の譲受、山陰貯蓄銀行の合併が行われ、終戦を迎えた。結果的には大都市のような壊滅的戦禍は免れたものの、やはり傷跡は大きかった。それでも終戦直後の九月には原爆によって廃墟と化した広島に赴き、日本銀行支店や同僚銀行へ見舞いを行っている。

●戦後の再建整備と増資

戦後の再出発は、山内と山陰合同銀行にとっても極めて厳しいものになった。敗戦の混乱、ハイパーインフレの発生と預金封鎖、新円切替え、農地改革による大地主の没落と自作農の創出、等々がほぼ同時に進行するなかで、軍需産業に対する政府補償の打切り(戦時補償打切り)が断行された。その損失処理のため山陰合同銀行も、一九四八年三月、金融機関再建整備法に基づいて資本金の全額、さらに大口預金(第二種封鎖預金)の九五%を切り捨てることになった。これは、全国銀行六八行中最下位グループに属する結果である。この主因は、最終処理期日の直前に八割

切捨となった日本興業銀行債券（興業債券）を、比較的多額に所有していたからであり、これにはさすがの山内も「非常のショックを受けた」（『回顧』一三九頁）と言う。

再建整備を振り返り、山内は次のように回顧している。「皮肉なことに、むしろ満州鉄道社債のような公債並みの優良社債を多額に所有し、また一流会社に貸出しを行っていたような経営堅実な銀行の方が損失が多かった。本行もまたこのグループに属していた」（『回顧』一三八～一三九頁）。預金者と株主に甚大な損害を与えたばかりか、優良銀行を目指して真面目に積み上げてきた成果が雲散霧消したのであり、山内のバンカー人生で決して忘れることができない一齣であった。

再建整備は増資をもって完了する。山陰合同銀行も最終的に三五〇〇万円増資に踏み切った。預金者、株主に「多大の迷惑」をかけた直後であり、この多額な増資が「成功するか否かは、非常な懸念があった」と言う。ところが、結果は募集の倍額となる七〇〇〇万円という巨額が集まった。これによって山陰合同銀行は、最下位グループから一転して全国でも資本金高率の優良銀行に返り咲くのである。困窮化した山内と山陰合同銀行を救ったのは、地域社会であった。これまでの銀行経営の在り方が支持されたのである。山内も「実に感激のきわみ」（以上『回顧』一九一～一九二頁）と書き残しているが、この増資を通じて、おそらく山内と地域社会は真の意味で相互信頼を確認し合ったのであろう。

山陰合同銀行の使命

したがって山内がその背中で示した山陰合同銀行の生き方は、島根県と鳥取県という地域社会における公益と健全優良な経営とを一体的にとらえ、共に増進・向上させていくというものであった。

山内は言う。そもそも山陰合同銀行は、島根・鳥取両県の唯一の銀行になるべく設立された。一九四九年に鳥取貯蓄銀行を改組した鳥取銀行が設立されたが、両県の地元銀行であることに変わりはない。両県経済への貢献を成すことは、山陰合同銀行が優良な銀行であり続けることでもある。高い自己資本比率、強固な社会的信用、有効適切な資金運用、取引先の大部分を占める地元中小企業との取引拡充、これらを通じた地域経済への貢献こそが使命である。

つまり山陰合同銀行は収益にのみ専念する企業体ではなく、同行の伸長が公共の福祉を増進するものでなければならず、両者一体であることが重要なのである（『回顧』二九六〜二九九頁）。

ここには、現在、公正取引委員会が問題視する過度な貸出シェア（地域独占）という視点は、微塵もない。むしろ、地域的独占であるからこそ公益的責務は重く、全力で使命を果たす、という考え方である。日本銀行で育てられた山内が山陰で培った経営観ではあるが、決して特有とは言えない。戦後の一県一行を担った地方銀行経営者に多くみられる考え方であろう。もっとも山内は割拠する矢上銀行の弱点を見抜き、統合の重要性を再認識した。地域社会を重視する山内の経営観は、第三者からすれば、第二の矢上銀行に見えなくもないだろう。また強力な店舗行政とタイトな資金需要という歴史的な条件のもとで成立する経営観と言えなくもないだろう。いずれにせよ、山内がバンカーとしての生涯を賭けた問いかけは、今後の地域金融の在り方に関わる深甚な課題になっていると言えよう。

（佐藤政則）

●参考文献

山内信次郎「通貨と其の調節」（熊本県『農村指導者研究會講演録』経濟更正計畫參考資料 第一六輯、一九三七年）。若槻福義『新島根の群像』島根民報社、一九五七年。地方金融史研究会『続地方銀行史談』第一二集、二〇〇四年。山内信次郎『回顧』山陰合同銀行、一九六八年。『山陰合同銀行史』一九七三年。『山陰合同銀行五十史』一九九二年。

岡山県

38　中国銀行と守分十《ひさし》

自主健全経営を貫く

どの国でも、またいつの時代でも銀行家や金融行政が追求するのは「健全（堅実）経営」である。しかし何をもって健全と見なすかは、国によっても時代によっても異なる。銀行家たちの経営観は、必ずしも一様ではなかったのである。

明治期には、一方で手堅い収益性と健全性を重視する経営観をもったタイプ、例えば、第百銀行の池田謙三などがいた。池田の経営観を学んだ戦後の経営者では、静岡銀行の中山均、百五銀行の雲井憲二郎などがいる。他方で企業プロモートこそ銀行家の使命と考えていたタイプ、例えば、百三十銀行の松本重太郎、北浜銀行の岩下清周などもいた。岩下に憧れて銀行家の道を歩み始めたのが千葉銀行の古荘四郎彦である。明治期に主流視されていたのは後者のプロモートタイプであったが、実際には、ほとんどの銀行家がこの狭間で悩みながら経営に当たっていた。例えば、福井銀行の市橋保治郎もその一人である。地元・福井における変動の激しい絹織物業を発展させねばならず、銀行自身の安全性・信頼性も確保せねばならなかった。

プロモートタイプの経営は、第一次大戦期のブームで頂点に達したが、一九二〇（大正九）年反動恐慌と関東大震災（一九二三年）により大打撃を受けた。二六年に設置された最初の金融制度調査会では、こうした銀行経営のあり方も問題視され、二七年銀行法につながっていく。そして、二七年金融恐慌と三〇年・三一年の昭和恐慌下の金融危機が、プロモートタイプの経営観を最終的に後退させた。ほとんどの銀行経営者が、程度の差はあれ、二つの恐怖症に罹患したからである。一つは常陽銀行の三宅亮一が言う「預金取り付け恐怖症」であり、二つには中国銀行の守分十を典型とする「焦げ付き貸出恐怖症」であった。これらの病状が重ければ重いほど、第二次大戦後から少なくとも一九六〇年代までは、優秀な銀行経営者と見なされたのである。

●不良債権処理との戦い

守分十の五五年におよぶ地銀生活の過半は、この不良債権処理との戦いである。劣弱な資産内容であった中国銀行を、如何にして優良銀行に変えていくか、これに生涯を賭したバンカーであった。

守分が中国銀行第三代頭取に就任したのは、一九四六（昭和二一）年四月二七日である。公職追放に該当した前頭取、公森太郎からのバトンタッチであった。守分は「自主健全経営」という経営方針を掲げた。「自主」とは、銀行の営業資金を外部からの借り入れに頼らず、自らの手で獲得した預金によって充足するということである。また「健全経営」とは、預金のドレッシングや特利の排除、貸出内容の良化、経費の節約、少数精鋭主義、利益による自己資本の充実など、オーソドックスな銀行経営の基本を厳守するものである。守分はこれを生涯貫き通すのであった。

守分の銀行観に大きな影響を与えた最初の出来事が、一九二七年四月の金融恐慌である。姫路倉庫銀行派遣中のことであった。頭取大原孫三郎が、休業した近江銀行の取締役を務めていたことから流言蜚語が飛び交い、第一合同銀行へのすさまじい取り付けが発生した。わずか三日ほどで二六年末総預金の二割近くにあたる一一五〇万円が引き出された。銀行の信用というものがいかに脆いものであるか、そして支払準備を盤石にしておく大切さを思い知らされたのである。

金融恐慌の嵐を日銀借り入れによりなんとか凌いだ第一合同銀行であったが、引き続き深刻化する不況のなかで資産内容が著しく悪化した。岡山県のもう一つの有力銀行、山陽銀行も同様な状態であり、大蔵省は両行に対して強力な合併勧告を行った。木村清四郎や同じく岡山県出身である黒田英雄（前・大蔵次官）の斡旋、岡山県知事や日銀岡山支店長らの勧奨もあり、ついに両行首脳は合併を決意、三〇年一二月、中国銀行が誕生した。大原孫三郎が初代頭取である。

一九三四年から守分の本店勤務が始まった。銀行の心臓部とも言える業務課の課長である。守分の主な仕事は、不良資産の整理であった。そしてここで舐めた苦汁が守分の銀行観に決定的な影響を与えるのである。

自力銷却を選択

地銀界で全国屈指の預金量を有した中国銀行であったが、内容の悪さも全国屈指であった。不良資産は、旧銀行からの持ち越しに加え昭和恐慌下で発生したもの合計一二一〇万円（一九三一年四月末）、これは当時の貸出金の約一六％にのぼった。大蔵省検査においても繰り返し改善が求められていた。他方、収益環境は依然厳しく、合併による合理化も進捗していなかった。大蔵・日銀との折衝を委ねられた守分は、当局から勧められた日銀整理資金借入による不良資産の整理という途を採らず、敢えてより困難な自力銷却という途を選んだ。同じように多額の不良資産を抱えた地銀では前者を選択するものが多かった。中国銀行は異色であった。長期の銷却に耐えうると踏んだからであろう。しかし同時に、日銀資金を借り入れた場合には「経営の自主性」を維持できないと考えたからである。守分にとって「自主」とはそうまでして守るべきものであった。

是は是、非は非

こうして中国銀行にも守分にも辛い日々が始まった。一九三六年からの第一次五カ年計画、四一年からの第二次五カ年計画は、いずれも厳格に実施された。戦時期における収益環境の安定化という助けもあったが、地道な努力が実を結び、計画を一年繰り上げて四四年に完了できた。率先する守分の周囲は決して温かい雰囲気ではなかった。守分は「是は是、非は非をハッキリとし、そのために身辺をきれいにしてどこからでも来いという気持ちであった」（地銀協資料）と同時を回顧している。

守分と中国銀行にとって戦後の再出発も苦難の連続である。最初のハードルは、終戦直後における金融機関の再建整備であった。これは、戦時補償の打ち切りに伴い四六年から四八年にかけて行われたものであり、補償打ち切りの影響を受けない資産、負債のみを新勘定に移して営業を継続し、旧勘定に残したものは整理の対象にしたのである。ここで中国銀行は厳しい現実にぶつかった。

まず旧勘定資産のボリュームが大きく、預金の旧勘定繰入率は六割弱に達した。主要地銀の二〇～四〇％台をはるかに上回る高率であった。また旧勘定資産の内容が悪く、切捨率の高いものが多く含まれていた。なかでも一九四四年二月に合併した岡山合同貯蓄銀行と翌年六月に合併した

■守分 十（もりわけ ひさし）略年譜

1890（明治23）5・10 岡山県浅口郡玉島町（現・倉敷市玉島乙島）の庄屋、守分栄吉の長男として生まれる
1915（大正4）6 京都帝国大学法科大学（現・法学部）卒業
1916・6 郷土の先輩である日本銀行理事・木村清四郎の薦めにより北海道拓殖銀行入行
1921・9 同行退職
1922・6 岡山県の第一合同銀行入行、倉敷支店の支店長代理、のち支店長
1923・10 山陽商業銀行に支配人として派遣され再建に尽力
1926・9 第一合同銀行は山陽商業銀行を合併
1927（昭和2）3 検査部長代理に在職中、姫路倉庫銀行に派遣される
6 第一合同銀行は姫路倉庫銀行を合併
1930・12 第一合同銀行と山陽銀行が合併、中国銀行創立。初代の高松支店長
1934・2 業務課長
1936・7 取締役、業務課長委嘱
1938・7 常務取締役
1939・9 専務取締役
1946・4 中国銀行第三代頭取
1977・1・22 頭取在職中に逝去、86歳

中国信託は、満州帝国公債、満鉄債、その他外地社債、朝鮮所在の土地に運用の重点をおいていた。これが結果的に資産内容の悪化を促進したのである。このため四七年の旧勘定資産評価替えでは多額の評価損が見込まれ、旧勘定資産の評価額が一定基準以上であれば旧勘定預金の一部を新勘定に移管できるとしたいわゆる「中間処理」が実施できなかった。当時の地銀五三行の大部分、四八行がこの処理を行った。「地銀ワースト五」、中国銀行に押された烙印であった。

この間、守分は「週末に上京して大蔵省で新たな指示を受け、日曜、月曜にかけて帰岡、火曜日から木曜日まで不眠不休で書類を作成する。そしてでき上がった書類を持って直ちにその日の夜行列車で上京、土曜日にやっと大蔵省係官の査閲を仰ぐ」（『中國銀行五十年史』四一六頁）という生活を何回となく繰り返している。

●日銀借入金を返済

なんとか旧勘定に目処をつけ最終処理を行い、無事に新旧勘定の合併までこぎ着けたが、他方で資金が逼迫、守分が最も嫌がる日銀借入に頼らざるを得ない状況に追い込ま

れた。一九四八年三月末には約四億円、預金残高比で一二％もの日銀借入となった。地銀では最高額である。これ以上の借り入れは不可能であり、毎日の為替集中決済尻の決済資金にも事欠き、高利の資金繰りが続いた。「資金ニ関スル限リ当行ノ現状ハ全ク行詰ッテ了ッタ」（四八年四月一日付け経理部長、『中國銀行五十年史』四二〇頁）のである。守分は、四八年から四九年にかけて徹底した貸し出しの抑制という非常措置をとり、他方で預金の増強に邁進して日銀借入金の返済を図った。四九年九月末には完済し、これ以降、中国銀行は日銀借入金に全く頼らない銀行となった。

限りある資金を大事に使ってくれるところに融資する、実質預金や預金平均残高の着実な増加に主眼をおき、そして膨大なコールローン残高と厚い積立金をもつ。守分が徹底的に求めた堅実な生き方である。一九六〇年代なかばからは「預金の増加、経費の節約、収益の増加」といういわゆる「三本柱」の経営方針に具現された。こうした成果は七〇年の配当規制緩和の際に現れた。同年度上期の決算において中国銀行の配当可能率は全国銀行中最高となる二六・七九％に達し、経営内容の優位性が明示されたのである。

「一以貫之」が生涯の信条

「自主健全経営」によって確固たる行風が確立した。しかしその陰で様々な問題も堆積していた。例えば、金融機関からの借入以外に資金調達手段のない地元の中小工場主、商店主、個人からすれば、貯蓄性預金を吸収しながら融資は原則的に運転資金だけという「堅実」な姿勢は理解できないものであった。このため中小企業向け融資残高が相当量ありながらも「大企業偏重」との批判が付きまとった。堅い預金の奨励は預金量順位の後退をもたらした。

オンライン化への着手も遅れた。これらへの対応は、第四代頭取の守分勉が取り組むことになる。

一九七〇年代に入ると、中国銀行を含め各地方銀行において重度の恐怖症を基礎とした「健全（堅実）経営」からの脱皮が模索されていく。こうした中で七七年一月二二日、守分は頭取在職中に不帰の人となった。『論語』（里仁編）からとった「一以貫之」、これが生涯の信条である。立て襟シャツに黒の上着と縞のズボンで終生押し通し、この姿がトレードマークでもあった。

（佐藤政則）

●参考文献

守分十作・山陽往来社編『守分十・人・作品』守分十遺作集刊行会、一九七七年。『中國銀行五十年史』一九八三年。地方金融史研究会『続地方銀行史談』第六集、一九九六年。

39 広島銀行と橋本龍一

地銀上位行の地位を確立

廣島銀行は、一九四五（昭和二〇）年四月、広島県内に本店を有する藝備、呉、備南、三次、広島合同貯蓄の五銀行の新立合併によって発足した。同行は、当初藝備銀行と称したが、原爆五周年記念日の五〇年八月六日、平和都市ヒロシマにちなんで、廣島銀行に行名を変更した。なお、廣島銀行は、八八年七月に行名を変更し、現在は広島銀行となっている。

一九四五年の五行新立合併の際にも、「廣島銀行として は」という案が出てはいたが、一九二〇（大正九）年に県下七銀行合併により設立された（旧）藝備銀行が、一時は全国地方銀行一の資金量・資産内容を誇るほどに躍進するなど、同行の知名度・信用が高かったため、当初は、この行名を継承することとなった。橋本龍一は、（旧）藝備銀行以来、藝備銀行、廣島銀行三行の頭取を歴任し、戦前・戦後の広島県下金融の発展に尽力したバンカーであった。

旧藝備銀行第四代頭取に就任

橋本は、一八九三（明治二六）年三月、（旧）藝備銀行初代頭取橋本吉兵衛の長男として広島県御調郡尾道町に生まれた。一九一七年に東京帝国大学法科を卒業後、尾道諸品社長、尾道鉄道常務取締役に就任し、地元経済界の発展に努めていたが、二四年六月、父橋本吉兵衛の頭取辞任に伴い、同行に取締役として入行した。爾来、同行の経営に携わり、昭和初年には愛媛県下三銀行の合併成立に寄与するなど地域金融に貢献し、一九三三年には、塩川三四郎頭取に代わって、同行第四代頭取に就任した。

橋本が頭取に就任したのは、満州事変後の不況のさなか、日本が次第に戦時色を強めていく時期であった。このため、橋本は、頭取就任直後、貸付・預金、経営コスト、行員資質などについて、次のような詳細な方針を提示した。まず、貸付業務については、借り手と資金使途に関する研究、事業の成否への冷静な判断、金利支払い・元本償還の難易、償還期の迅速などを精査し、一項目でも欠ける場合は、担保の有無にかかわらず融資を実施すべきではないとした。また、預金業務については、貸出金利・コール金利の低下に伴って預金金利を引き下げるのは当然としても、地域や他行との均衡に考慮すべきとした。さらに、行員の資質向上に関しては、規律正しく清潔な行員、能率的な行員の育成に対する管理者の責任の重大性を強調した。

この橋本の方針提起により、同行の預金は、頭取就任直前一九三二年三月の八一三八万円から三四年には一億円、三九年には二億円を突破し、四五年四月には一〇億円を超えるまでになった。(旧)藝備銀行創立一五周年の三五年末の主要勘定を見ると、同行は、全国地方銀行中、預金第三位、貸出第六位、有価証券第一位、当期利益および配当金第一位を占めている。店舗網も、三二年から四五年の間に、三支店を廃止し、新たに一七支店を設置するなど、資金の効率的運用と業績の向上に配慮した店舗展開を積極的に推進した。

懇請され尾道市長に就任

なお、この間、橋本は、一九四二年九月から四五年五月まで、尾道市長に就いた。これは、当時、尾道市会が、「党派的対立ヲコトトシ、コトニ市長選挙ニアタリテハ、自派ニ有利ナル市長ヲ擁立セントスルコトノミヲ企図」し(四二年五月、内務大臣による市会解散命令)、その過程で市長・助役がともに欠員となるという大混乱状況にあり、この収拾のための窮余の策として、橋本の市長就任が懇請されたためであった。橋本は、藝備銀行頭取として県下金融に責任を負っているとして固辞したが、「夜半に至るまでの膝詰め談判と懇請の結果」(『尾道市史』)やむをえず市長就任を承諾したことによる。

太平洋戦争の末期、一九四四年一二月、冒頭に述べたように、県下五行の合併が決まった。「時勢ノ進運ニ応ジ政府ノ方針ニ則リ強力ナル地方銀行ヲ新立シ以テ国家並ニ地方経済界ノ発展ニ寄与セン」というのがその理由で、五銀行の合併により、広島県内銀行は藝備銀行一行となった。新銀行の職員数は一九九五、本支店一五四、本店は広島市の(旧)藝備銀行本店が充てられた。

原爆投下二日後に営業再開

発足直後の同行を襲ったのは、一九四五年八月六日の原爆投下であった。原爆投下は、広島市人口三五万人の三分の一を死亡させるという大被災をもたらしたが、同行も、当時の広島市内本支店勤務者四五〇名中一四四名の死亡、三三名の重傷、本店はじめ八カ店が全焼、三カ店半焼という大打撃を受けた。八月六日に、本店に集まることができた者は、伊藤豊副頭取以下数名に過ぎなかった。伊藤副頭取は「このような緊急事態のときにこそ、金融機関の使命に徹し、被災者の要望に応じることが急務」と判断し、日銀広島支店を訪ね、焼け残った日銀の一部を借用して営業を開始することの了解を得た。

こうして原爆投下二日後の八月八日午前一〇時、同行は早くも営業を再開した。当日、日銀内の仮営業所に集まったものは橋本頭取以下二五名、それぞれ家を焼かれ、本人自身も負傷しているにも関わらず、私事をなげうって業務に駆けつけた。橋本も、尾道市の自宅から超満員の列車に乗り、途中からは鉄道が不通となっていたので徒歩で日銀広島支店にたどりついた。

開店後の業務は、原則として貸付、為替、預金の受け入れを停止し、普通預金の支払い、火災保険の支払代行事務のみとなった。二日目の九日から来店客は増え始め、一三日の月曜日からは来店客が殺到した。そのほとんどは無印鑑・無通帳扱いの払い出しであったが、拇印と念書のみで払戻請求に応じた。余熱の冷めた八月二三日に金庫の開扉を行ったが、極度の混乱のさなかにも関わらず、払戻請求の大部分は正確で、この緊急措置によって、銀行と預金者の相互信頼は大きく高まった。

（新）藝備銀行設立後の第一期決算（四五年九月）は、原爆、終戦、風水害という困難にも関わらず、預金一五億七四〇〇万円、貸出二億九五〇〇万円、有価証券九億六八〇〇万円と順調なスタートとなった。全国地方銀行中第五位（預金）での出発であった。また、同行は、戦後、全国地方銀行協会の再建にも尽力した。三六年に発足した全国地方銀行協会は戦時金融統制の進展の中で消滅していた。四六年六月、この再建を目指し、同行他九行の協議で「地方銀行懇談会十三日会」が発足したが、同行の伊藤副頭取は発起人の一人となった。伊藤は、四九年七月から五一年五月までの同会会長を務めた。その期間中の五〇年三月、同会は、社団法人の認可を受け「地方銀行協会」（翌年五月、全国地方銀行協会に改称）となった。

被災した本店を修復

原爆により外観のみを残し、内部が全焼した本店の修復は、一九四五年九月一日から始められた。清掃作業、応急修理を経て、本店部が仕事を開始したのが九月二〇日、日銀広島支店の仮営業所から復帰したのが一〇月九日のことであった。その後、四八年二月から全面改修に取り掛かり、

橋本　龍一（はしもと　りゅういち）略年譜

1893（明治26）3・13　藝備銀行初代頭取橋本吉兵衛の長男として広島県御調郡尾道町に生まれる
1917（大正6）7　東京帝国大学法科卒業
1920・7　尾道諸品（株）監査役
1922・7　尾道銀行監査役
　10　尾道諸品（株）取締役社長
1924・6　藝備銀行入行、取締役
1930（昭和5）10　備南銀行監査役
1933・1　藝備銀行、第四代頭取
1942・9　尾道市長（〜45・5）
1945・5　（新）藝備銀行発足、初代頭取
1950・8　行名を廣島銀行に変更
1968・3　頭取辞任、代表取締役会長
　3・30　逝去、75歳

まず本店横に仮営業所を建築、次いで本館改修工事と改修を進めたが、改修工事の完工は五一年六月となり三年以上を要した。総工費は八三〇〇万円余、同行の年間利益はおよそ一億三〇〇〇万円（五〇年中）であったから、相当大規模の復旧工事となった。

この本店建物は収容人員二〇〇名程度を想定したものであったため、高度経済成長に突入して業務が拡大するとともに、次第に支障が生じるようになった。一九五九年には、本店職員は三七〇名に達していた。こうして六〇年には、専務取締役の下に本店建築本部を設置し、増改築案の検討が始まった。大蔵省の抑制方針もあって、増改築案は二転三転したが、六二年には増改築ではなく、新築する方針が確定し、大蔵省からの承認も得られた。六二年一一月起工式が行われ、その後、二年余の期間をかけて、六五年二月には、地上八階地下二階、総面積六二〇〇坪の新本店が竣工した。

大阪、東京、神戸支店を開設

橋本は、戦後復興期、高度成長前期にかけて、先頭に立って、同行業務の拡張と近代化に邁進した。上記の本店

修復に始まり、店舗網の整備も慎重かつ積極的に進め、一九五七年五月には大阪支店、五九年四月には東京支店、六四年二月には神戸支店をそれぞれ開店するとともに、広島市内支店の拡充も推進した。また、広島県産業構造の変化に対応した融資体制をとるべく機構改革を連続的に進め、審査機能の充実、業務企画部門の新設、本部組織の拡充、営業体制の整備などを行った。さらに、高度成長期に入ると、銀行の大衆化に応じた新種預金の開発にも努め、五七年から六三年にかけて、クーポン積立、リレー定期、海外旅行預金など一一種類の新種預金を提供した。加えて、六〇年には外為公認銀行の認可を受け、国際業務にも進出を果たした。高度成長が進展する中で、広島県の産業構造が、製造業のなかでも重化学工業主体へと移行したことが、こうした一連の改革の追い風となった。県内産業の急成長によって資金需要は旺盛となり、東洋工業や日本鋼管の発展とともに簇生した関連下請企業への融資に、同行は積極的に対応した。地元企業優先の融資姿勢は、六二年度下期からの「別枠融資制度」、「貸出先判定表」の創設など、一貫して強化され、これがこの時期の同行の躍進を支えたのであった。

こうして一九六〇年代には、同行は、地銀六四行中預金順位四位という地位に達し、行員一人当たりの預金量も、地銀上位一〇行の平均を大きく上回るようになった。廣島銀行のこのような地位を確立するのに中心的役割を果たしたのが、橋本だったのである。こうした重責を橋本は担い続けたが、六八年一月下旬、ついに病魔に襲われ、入院となった。このため三月七日の取締役会において頭取辞任が了承され、橋本は取締役会長に就任した。しかし、療養の甲斐なく、同年三月三〇日に逝去した。七五歳、頭取在籍三五年の長きを務めての逝去であった。

（伊藤正直）

◎参考文献

廣島銀行『創業百年史』一九七九年。廣島銀行『10年の歩み』一九五五年。田辺良平『広島の金融復興記』近代文藝社、一九九〇年。『新修　尾道市史』尾道市、一九八〇年。

40 広島相互銀行（もみじ銀行）と森本亨

ガラス張りでオープンな行風を築く

広島相互銀行は、一九五一（昭和二六）年一〇月、同年の相互銀行法の制定を契機に、広島無尽株式会社を前身として誕生し、以後、八九年の普通銀行転換によって広島総合銀行になるまで、県下第一の相互銀行として活動した。森本亨は、広島相互銀行の発足から八七年の逝去に至るまで、社長、会長として経営のトップに立ち続け、また、六七年五月から六九年五月まで、全国相互銀行協会会長を務めるなど、業界の発展にも尽力した。

●悲痛と混迷のどん底から立ち上がる

森本亨は、一八九五（明治二八）年一〇月、広島県高田郡有保村に榎並兼次郎の三男として生まれた。親類の森本家に子供がなかったので、迎えられて森本是一郎の養子となり、一九一九（大正八）年、早稲田大学を卒業した。卒業後数年は、是一郎が設立した森本実科女学校の経営に携わったが、二三年、父・是一郎はじめ親類縁者を説き歩いて、広島無尽株式会社を設立、支配人として実際の仕事を取り仕切った。公称資本金五万円でのスタートであった。

以後、昭和恐慌、戦時金融統制による無尽各社の合併、原爆による本支店の壊滅、枕崎台風による打撃、戦後インフレと新旧勘定分離による再建整備、戦中戦後を通して、森本は、支配人、専務、社長として、同社の経営に尽力した。

終戦前後の時期は、とくに困難が大きかったようで、森本は、当時を次のように回顧している。「くる日もくる日も整理に没頭したが、そのころになって、とても円満に解決する見通しはつかないと思うようになった。もちろん、その原因が直接自分にあるわけではないにしても、なにか掛金者に対して申しわけのないような気持がするので、整理が一段落したら、私は業界を退こうと考えるようになった。……ところが、月日は忘れたが、当時の全国無尽協会の理事長であった松島準吉氏が広島に来られて、「きみをのぞいて、だれが広島の無尽業を再建するか。ぜひ奮起しなくてはいけない」という熱心な勧告をうけた。そのほか、たくさんの先輩からも種々親切なことばをもらって、心機一転、悲痛と昏迷のどん底から立ち上がって、再建を決意して精進した」。

大企業への大口融資は邪道

このように、広島無尽は、森本の奮闘によって戦後の混乱期を乗り切ったが、一九五一年六月の相互銀行法の公布施行に伴い、同年一〇月相互銀行に転換、広島相互銀行として再出発することになった。この時、正式に申請書を提出して無尽会社からの第一次転換をみた相互銀行は、同行を含んで全国五八行であった。

同行発足時点の営業概況は、資本金六〇〇〇万円、資金量一八億九〇〇〇万円、融資量一九億八〇〇〇万円、店舗数一九、従業員五〇〇名であった。発足時、森本は、新しい相互銀行の理念と抱負を次のように述べた。「私は「相互銀行は従来の無尽会社であってはならないと同時に普通銀行化してはいけない」と考えている。いうまでもなく、従来の無尽組織は便利な仕組みではあっても、遺憾ながら今日の経済状態にはマッチしない点が多い。……また、相互銀行は、国民大衆のために金融の円滑を図り、その貯蓄の増強に資する制度であるが、とくに融資の面においては、中小金融の専門機関としての特殊性を明確にしなければならないのであって、もし仮に零細な掛金・預金を集めて、それを大企業に大口に融資するようなことがあったならば、それは相互銀行の経営においては邪道といわなければならない」。

無尽時代の歩合給制度などを漸次廃止

発足後の業務は順調で、発足五年後の一九五六年には、資金量一〇〇億（掛金五九億円、預金四五億円）を達成、全国相互銀行中第七位の地位を確保した。無尽時代に中心であった掛金の比重も徐々に低下し、五八年には預金が掛金を上回った。融資の柱も、当初の掛金業務による給付金から、手形貸付に移った。融資先は、卸・小売業が首位を占めていたが、徐々に製造業の比率も高まった。こうした業務内容の転換に伴い、人事制度の改正も行われ、無尽時代の歩合給制度、外勤職員制度を漸次廃止し、定時採用、月給制の採用、職制の整備、行員研修の実施などを、早期に実施した。

高度成長期に入ってからも業務は順調に進展し、六三年には資金量五〇〇億円、六七年には資金量一〇〇〇億円を達成した。また、六二年の全国総合開発計画の策定後、六四年には中国地方開発促進計画が閣議決定され、広島市が大規模地方開発都市に指定されるなど、地域開発と工業開発が急速に進展したこともあって、融資量も六五年に五〇〇億円、六九年には一〇〇〇億円を突破し、六〇年代半ばには、製造業向け融資が、卸・小売業向け融資を上回るまでになった。また、六〇年には新本店を広島市山口町に新築、店舗網も、六二年までは大蔵省が店舗増設を積極的に認可する方針をとったため、六二年に四四店舗、七二年には六〇店舗へと増大した。

●「地域社会の繁栄に奉仕する」

この間、森本は、一九五九年に、五カ年の長期経営計画を策定、実質資金量の増強、経常収支率の改善、店舗網の整備、行員の効率的配置、教育訓練の強化など、業務全般にわたる種々の施策を打ち出した。同時に、同年末には、「もっとも内容のすぐれた相互銀行、もっとも行風のうるわしい相互銀行、もっとも待遇のすぐれた相互銀行」を、同行の目標として掲げた。この目標は、六七年には、「地域社会の繁栄に奉仕する」という行是、「①ガラス張り経営、②相互信頼、③少数精鋭、④率先垂範、⑤伝統重視」の五本柱による全員経営という方針とあわせ、同行の経営理念とされた。

■森本　亨（もりもと　とおる）略年譜

1895（明治28）10・21　広島県高田郡有保村字保垣に生まれる
1919（大正8）3　早稲田大学法学部卒業
　　4　森本実科女学校経営
1923・11　広島無尽創設、支配人
1931（昭和6）1　同　取締役
1941・4　同　専務取締役
1949・9　同　取締役社長
1951・10　広島相互銀行へ転換、取締役社長
1958・12　広島商工会議所会頭（～62・12）
1967・5　全国相互銀行協会会長（～69・5）
1971・4　広島相互銀行取締役会長
1979・3　広島日伯協会会長（～84・5）
1980・4　広島市名誉市民
1987・1　広島相互銀行　取締役会長辞任
　　1・25　逝去、91歳

数珠のような円形組織が理想

森本は、自らの経営理念について、「日本とアメリカとはその歴史と文化の背景が違うのだから、人の管理方式は違って当たり前である」、「ピラミッド型の組織ではなく、数珠のような円形組織が理想である」、「よい待遇がたていととして、美しい行風がよこいととして織りこまれて、はじめてほんとうの幸福がつかめる」、「相互信頼を前提とすれば出勤簿は要らない」、「人を管理するものは率先垂範でなくてはならない」、「組合はなくてすめばないほうがいい」といった内容を、たびたび語った（『折りにふれて』）。どちらかといえば古いタイプの経営者、保守主義者という森本のイメージを、ここから導き出すのは容易である。しかし、森本の特質は、これと「ガラス張りの経営」とを結びつけたことである。「経理はもちろん経営の公開を徹底的に行なう」、「働く人たちに、ここまでは知らせるが、ここから先はもう知らされないというようなことをなくする」。高度成長期の同行のオープンな行風は、ここから生まれたといえる。

地元のスポーツ、芸術の振興、国際化に尽力

森本の活動は、行外にも広がった。一九五八年に広島商工会議所会頭に推されたのをはじめ、六四年には広島県教育委員会委員長、六七年には全国相互銀行協会会長に選ばれるなど、数多くの公職につき、実弟の榎並専務が経営を補佐した。ところが、後継者と目していた榎並専務が六八年末突然死去した。森本の打撃は大きかったが、日銀から広島支店長、発券局長を歴任した篠原康次郎を迎え、七一年、森本は会長職に退き、篠原が社長に就任した。こうして長期にわたって、森本会長、篠原社長の体制が続いた。森本は、社長退任後も、広島県精神薄弱者育成会会長、広島市社会福祉協議会会長、広島市民球場運営委員会委員長、広島交響楽協会会長、広島日伯協会会長など、幅広い社会的活動を続けたが、八七年一月二五日逝去した。九一歳であった。

森本逝去後の一九八九年二月、広島相互銀行は、普通銀行に転換し広島総合銀行となった。前年六月の金融制度調査会において、金融の効率化および金融秩序の維持、中小企業金融への配慮、普通銀行業務の的確な遂行を前提とし

て、普通銀行への転換を認めていく方向が示されたことへの対応で、相互銀行中五二行が、この時、一斉に普銀転換を実現した。次いで、二〇〇一年九月には、せとうち銀行(旧呉相互銀行)とともに、もみじホールディングスを設立、二〇〇四年五月には、両行が合併してもみじ銀行となった。さらに、二〇〇五年三月には、二〇〇六年度を目処に山口銀行と経営統合し、山口銀行を筆頭株主とする金融持株会社を設立することが発表され、二〇〇六年一〇月に山口フィナンシャルグループが設立された。翌二〇〇七年四月、もみじホールディングスはもみじ銀行を存続会社とする吸収合併方式により、合併し解散した。バブル崩壊後の、金融激動を見ることなく世を去ったのは、森本にとっては、ある意味で幸せだったかもしれない。

なお、森本亨の次男森本弘道ももみじ銀行頭取を務め、第二地方銀行協会会長(二〇〇二年五月から一年間)を歴任した。親子二代にわたって全国協会長を務めたことになる。

(伊藤正直)

●参考文献

『広島相互銀行史』一九七三年。『広島総合銀行七十年史』一九九三年。森本亨『無盡の話』一九五〇年。森本亨『折りにふれて』広島相互銀行創業六十周年広報部会、一九八二年。全国相互銀行協会『相互銀行史』一九七一年。

41 山口銀行と布浦眞作

健全なる積極進取

山口銀行の布浦眞作は、同時代における地方銀行の役員たちからモデルの一人と見られていた経営者である。布浦は、一八九五（明治二八）年山口県熊毛郡曽根村（現・山口県平生町）に生まれ、慶応義塾大学を卒業後、一九一九（大正八）年に大阪の山口銀行（一九三三年合併により三和銀行）に入行した。同行神戸支店在勤中に一九二七年金融恐慌を体験する。

山口銀行の基礎固めと発展に全身全霊を打ち込む

一九二六（昭和元）年末に一四一七行を数えた普通銀行は、四五年末には六五行になった。昭和初期の金融恐慌と昭和恐慌、二七年銀行法による無資格銀行整理、戦時下の銀行統合など、激動と淘汰の時代であった。しかし第二次大戦後は、五〇年代半ば頃から極めて安定した状況が八〇年代まで続いた。戦後の安定した時代を正常視すべきなのか、それとも戦前の不安定な時代こそ正常視すべきなのか、歴史が問いかけていると言えよう。

一つだけ確かなことは、主に明治後半生まれの人々が、不安定な淘汰の時代を生き抜いた結果として戦後の安定した時代を経営的、行政的、制度的に造った、ということである。戦前に銀行観を形成させ戦後の経営を担った人々が、不安定な時代を踏まえ安定した時代をどのように築こうとしたのかを知ることが重要であろう。われわれの未来を測るうえで示唆に富むものだからである。

布浦は、三和銀行支店長等を歴任して一九四三年には山口県の有力銀行である百十銀行に入行し常務取締役に就任した。当時、同行は三和銀行の系列銀行であった。銀行統合が遅れていた山口県では百十銀行を軸とする県下一行化の動きが急ピッチで進行していたが、厄介な障碍も抱えていた。布浦の仕事は、この統合を円滑に進めることであった。最大の懸案になっていた長周銀行の整理にメドがつき、四四年三月に百十、宇部、華浦、大島、船城の五つの銀行が合併、山口銀行が誕生した。布浦も常務として初代頭取弘津次郎を補佐した。そして四九年三月には弘津頭取の突然の退任により二代頭取に就任し、山口銀行の基礎固めと発展に、文字通り、全身全霊を打ち込むのである。

父親の生き様に影響され歴史的視点を大事にする

布浦は、自らと銀行の公共的使命を強く意識していた経営者である。その根底には、父親、布浦作平の生き様があった。作平は、熊毛郡郡会議員、曽根村村会議員などを務めた人望篤い地方政治家であり、地域の負託に精一杯応え清廉な生涯を送った。眞作をはじめ四人兄弟とも父親の膝にのぼったことがなかったが、深い愛情を十分に感じたという。早くに長男を亡くした作平は、布浦家の後継者としての眞作に「実業をもって世に尽くす」ことを望んだ。慶応義塾大学に進学したのも作平が福澤諭吉の『学問のすゝめ』に感奮したからである。また吉田松陰を崇敬する作平は、松陰の命日に毎年「松陰祭」を催し清談と清宴を亡くなるまで続けた。眞作が歴史的視点を大事にしたのも作平の影響であった。

金融恐慌を体験 その後の経営に生かす

一九二七年金融恐慌や三〇年代初頭の昭和恐慌を実際に経験した世代は、優れたバンカーであればあるほど「取り付け恐怖症」と「貸出焦付き恐怖症」に罹患した。布浦もそうした一人である。布浦は高度成長期に至っても、支店長会議等において二七年金融恐慌を繰り返し語り、注意を喚起していた。当時、頭取室（のちに総務部）に勤務していた田中耕三（後の頭取）は、その模様を次のように語っている。「四月と一〇月の支店長会議、あるいは支店長会議以外に主要な支店長の会議が年に三回か四回あったんですが、その時に話されるのが要するに昭和恐慌、金融恐慌のこと、短い時でも三〇分、長ければ一時間半ぐらい話されたでしょうね。そこで毎回、「銀行は潰れないと言うけれども、株式会社は潰れるということがあるだろう」ということから始まって話される。主要な支店長会議の時に経理部長がお近くにおられましたら、「経理部長、今取付け騒ぎが起こったら資金対策は大丈夫かね」って聞かれるわけです。最初は考えてもいないものだから、びっくり仰天して回答になりませんよ。だけど「今は現金の保有率を下げなくてはいかんから、営業店はどんどん本店なり日本銀行に現金をもっていっているけれども、大丈夫かね」ということを言われた」（『続地方銀行史談』第一三集、一〇一頁）。

銀行は、株主と預金者という二様の債務者によって構成され、同時に証券保有や貸出を通じて広範な企業の債権者でもある。地域的シェアの高い地方銀行の場合は、地域経済に与える影響も大きく、いわば倒産が許されない事業である。布浦は言う。「山口銀行は百六十万山口県民の台所を預かっている。県民のほとんど全部に山口銀行は繋がりをもっています。当行が一つ間違えば、山口県はもとより日本の経済社会にまで大きい迷惑をかけることになります。」（『読史夜話』其八、八五頁、一九六四年訓話）銀行は倒産しないと思い込んではいけない、そうならないために「当行が普段から非常に質素倹約を心がけ、たえず内部留保を積み上げ細心の注意を払って経営している」（『百万一心』其二、八七頁、一九七七年訓話）。

最悪の事態を想定して臆病なほどに堅くいく健全経営は、罹患した布浦にとって当然の生き方であった。しかし、それで終始しなかったところに布浦の魅力がある。「堅いということ、これは何もしないことではありません。消極的ということでもない」「その時宜に適した策を採っていくことが堅いということです」「健全という字がつく以上は積極進取であるべきが当然であります」（『百万一心』〔其二〕二三〇～二三二頁、一九七一年挨拶）。

創立一五周年を機に質・量の並進打ち出す

布浦が、業容の健全性と拡張を一元的にとらえる考え方、いわゆる「健全なる積極進取」を明示し始めるのは、創立一五周年を迎える一九五九年の新年祝賀式での挨拶からである（『山口銀行史』三二一頁）。「今このあたりで一つの転換期が来たといい得るのではないかと思います。今迄と同じ様な手で行くことにはもう限度があります」、「内容がいかに優秀でありましてもやはり量の問題があります。預金数字が更にこの上大きくなるという事がやはり一つの力でありますから、今後の努力は自然その方向へ向けられなければなりません。質が良いということになれば量を多くするということがこれからの課題であります」（『百万一心』〔其二〕七頁、一二頁、一九五九年挨拶）。

もっとも「積極進取」を同行で早期に主張したのは常務の小島豊大（のちに専務、副頭取）であった（『続地方銀行史談』第一三集、一〇一頁）。小島は、三和銀行から布浦が個別に求めた人材の一人である。

とくに山口銀行には積極進取の気風が必要であった。創設以前からの雰囲気を知る布浦からすると「どうも皆萎縮退嬰とまでは行かないまでも、自分の知らないこと、わからないことには手を出そうとしない。上から下までこういう消極的気分が多い。知らないことには手を出さぬ、つまり現状維持ということだが、現状維持は堅いということで決してない」（『百万一心』（其二）三五七頁、一九六七年訓話）、戦前タイプの堅実・健全経営がもたらした一つの帰結に対して意識改革が必要であった。山口銀行も良くなっているが、同行以上に他行もドンドン伸びていたからである。

のちに布浦は言う。「消極退嬰で県内だけに閉じこもっていたら、今頃どんな銀行になっていたか。恐らく県内の大企業の取引きすら保ち得たかどうか、それもわからないと思います」（『百万一心』其四、二六四頁、一九七二年訓話）。戦前タイプの堅実・健全経営にどのようにして高度成長期タイプの拡張をバランスするか、山口銀行の固有の条件を考慮して行き着いたところが「健全なる積極進取」の経営であった。

■ 布浦　眞作（ふうら　しんさく）略年譜

- **1895**（明治28）**4・17**　山口県熊毛郡曽根村に布浦作平、モトの次男として生まれる
- **1919**（大正8）**3**　慶応義塾大学部理財科卒業
- **4**　山口銀行（大阪）入行
- **1933**（昭和8）**12**　山口銀行、三十四銀行、鴻池銀行が合併し三和銀行となり、同行入行
- **1937**　寺田町支店長、のち西支店長、京橋支店長を歴任
- **1943・7**　百十銀行入行、常務取締役
- **1944・3**　百十銀行が長周銀行を買収。百十銀行、宇部銀行、華浦銀行、大島銀行、船城銀行が合併し山口銀行創立、同行常務取締役
- **1949・3**　代表取締役頭取
- **1969・5**　全国地方銀行協会副会長（～75・5）
- **1974・5**　代表取締役会長
- **1980・6**　取締役相談役
- **1985・2・27**　逝去、89歳

●経営環境を流動的に眺める柔軟な発想

戦後の銀行経営が安定していたことには、制度的、行政的側面も強い。しかし「もしも政府のこのような監督方法が改められ、もう自由勝手にやってもよいと言われた時に、

はたしてよい知恵が出るかどうか。私の心配するのはこの点であり、長い間銀行法その他の監督によってきちんと縛られ、一つの型にはまった営業を続けて来ていますので、自由な思考が出来る人がたくさんいるかどうかということです」（『百万一心』其四、二四頁、一九六一年訓話）。

経営環境を固定的にとらえず流動的に眺める、という布浦の柔軟な発想は、内外の史書を基礎に戦前戦後を通じて見てきた盛衰から生まれていた。布浦からすれば、戦後の精緻な銀行規制も永続的なものではなかったのである。

（佐藤政則）

参考文献

布浦眞作『読史夜話』第一～八巻、山口銀行、一九五四～六五年。布浦眞作『地方銀行の経営』全国地方銀行協会、一九六六年。日本銀行金融研究所『日本金融史資料　昭和続編　付録』第四巻、一九八八年。佐藤政則「合同政策と三和系地方銀行」（伊牟田敏充編『戦時体制下の金融構造』日本評論社、一九九一年）。山口銀行『百万一心』（布浦眞作講話・訓話集）（其一）、其二～其五、一九九四～二〇〇三年。『山口銀行史』一九九九年。地方金融史研究会『日本地方金融史』日本経済新聞社、二〇〇三年。伊牟田敏充「布浦眞作氏の経営理念」（地方金融史研究会、二〇〇三年一一月報告）。地方金融史研究会『続地方銀行史談』第一三集、二〇〇五年。

四国地方

42 阿波銀行と三木寛治

「堅実」経営とともに

徳島に本店を置く阿波銀行のルーツは、一八九六（明治二九）年設立の阿波商業銀行である（一九六四（昭和三九）年に阿波商業銀行より現在の阿波銀行へ商号改称）。同行は、一八九〇年の金融恐慌で破綻した久次米銀行関西部を引き継ぎ、美馬儀一郎・西野嘉右衛門ら阿波の豪商を中心に設立されたブリッジ・バンクの阿波銀行を改組して設立された。久次米銀行の破綻は、破綻処理に奔走した阿波の豪商たちの銀行経営観に大きな影響を及ぼした。一八九二年に阿波銀行が設立された際には「堅実」が行是として掲げられた。「堅実」経営の理念は、阿波の豪商たちに広く共有されたものであり、その後の阿波商業銀行にも引き継がれていく。

●阿波の豪商と「堅実」経営

創業から第二次世界大戦前までの阿波商業銀行の頭取は、途中の一〇年ほどをのぞいて、筆頭株主である美馬儀一郎家が三代にわたってつとめてきた。美馬家をはじめ取締役に名を連ねた阿波の豪商たちは、それぞれ阿波藍や綿糸布の製造・販売などの本業の経営に携わる必要があった。阿波商業銀行では、「堅実」経営を実践するために、早くから専門経営者を置き、銀行経営に専念させる体制が構築された。開業の翌年の一八九七年四月、支配人三木六三郎が常務取締役に選任されて以来、三木家は親子二代、半世紀以上にわたり阿波商業銀行の「堅実」経営の屋台骨を支えることになる。父六三郎は「堅実」の基礎をつくり、息子の寛治は、金融業界で培った知見を活かしながらそれを発展させていった。

●三木家と阿波商業銀行

三木家と阿波商業銀行との関わりは、前身の阿波銀行時代に始まる。一八五七（安政四）年に生まれた三木六三郎は、後に藍商・酒造業を営む豪商三木與吉郎の三女の婿養子となった。県会議員、初代松茂村村長を歴任し、久次米銀行の大株主であった三木與吉郎の代理として事態の収拾に奔走し、阿波銀行設立後は本店支配人として負債整理の中心的役割を担った。その後、新たに阿波商業銀行が設立されると支配人を経て、初代常務取締役に就任した。当時、頭取の美馬儀一郎（初代）は銀行へ週二回程度の出勤であり、取締役は非常勤であった。そのため、日常の銀行業務は、常勤の六三郎が一九三五年に引退するまで三八年にわたって采配を振るうことになった。

一九二〇（大正九）年以降の不況のなかで阿波商業銀行の収益は大きく減退し、当時の頭取・美馬儀一郎（二代）のもとで三木六三郎は、不良債権の整理や経費節減など経営合理化を断行した。そのさなか、一九三四年七月、六三郎は高齢のため、次男の三木寛治を後任として常務取締役から取締役へと退いた。翌三五年九月には取締役を辞任し、同月長男の正太郎が取締役に就任した。六三郎は、引退にあたって二人の息子に阿波商業銀行を託した。

三木寛治の入行

三木寛治は、一八八四年五月、六三郎の次男として板野郡松茂村（現・松茂町）に生まれた。一九〇九年に東京帝国大学法学部を卒業後、阿波商業銀行富岡支店にて銀行事務見習いを経て、一九一一年に台湾銀行に入行し、東京支店副支配人などをつとめた。台湾銀行在職中の一九一九年には、信託業務の研究のために一年間渡米している。その後、一九二五年九月、藤本ビルブローカー銀行証券部支配人に転じ、一九三四年七月、阿波商業銀行に常務取締役として招かれた。三木は、「私は父が創業以来やつてきたそのあとを引受けることになるのだから貸借対照表の説明も辞退したし又自分の就職に関する条件らしい条件もつかなかつた」と回想している。

この時点で金融・証券業界で二〇年以上のキャリアを持つ三木は、父の後任であるとともに不況下での阿波商業銀行の経営再建への手腕を期待された。三木は、着任の挨拶の席で、「いまや当行および全国の地方銀行は非常時に直面している。この難局を切り抜けるためには、上下協力して接客サービスの向上、事務の改善、冗費の節約など、すべてに合理的に能率の増進を図ることがもっとも必要である」と訓示し、支店巡視を行い、組織改革に着手し、斬新な施策を実施していく。三木が行った現場レベルでの改革には以下のようなものがある。一九三七年一月には「本店在勤者執務規定」を制定し、「行員及雇員ハ営業開始時刻ノ五分前ニ必ズ各部処ニ就クベシ」、「執務中ハ雑談ヲ厳禁ス」など営業時間中は業務に専念するよう徹底させた。また、三八年五月、行内誌「行報」（毎月一回発行）を出して役職員の意思疎通を図り、行内の結束力の強化を目指した。三木はその後も窓口担当者の心得として「受付十訓」なども発表するなど、役職員を熱心に指導した。

■三木　寛治（みき　かんじ）略年譜

1884（明治17）5　三木六三郎の次男として徳島県板野郡松茂町に生まれる
1909　東京帝国大学法学部卒業
　卒業後、阿波商業銀行富岡支店で銀行事務見習
1911　台湾銀行入行（東京支店副支配人などを歴任）
1919（大正8）　信託業務調査研究のためアメリカに滞在
1925・9　藤本ビルブローカー銀行証券部支配人
1934（昭和9）7　阿波商業銀行常務取締役
1940・7　専務取締役
1948・11　副頭取
1949・10　頭取
1961・11・19　逝去、77歳

●若き頭取誕生と戦時下の経営

一九三九年八月、三三年の長きにわたり頭取をつとめてきた、儀一郎（二代）が亡くなり、後任の頭取には長年取締役をつとめてきた西野嘉右衛門が就任した。しかしながら、西野は家業の藍商・酒造業の経営に加えて、貴族院議員に再選したことにより多忙となり一年あまりで相談役に退いた。その後継に白羽の矢が立ったのが、儀一郎（二代）の孫にあたる若干二八歳の儀一郎（三代）であった。

美馬儀一郎（三代）は、一九一一年一月一一日、儀一郎（二代）の嫡孫として生まれた（幼名は勤一）。一九三三年三月、高松高等商業学校（現・香川大学経済学部）を卒業後、家業に従事していた。そして一九三九年八月、祖父の死を受けて儀一郎を襲名し、同年一〇月一二日には阿波商業銀行取締役に就任していた。儀一郎（三代）は、「西野（嘉右衛門）さんが阿波銀行がどうしても〝美馬〟という名前が欲しいということで、その当時常務は三木寛治氏で何もかも彼が実務はやるからというんで、就任したわけです」と後に回想している。家業との兼ね合いで週に二、三回の出勤であった美馬にかわり、銀行経営の実務は三木が担った。

◉再建整備と頭取就任へ

一九四八年三月、金融機関再建整備法にもとづく最終処理が完了し、本部機構の抜本的な改革が行われた。同年一一月、業務の拡大に伴い副頭取制が採用され、三木は初代副頭取に就任した。さらに翌一九四九年には検査部、審査部等の新設など本部機構改革が行われ、一〇月末には会長制が採用され、美馬儀一郎（三代）は頭取を退き、三木寛治が頭取に就任した。三木は、名実ともにトップとして戦後の阿波商業銀行の基盤を築き、一九六一年に七七歳で亡くなるまで頭取をつとめた。

（早川大介）

◉参考文献
『阿波銀行百年史』一九九七年。三木寛治『続随草』阿波商業銀行、一九五五年。地方金融史研究会『続地方銀行史談』第三集、一九九一年。

43　百十四銀行と綾田整治

「バランスのとれた経営」を理想に広域化

一九二四（大正一三）年三月香川県で最大手の高松百十四銀行と二位の高松銀行の合併により高松百十四銀行が新設された。前者は第百十四国立銀行を前身とし、後者は讃岐糖業大会社を起源として、ともに明治一〇年代に発足した由緒ある銀行であったが、将来を展望し県下金融の大成を期すとの見地から自主的に合併したのである。

新銀行は堅実経営をもって大正末、昭和初期の経済不況を乗り切り、戦時期には多度津銀行を買収し県内唯一の本店銀行となり、戦後には商号から高松を取り百十四銀行に改称、経営政策を積極経営へ転換、広域地銀として発展した。その戦後経営に強力なリーダーシップを発揮したのが綾田整治である。彼は大学卒業後一行員として就職し、戦後二三年間頭取を務め百十四銀行の広域地銀としての骨格作りを推進したのである。

●Uターンして高松百十四銀行に入る

綾田整治は一九〇六（明治三九）年三月一〇日、香川県大川郡長尾町の間嶋家に生まれ、高松中学、広島高等学校を経て三〇年東京帝国大学経済学部を卒業。綾田竹三郎の養子となり、同年一〇月高松百十四銀行に入った。当時の日本経済は二七年金融恐慌の打撃から立ち直らないまま、一九二九（昭和四）年一〇月のアメリカ発大不況の波に呑みこまれ、深刻な不景気にあえいでいた。「大学は出たけれど」と言われる就職難の時期に東大卒業生もその例外ではなかった。「同期生で就職が決したのは二割くらい、あとの内の六〜七割は皆、都落ちでした」。このように彼は往時を回顧している。

綾田の入行した高松百十四銀行は、前述したように県内金融界において最も古い歴史に加えて圧倒的な規模と社会的信用力を持ち、堅実経営をもって明治、大正、昭和初期の財界変動を乗り切っていた。第一次大戦下のバブル期にも慎重な融資策を採り、準備金を豊富にするとともに資金運用の安定に努めた。

しかし当時、不況期にあって銀行には沈滞ムードが覆っていた。経営振りについて「非常に堅実経営で特に貸出は非常に厳重だった」と綾田は述べているが、貸出の伸び悩みから収益は低下し、収益の低迷は低賃金を招き、賃金の伸び悩みから行内のモラールは低下していたという。

高松に進出していた都銀の安田銀行支店の行員は「よく働いてどんどん外へ出て得意先を拡大した」が、「私の方は全然出なかった」。「私共の旧本店は今の高松支店ですが商店街の真ん中にある店でしたのに、毎日三時を待っていた。退行時間がやっぱり三時から三時半くらいでしたか。……それまで皆こう待っていて、もう退行時間が済んだらさあっと帰る」、「じっと窓口にいるだけで、来たお客さんだけお相手して三時が来ればさよならだった」。

しかし、こうした中で一九二八年三月、法政大学出身の中條晴夫が入行してきたことは、綾田にとって幸いであっただろう。大学出として特異な存在であった両名は、二人三脚で行風の刷新に取り組むことになるのである。

沈滞ムード一掃を目指し積極経営へ転換

一九三八（昭和一三）年六月善通寺支店長を経て本店に戻り営業部長代理に就いた綾田は、沈滞ムードの一掃に努めた。昭和「一三年頃から私が本店営業部に帰ってきてからは、全店を通じてお客さんの方に出向いていくようにした。……地元銀行でもあるし縁故が深いお客さんもいるので、全店をあげてもう少し積極的に前向きに経営すべきではないかというように方針を変更した」のである。一九三九年四月本店に開拓班を設けたのも、こうした新方針に基づく措置で、これによって戦時統制下の企業整備に伴い地元の味噌、醤油、繊維などの卸・小売業者が統制会社や統制組合に転換するのを支援して、得意先の獲得を図ったのである。

そして積極政策は戦後になると本格化した。「戦前は県内だけで経営致しておりました消極経営を、戦後は一蹴しまして、果敢に積極政策に転換致しました」。これは一九五八年一一月の創業八〇周年記念式典での綾田頭取の式辞の一節であるが、彼は「終戦というのが大きな転機だった。その頃、たまたま我々の年が若かったから、正直にいって転換できたと思う」とも述懐している。

百十四銀行では終戦直後の一九四五年一〇月塩田伊三郎

■綾田　整治（あやだ　せいじ）略年譜

1906（明治39）3・10　香川県大川郡長尾町に生まれる。父は間嶋仁平、後年綾田竹三郎の養子となる
1927（昭和2）3　広島高等学校卒業
1930・3　東京帝国大学経済学部経済学科卒業
10　高松百十四銀行入行
1937・7　善通寺支店長
1938・6　本店営業部部長代理
1940・2　本店営業部次長
1942・8　本店営業部長
1944・10　本店営業部取締役営業部長
1945・10　常務取締役
1948・6　高松百十四銀行から百十四銀行に改称
10　専務取締役
1952・4　取締役頭取。香川県銀行協会会長（〜75・12退任）
1975・5　全国地方銀行協会評議員会議長（〜76・5退任）
12　取締役会長
1979・12　取締役名誉会長
1989・6　取締役相談役
1993（平成5）6　相談役
2003・5・10　逝去、97歳

頭取の退任により里見信三が頭取に就任すると、綾田は常務取締役に昇任、ついで四八年一〇月専務取締役に就き里見頭取を補佐した。そして里見の死去に伴い五二年四月頭取に就任した。全国銀行頭取の中で最年少の四六歳であった。ちなみに、中條晴天は四八年常務、五二年専務、五九年副頭取となり、七五年一二月綾田の後をうけて頭取に就任している。

経営首脳となった綾田にとって戦後の財閥解体は行風刷新の絶好の機会であった。「本店のある香川県が貧弱な県であるということがすべての元である……この県内だけでじっとしていたら、もう窒息するよりほかないということが基本である」。このように行風沈滞、消極経営を打破するためには県外への進出が不可欠と考えていたからである。財閥解体により財閥系大企業は極度の資金調達難に陥り、「大企業の資金担当重役や社長さんが我々の店までお越しになった」という状況を好機と捉え、積極的に県外への店舗展開を推進したのである。

●瀬戸内経済圏への店舗展開

百十四銀行は戦後間もない一九四八年に、早くも東京、

大阪への進出を計画し、五〇年には地銀として戦後最初となる大阪支店を開設した。東京支店の認可は容易に得られなかったが、二年後の五二年に開設するに至った。大都市支店の設置と並行して四国の県外三県の主要都市をはじめ、瀬戸内を隔てた岡山県の造船都市玉野市や岡山市へも進出した。五五年当時、本支店五七のうち県外に一二の店舗を配していた。

高度成長期を迎え、県外支店開設による営業地盤の広域化は一層推進された。経済力に乏しい香川県の本店銀行にとって、一大経済圏を形成しつつあった瀬戸内地域は極めて魅力的な市場であった。瀬戸内沿岸地帯の一体化した経済圏を営業地盤として捉え、地域内の経済交流を活発化することによって銀行経営の発展を図ろうと構想、瀬戸内経済圏を中心に効率的な店舗配置を断行したのである。六五年までに広島、水島、神戸、姫路、明石、大阪西、天満橋（大阪市）、名古屋、今治の九支店を開設している。

●経営の要諦はモラールアップ

「増資とか店舗の増設、新築等でいくら外形的に膨張しても、内容と人がそれに値しない場合には発展でなくて、むしろ衰微だ。……外形的な発展の華麗さに幻惑せられないで、全員が一致して内容の充実と素質の向上に一層努力することが最も必要なことである」。

一九六〇年の頭取年頭挨拶でこのように述べた綾田は、県外店舗の増設を推進する一方、人材の確保が経営発展のため重要課題であると認識していた。行員時代の体験から「経営は何より人の勤務意欲というか、人間以外にない。……人間というのは安く使ったら、それだけしか仕事をしない。それは人間の性」と痛感したという。そしてこうした企業観に立ってモラールの高揚を図るため待遇改善や意思の疎通にさまざまな工夫を凝らした。例えば労働組合運動の激しかった戦後混乱期にもベースアップに関して「団体交渉というのは一度もやったことがない」というほど、事前に組合幹部との話し合いに努めた。また重役が各支店に出張し、経営方針について説明し、行員は各自の意見や希望を述べる会食懇談の機会をつくった。この重役出張懇談会は五一年に始められ、その後も開催されている。五六年に『百十四タイムズ』を創刊したのも行内の意思疎通を図るためであった。

さらに店舗増設に伴う男子行員確保のため、一九五八年には定年を三年延長して五八歳に改め、五九年には新規採用を原則大学卒とした。次いで六七年に能力主義を基調とした資格制度を導入し、資格手当を採用する一方、従来の職務手当を廃止した。男子行員の原則大学卒採用に際し「そんなに高学歴の人ばかりとったら先に行って、ポストが困らないか……皆支店長にできなくて困らないか」と日銀や大蔵省から心配されたというが、資格制度の導入はそうした事態への対策とともに、若年層のレベルアップ志向に応える措置であった。

綾田は「人間というのはやはり……この職場にいれば一生困らないようになってはじめて十分に働く」と述べているが、つとに待遇改善に努め、あるいは能力主義を導入するなどして行内のモラール向上を図ったのである。

「バランスのとれた経営」を目指して

県外店舗の増設、モラールの向上を両輪とする営業地盤の広域化により百十四銀行の業容は拡大した。ことに貸出は本州向けを中心に増加し、資金ポジションは戦前と比較して一変した。地銀平均以下であった預貸率は戦後期には地銀中で最高率を示すほどに上昇した。一九六〇年代には九〇%をしばしば超え、一九六九年度末には九四%近くに達している。貸出の中では本州向けのウエイトが上昇し、六五年度末には四七%となり香川県向けの四三%を上回った。一方、預金は県内からの五二%に対して本州は三七%にとどまる。香川県内で吸収した預金のかなりの部分を本州への融資に振り向けていたと言えよう。

しかし地元企業向けや中小企業向け融資を軽視したわけではなかった。あくまで地元産業優先、中小企業融資重視の方針であった。例えば資金的バランスの取れない場合には、本州地区における大企業向け融資を調整した。大企業への貸出は瀬戸内経済圏に関係が深く、かつ外国取引に関連する企業に限定した。また地元企業の旺盛な資金需要に応えるため各種政府金融機関の代理貸付制度を積極的に活用したり、県と協力して香川県輸出産業構造改善貸出制度を発足させるなどの諸措置を講じたのである。

「私の多年寝た間も忘れない理想は、『本行を都市銀行とか地方銀行を問わず、国内有数の銀行にしたい。』ということであります。最優秀の銀行にすることは必ずしも預金貸出額を一番にするということではないと思います。数字を多くすることも勿論大切ではありますが、一番大切なことは経営のバランスだと思います。バランスのよくとれた良い銀行にするということが、理想でなければならないと思う」。これも一九五八年の創業八〇周年記念式典での綾田の式辞の一節である。そして何よりも「バランスのとれた経営」を重視した彼が、入行時の体験をバネに収益性と健全性のバランスを追求して打ち出した解答が、営業地盤の広域化であった。近隣諸県との交流の活発化により県を越えた広域経済圏が形成される状況に対応する経営戦略であった。彼はまた、「一番大切なことは、……我々の銀行が顧客を通じてどこまで社会に奉仕できるか」ということであり、「その度合により本行の隆昌が決まるのであると信じておるのであります」と述べている。

頭取在任の二三年間、ひたすら百十四銀行の広域地銀としての発展を希求し、推進してきた綾田は、一九七五年一二月盟友の中條晴夫にバトンタッチして取締役会長に就き、取締役名誉会長、取締役相談役を経て九三年六月相談役になり、二〇〇三年五月一〇日逝去した。

（杉山和雄）

◉参考文献

『百十四銀行八十年誌』一九五九年。『百十四銀行百年誌』一九七九年。『百十四銀行百二十五年誌』二〇〇五年。百十四銀行行内誌『百十四タイムズ』一九六〇年一月号。地方金融史研究会『続地方銀行史談』第一集、一九八九年。地方金融史研究会『日本地方金融史』日本経済新聞社、二〇〇三年。

44 伊予銀行と平山徳雄

戦後の伊予銀行の基礎を築く

愛媛県松山市に本店を置く伊豫合同銀行は、一九四一（昭和一六）年九月、東予の今治商業銀行、中予の松山五十二銀行、南予の豫州銀行が大合併して誕生した。「伊豫合同銀行」という商号は、当時の日銀総裁結城豊太郎による命名であった。戦後、一九五一年一一月、「伊豫銀行」と改称し、一九九〇（平成二）年に現在の「伊予銀行」の表記となり今日に至っている。

●日本銀行から松山へ

初代頭取に就任したのは、三行中最大であった松山五十二銀行頭取平山徳雄であった。日本銀行出身の平山が松山に赴任したのは、その前年の一九四〇年一月のことであった。平山徳雄は、一八八八（明治二一）年一月一三日、大分県臼杵で生まれた。一九一五（大正四）年に京都帝国大学法学部を卒業して日本銀行に入行した。その後、小樽支店、岡山支店の勤務を経て、本店出納局調査役、検査部検査役、文書局調査役等を経て、一九三七年に函館支店長に就任した。平山が、縁もゆかりもない四国の松山五十二銀行にやってきたのは、深刻な行内の対立により発足から二年にわたって空席であった同行の頭取に就任するためであった。

●愛媛財界の二大勢力と銀行合同

一九二七年一月の東予地方の最有力銀行である今治商業銀行の休業は、愛媛県内の銀行再編に大きな影響を与えた。翌年には県当局の斡旋により県内の西条銀行、仲田銀行、第二十九銀行、宇和島銀行などの九銀行が広域合併して新銀行を設立する計画が持ち上がった。しかしながら、合併条件で折り合いがつかなかったことと、県財界の「特殊事情」により合併計画は暗礁に乗り上げた。

「特殊事情」とは、県下最大の五十二銀行頭取石原操（一八六八～一九五六年）と愛媛県農工銀行・伊豫貯蓄銀行頭取と個人銀行の仲田銀行頭取をつとめる仲田伝之舩（一八七一～一九四一年）の二大勢力の存在であった。いずれも県政財界の重鎮であり、石原－五十二は政友会系、仲田－愛媛県農工銀行は民政党系と支持政党も異なり、この二大勢力は古くから対抗関係にあった。合同計画についても仲田銀行が参加を表明していたのに対し、石原の率いる五十二は不参加であり、このことが合同計画の推進を困難にし、最終的には熱心な合併論者の西条銀行頭取岡本栄吉の死去により計画は頓挫することになった。

その後、東予地方の銀行の広島県の芸備銀行への合併や、南予地方での予州銀行への統合に刺激され、大蔵省の強い慫慂もあり、一九三七年一二月、五十二銀行と仲田銀行との対等合併により松山五十二銀行が誕生する。

頭取不在という異常事態

合併したものの、五十二と仲田の前述の対立構造は全く解消されておらず新銀行の役員人事は難航した。石原と仲田のどちらを頭取にしても角が立つため、両者は顧問となり、頭取を欠員とし、五十二銀行側の原正義（石原操の甥）、仲田銀行側の仲田包寛（仲田伝之䘏の長男）の二名の常務取締役の合議により新銀行を運営するということになった。こうした異常事態は二年ほど続いたが、結局外から新たに頭取を招聘することになり、平山徳雄が日銀から招聘されることとなった。一九五一年に行われた伊豫合同銀行十周年の座談会で平山は、頭取就任の経緯を以下のように回想している。

「松山五十二銀行が新設されて一年半ほど経った昭和一四年（一九三九年）一二月一日、大蔵大臣青木一男さんから結城日銀総裁に連絡があって、結城さんから突然私に話があったのです。全然、松山五十二銀行のことは無知でしたし、銀行関係が全国中いちばん困難なところと聞いていたので、私は再三お断りしたのですけれど断りきれなかったのです」

こうして、一九四〇年一月の総会で平山が松山五十二銀行初代頭取に就任し、頭取不在という異常事態はようやく解消された。さらに二月には、日本銀行から福岡正（早稲田大学卒、一九一九年入行、金沢支店、名古屋支店課長歴任）が平山を実務面で補佐する支配人として赴任した。福岡は、平山と行動をともにし、後に伊豫合同銀行常務取締役をつとめることになる。

●伊豫合同銀行の誕生へ

頭取に就任した平山には二つの大きな使命があった。第一に頭取不在という事態を作り出した松山五十二銀行の組織体制の整備をすることである。そして第二に県内の銀行合同の中核としての役割を果たすことであった。

すでに香川・徳島では普通銀行の一県一行化が完了し、高知も二行にまで合同していたが、一九四〇年一月時点で愛媛県は、松山五十二銀行、伊豫銀行、久万銀行、今治商業銀行、豫州銀行、伊豫相互貯蓄銀行の計五行が存在していた。平山は、大蔵省からは、「松山五十二銀行を中心として将来統一する考えだ。そのつもりで赴任するように」

と言われたという。

一九四一年に入り、松山五十二銀行が久万銀行、伊豫銀行を合併し、松山を中心とした中予地方の銀行を統合すると、残る東予の今治商業銀行、南予の豫州銀行との三行合併が視野に入ってきた。平山の回想によると、佐々木長治（豫州銀行頭取）から「合併しようじゃないかという話がありました。私としては賛成だったが、そのときは、大蔵省や日本銀行の意向がわからんからには、すぐにやりましょうということは申せなかった。それからしばらくして私が東京に行って、日銀と大蔵省の意向を聞いて、それではやろうということになった」という。当時、大蔵省とともに日銀の各支店が銀行合同を強力に進めていた。当時の日銀松山支店長鶴原浩二と大蔵省銀行局普通銀行課長浜田徳海と第三高等学校で同期であったことも手伝って、合併計画は急速に進展した。合併に関しては三行それぞれの思惑があったが、お互いに大乗的見地に立って歩み寄り、一九四一年五月一二日、日銀松山支店にて三行の合併覚書が調印された。そして六月三〇日には合併契約書が調印され、九月一日より伊豫合同銀行が新たに発足した。

■平山 徳雄（ひらやま のりお）略年譜

1888（明治21）1・13 大分県臼杵に生まれる
1915（大正4）3 京都帝国大学法学部卒業
4・4 日本銀行入行
1937（昭和12）9 同行函館支店長
1940・1 松山五十二銀行頭取
1941・9 伊豫合同銀行頭取（～48・9）
1974・10・23 逝去、86歳

平山は新銀行の頭取に就任することとなった。新銀行は三行の寄り合い所帯であり、旧銀行の給与体制が引き継がれたことによる給与面で格差や旧銀行の派閥による人事の歪みが生じるなど波乱含みのスタートであったが、戦時体制の進展のなかで、金融報国という役職員の強い使命感もあり、徐々に連帯意識が高まっていったという。その後、一九四四年一二月には伊豫相互貯蓄銀行を合併し、伊豫合同銀行は、県内唯一の本店銀行となった。

再建整備の完了と退任

平山の下で戦後の再建整備が進められ、一九四八年一〇月の増資で再建整備が完了する見通しとなった。九月末の臨時株主総会で平山頭取をはじめ佐々木長治ら取締役が辞任し、翌日の取締役会で末光千代太郎（常務取締役、元豫州銀行頭取）が伊豫合同銀行の第二代頭取に就任することとなり、経営陣は刷新された。

退任後も平山は松山に居住し、愛媛県選挙管理委員、日本放送協会評議員など数々の公職をつとめた。書道にも造詣が深く、県の重要文化財保護委員、郷土文化芸術館運営委員として郷土文化の保護育成にも尽力した。一九七四年一〇月二三日、八六歳で亡くなった。

（早川大介）

参考文献

『伊予銀行五十年史』一九九二年。杉山和雄「地方的銀行合同の利害対立」（『成蹊大学経済学部論集』第三四巻第一号、二〇〇三年）。地方金融史研究会『続地方銀行史談』第一一集、二〇〇三年。

45　四国銀行と山本豊吉

安田系を脱し、高知の地方銀行へ基礎固め

高知県高知市に本店を置く四国銀行は、一九二三（大正一二）年一一月、第三十七国立銀行を起源に持つ高知銀行が県内の有力銀行である土佐銀行を合併して発足した。さらに、一九二六年には徳島県の関西銀行を合併し、香川、徳島へも営業範囲を拡張し、昭和初年には行名の通り四国屈指の地方銀行へと発展した。

四国銀行と安田財閥

四国銀行は、前身の高知銀行時代に日露戦後の不況の過程での経営悪化と政争の問題もあり、安田財閥の傘下となっていた。一九〇八（明治四一）年に安田善三郎（善次郎の婿養子）が頭取に就任し、以降四国銀行では安田家の人間が頭取をつとめ、安田保善社から常時役員が派遣されていた。山本豊吉もそうした安田からの派遣役員の一人であったが、戦時から戦後にかけての激動の時期に常務取締役・社長（のち頭取）を務め、財閥解体で安田財閥が解体された後も四国銀行に残り、戦後の四国銀行の基礎を築いた。

大連から高知へ

一九三六（昭和一一）年九月、同年一月に四国銀行常務取締役に就任したばかりの山本源三郎（一八八三年生、一九二四年安田銀行入社）が亡くなった。その後任として、翌三七年一月、大連に本店を置く安田系の正隆銀行取締役兼支配人の山本豊吉が常務取締役に就任した。

山本豊吉は、一八八九年二月一四日、東京市赤坂区に生まれた。一九一二年三月、日本大学法律科を卒業後、安田銀行に入行し、宇都宮支店次長、米沢支店長、青森支店長等を歴任した。その後、一九二六年に安田保善社に転じ、同年関連銀行である正隆銀行に支配人として赴任した。正隆銀行は、一九〇六年に営口に日中合弁で設立された銀行で、経営不振により一九一〇年に安田保善社の傘下に入り、大連に本店を移した。一九二五年に日銀の斡旋もあり破綻した龍口銀行を吸収合併したが、一九二〇年代は正隆銀行

自体も経営危機のなかにあった。山本の支配人時代は、経営再建が進められ、満州銀行との合併案も出されたが頓挫した。正隆銀行は、最終的に満州国建国後の金融機関の再編のなかで一九三六年末に満州興業銀行に営業を譲渡して解散した。行員四三〇名は新設の満州興業銀行へ引き継がれ、安田からの派遣行員は退職することとなった。山本の四国銀行への赴任はまさにこのタイミングであった。

●「社長」就任と一県一行へ

山本が四国銀行に着任した一九三七年は、激動の年であった。七月には盧溝橋事件がおこり日中戦争に突入し、経済統制も本格化していった。複数の系列銀行の頭取を兼務していた安田善五郎は普段は東京におり、戦時下での四国銀行の経営は山本の手にかかっていた。四一年末の安田保善社の臨時社員総会で安田保善社の機構改革が行われ、安田家は一線から退くことになり、関連銀行では頭取制を廃止して社長制を敷くこととなった。四国銀行においても四二年一月の株主総会で役員改選と定款の一部変更が行われ、頭取の安田善五郎は会長に退き、山本は社長に就任した。

山本の社長時代には、大蔵省・日銀支店長らの斡旋もあり一県一行が達成されることになる。一九四一年末時点、高知県内に本店を置く普通銀行は四国銀行と土豫銀行（本店・幡多郡中村町）であり、四国地方で唯一普通銀行一行化を達成していなかった。四二年二月、戦時下の日銀支店の増設で、日銀高松支店が開設されると、初代支店長門川暴により所管する香川・高知・徳島の三県の普通銀行を一行に大合同する計画が進められた。門川は、手始めに高知県内の一行化を行うために、土豫銀行に対して四国銀行への営業譲渡を持ちかけたが、安田系銀行との合併に猛烈に反発した土豫銀行は三和銀行との関係を急速に強め、合併計画は暗礁に乗り上げた。その後、後任の江沢省三支店長の時代に高知県の二行は合併案から外され、阿波商業銀行と高松百十四銀行の二行合併計画が追求された。四国銀行と土予銀行の合同問題は、四三年一一月に新設された日銀高知支店に引き継がれ、戦局の進展のなかで高知県庁の介入もあって四四年九月にようやく実現した。さらに四国銀行は、終戦間際の四五年四月、土佐貯蓄銀行を合併し、最終的に高知県内で一県一行が達成された。

●財閥解体と頭取留任へ

終戦後の四国銀行にとって大きな画期となったのが、財閥解体である。一九四五年一一月、GHQは財閥解体を指令し、安田保善社は解体されることとなり、四国銀行と安田の関係は絶たれた。そこで問題となるのが安田からの派遣役員の進退である。当時、安田から派遣されていたのは、山本のほか、小松米吉（専務取締役、高知銀行時代からの生え抜き役員だが安田保善社へ移籍）、安立廣雄（常務取締役）、安田楠雄（取締役）、川崎清男（監査役）の五名である。安田、川崎、安立は辞任して四国銀行を去った。取締役・入交太蔵によれば、「山本、小松両氏は混乱せる経済情勢に対処するため、銀行としては、ぜひ留任していただきたい人であり、かたがた行員からも両氏の留任を希望する声もあり、ついに留任の承諾をえました」と発言しており、四国銀行からのたっての希望により山本は頭取として留任することとなった。山本は、留任について以下のような手記を残している。

「小松氏は高知の人で土地の代表的人物故、留任は当然のことなれど、私は、ただ保善社を背景としての者、ことに小松氏に比べ甚だ遜色のあることを自認する上に、私が上役すなわち頭取として、小松氏が副頭取となることは、従来の型そのままのこと故、面はゆい。意外な引留めにあい、心ひそかに、ただ有難く感激しました」。

●次期頭取招聘へ奔走

山本は、戦後の再建が一段落すると、引退を考えはじめ、後任の頭取の人選を開始した。山本頭取時代に常務取締役をつとめた元吉秀太郎によれば、その決定方法は「周到をきわめたもの」であったという。一九五一年、新しい時代

■山本　豊吉（やまもと　とよきち）略年譜

1889（明治22）2・14　東京市赤坂区に生まれる
1912・3　日本大学法律科卒業
—　安田銀行入行、宇都宮支店次長、米沢支店長・青森支店長歴任
1926（大正15）3　正隆銀行（大連）支配人（32取締役）
1937（昭和12）1　四国銀行常務取締役
1942・1　社長（45・4頭取に名称変更）
1954・3　会長
1956・4　相談役
1970・7　逝去、81歳

の銀行経営者にふさわしい人材を探すため、松村正太郎・竹村源十郎（司牡丹酒造）・西山亀七（西山合名代表・参議院議員）・宇田耕一（衆議院議員）・入交太蔵（入交産業社長・参議院議員）、以上五名の高知財界を代表する人物に相談役を委嘱した。そこで白羽の矢がたったのが、若干四三歳で当時日本開発銀行総務部次長だった前野直定である。前野は、一九一一年高知市出身で、東京帝国大学卒業後、横浜正金銀行を経て大蔵省に入省し、大蔵省理財局次長、経済安定本部財政金融局次長などを歴任した人物である。山本らは、日銀・大蔵省や関係各所と折衝をかさね、前野を説得し、一九五四年三月新頭取に就任する運びとなった。山本は、会長となり、五六年四月には相談役に退き、一九七〇年七月、八一歳で亡くなった。

（早川大介）

参考文献

佐藤政則「日本銀行の銀行統合構想――一九四〇－一九四五」（浅井良夫・伊藤正直・靎見誠良編『金融危機と革新』日本経済評論社、二〇〇〇年）。地方金融史研究会『日本地方金融史』日本経済新聞社、二〇〇三年。元吉秀太郎『銀行生活五十年』高知新聞社、一九六〇年。迎由理男「安田財閥の対外投資――正隆銀行経営を中心に」（『北九州市立大学商経論集』第四七巻第一・二号、二〇一二年）。由井常彦編『安田財閥』日本経済新聞社、一九八六年。地方金融史研究会『続地方銀行史談』第一二集、二〇〇四年。

九州・沖縄地方

46 福岡銀行と蟻川五二郎

徹底した堅実経営で福岡銀行の窮地を救う

福岡銀行は、一九四五（昭和二〇）年三月、十七銀行、（旧）筑邦銀行、嘉穂銀行、福岡貯蓄銀行の合併によって誕生した。以後、現在まで九州一の資金量を誇る本店所在銀行であり続けている。蟻川五二郎は、五五年に頭取として日銀から招かれ、七三年までその座にあり、経営難に陥っていた福岡銀行を再建した。

●蟻川に託された福岡銀行の再建

終戦直前の一九四五年三月、十七銀行、（旧）筑邦銀行、嘉穂銀行、福岡貯蓄銀行の四行合併によって福岡銀行は誕生した。北九州の炭鉱と鉄鋼業を主な経営基盤とする福岡銀行は、戦後の傾斜生産方式の恩恵を受けて急成長し、一九四七年末には資金量トップの地方銀行となった。当時、埼玉銀行（現・りそな銀行）、静岡銀行、北陸銀行とともに地銀のビッグ四とも呼ばれた。中小企業だけでなく、鉄鋼、石炭という重点産業の大企業も顧客としていた福岡銀行にとって、傾斜生産方式はまさに恵みの雨だった。他の多くの地方銀行にとっては、重点産業の大企業への傾斜生産は地元中小企業への融資の制約を意味したので、当時の福岡銀行の好条件は際立っていたのである。

しかし、一九五三年頃からの石炭不況とその後のエネルギー転換により、石炭産業は悩みの種へと一変した。特に朝鮮特需の終焉は炭鉱融資の問題を顕在化させ、福岡銀行は総融資額の三分の一が焦げ付くという危機に見舞われた。また、五三年六月には九州北部を中心とする未曽有の大水害に襲われ、銀行経営にも大きな影響が及んだ。さらに同年七月には、全国屈指の力を持ち「全銀連の橋頭堡」と言われた福岡銀行従業員組合が「経営刷新」を掲げて全国初の本店営業部ストライキを実施し、大きな衝撃を与えた。当時、全国の地銀で組合活動が先鋭化して各地でストライキが発生していたのである。その上、寄り合い所帯である福岡銀行は、「福銀のお家騒動」と言われた経営陣の派閥争いという火種も抱えていた。当時の永江真郷頭取は、一度は相談役に退いたにも関わらず、日銀の調停の末、五一年から再び頭取に就任していた。このように、一九五〇年代半ばの福岡銀行は、貸出先、労使関係、経営陣すべてに深刻な問題を抱え、業績が急速に悪化していた。またそのため、決算の際に大蔵省の認可を必要とする「決算承認銀行」に指定されていた。

一九五五年五月、「三重苦」に陥っていた福岡銀行に、日銀考査役（局長待遇）蟻川五二郎（当時五一歳）が、頭取として迎えられた。当時、福岡銀行だけでなく、日銀や大蔵省など外部から頭取を招く地銀が全国的に増加していた。戦前の無理な銀行合同が、行内の人材不足と役員間の対立という負の遺産を遺していた上、銀行経営者たちは労働運動の急激な高まりという未曽有の事態に対処する術をもたなかったからである。永江頭取は、自力での再建を断念し、知己の蟻川に銀行の再建を託し、会長に退いた。一方蟻川は一九五〇年六月から三年七カ月の間日銀熊本支店長を務めており、九州の金融界とのつながりが深かった。また、本店に帰った後も、九州の地銀の考査を担当していた。その時期に肝胆相照らす仲となった二人は、その後協力して福銀を立て直すこととなったのである。その辣腕を知る者は、福岡銀行に乗り込んでくる蟻川のことを、一九五四年末に封切られたばかりの映画「ゴジラ」に重ねて恐れたという。半分冗談だろうが、福岡財界の受けた衝撃の大きさを物語るエピソードである。

◎労使関係の改善と初めての長期経営計画の推進

頭取に就任した蟻川は、石炭融資の抑制、従業員採用の一〇年間凍結という緊縮策を取った。徹底した安全志向タイプの銀行経営者であった蟻川は、当時の福岡銀行の再建にはうってつけの人物だった。一九五五年一二月の『日本経済新報』によれば、蟻川は、戸籍上は長野県生まれだが、実際は東京生まれ東京育ちである。父親は陸軍中将であり、自身も一度は陸軍士官学校に入学した。しかし、肺を患ったため退学した後一高に転じ東京帝国大学法学部を卒業した。身体があまり丈夫ではなかったこともあり、蟻川は何事においても決して無理はしないという信条を持っていた。その上、昭和恐慌の只中で日銀に入行し、多くの銀行が不良債権の累積や、預金の取り付けによって破綻していく様を嫌と言うほど見せつけられたはずである。こうした体験は、当時の多くのバンカーを「預金取付恐怖症」あるいは「焦付貸出恐怖症」に罹患させたと言われているが、蟻川も例外ではないだろう。

一九五三年のストライキ以来の労使間の対立は五五年から五七年の神武景気下においても尾を引いており、福岡県経済の相対的停滞を背景とする福岡銀行の業績低迷に拍車をかけていた。蟻川は、組合とも正面から話し合い、かつ妥協しなかった。その結果、五七年四月には、組合との間に労使協調の約定が交わされた。この時、北九州財務局長が、日銀福岡支店長とともに、福岡銀行全役員の辞表を預かるという事態も生じたと言われている。また、労働運動との対決は、行内だけにとどまらなかった。炭鉱融資の打ち切りに対し、炭鉱労働者は支店の窓口に列を作り、一〜二円の引き出しと預け入れを繰り返し、営業妨害を行った。彼らは蟻川邸へのデモ行進も実行したが、蟻川は意に介さなかったという。

ともあれ、この時の労使関係の改善をきっかけにして、同年七月から、はじめての長期経営計画である業績振興第一次三カ年計画が実施されることとなった。第一次三カ年計画の中心的な内容は、預金（とりわけ貯蓄性預金）の増大と、資産の流動性向上を第一義とした有価証券に重点を置いた運用、および預貸率の引き下げであった。蟻川は、頭取達「業績進行三か年計画の実施について」を出し、全店に方針を伝えると同時に、「具体的な実施方策については夫々創意工夫し、強力活発に実行に移られんことを期望する」、「本計画が所期の成果をあげ得るか否かは、当行役職員の全部が一丸となり、母体たる当行を愛護せんとする

■蟻川　五二郎（ありかわ　ごじろう）略年譜

1904（明治37）12・21　長野県下高井郡で生まれる
　陸軍士官学校中退
1931（昭和6）3　東京帝国大学法学部卒業
　4　日本銀行入行
1947・11　同行高知支店長
1950・6　同行熊本支店長
1954・2　考査役
1955・5　福岡銀行入行、取締役頭取
1973　取締役会長
1977　顧問
1989（平成元年）3・22　逝去、84歳

熱烈なる福銀精神の下に、如何に努力勉励するかに懸っている」と、行員を鼓舞した。

証券保有については、日銀借り入れの際の担保適格証券を積極的に推進した。公社債市場はまだ流動性に乏しかったためである。当時、福岡県は国鉄の電化および複線化促進運動を推し進めていたが、福岡銀行は、その工費の一部を賄うために発行された非公募鉄道債券（国鉄利用債）の買い取りおよび引受先への融資を行った。融資については、活発な資金需要がある中で、預貸率を六〇〜六五％を目安に低減する方針をとった。また、大口融資、長期融資を制限して、地元優良企業への短期融資を積極的に行うこと（半年から一年の中期融資も開始した）や、不良債権の徹底的な整理を通じて、融資内容の質的改善をはかった。石炭産業については、融資額を規制し、総融資額における比率を減らした。同じ時期に、内規の全面的な改訂、公金部の新設をはじめとした機構の改組、店舗網の再編成なども行われた。

◉二度目の長期経営計画と「決算承認銀行」の指定取り消し

一九六一年四月から実施された業績推進第二次四カ年計画も、第一次計画と同様、預金の増加とともに、蟻川が何よりも重視した資産構成と資産内容の健全化が中心に据えられた。その目標は、資産構成を、貸出六五〜七〇％、有価証券二〇〜二五％、第一線準備一〇％にすることであった。当時、蟻川は「戦前は銀行の資産構成といえば、貸出六十％、有価証券三十％、現金などの第一線支払い準備十％が常識だった。この構成で、しかも内容が良いというのが、やはり銀行のいちばん健全な形だ」と述べている（西日本新聞社経済部編『わたしの経営』）。ここには、蟻川の堅実志向がよく現れている。

融資においては、地場中小企業の育成強化という方針を堅持し、そのために産業の成長性や信用度・将来性に基づく企業の選別強化、地場産業と関係の深い優良大企業との取引を目指した。有価証券については、一九六一年九月、修学旅行専用ディーゼル列車一二両の建造のために新たに起債された特別鉄道利用債二億六五四〇万円を全額買い取った。また、第二次計画には、当時地域経済の開発が叫ばれるようになっていたこともあり、「地方公共の福祉繁栄に貢献すること」が基本目標のひとつに加えられた。福岡銀行は既に公金の取扱いに関しては豊富な実績を持っていたが、六四年四月に発足した地方自治体の新財務会計制度においても、福岡県、福岡市、北九州市など各市町村の公金取扱金融機関の指定を受けた。

蟻川が一九六〇年代に入っても徹底した堅実経営を続ける中、福岡銀行には、「夢よもう一度」の気持ちを持つ行員も多かったという。戦後の傾斜生産の恩恵という好条件の中でとはいえ、一度は全国トップ地銀の座を獲得した栄光の歴史がある。しかし、蟻川はあくまでも堅実な路線を黙々と貫いた。蟻川は当時、次のように述べている。「歩積み、両建て（銀行が手形割り引き、手形貸し付けのとき、融資先に強制的に預金させること）をやれば、たしかに預金量はふえるが、それは表面だけのものだ。福銀の預金は堅実なやりかたでふえており、わたしはこれが、最終的には福銀への信頼を高めるゆえんだし、地場企業のためでもあると信じている」。「いま、第一期工事が終わったところ。これからが発展期」と述べている（西日本新聞社経済部編『わたしの経営』）。こうした言葉には、頭取就任後に自らが出してきた確かな結果への自信と、静かだが強い野心を感じ取ることができる。

また、福岡銀行の経営が傾いた最大の要因である炭鉱融資に対する蟻川の態度は断固たるものだった。一九六二年末、大蔵省と日銀が、危機に陥った大正鉱業に対する融資を蟻川に要請した際、それをきっぱりと断ったのである。以来、蟻川の頑固さは東京の官庁や金融界で大いに評判になったという。蟻川の妥協しない性格を物語るのはこうしたエピソードだけではない。この間、蟻川は経営陣の刷新も断行した。六〇年末の時点で、蟻川の頭取就任時の役員は、顧問として残っていた永江を除けばわずか三人であり、六四年末には一人になっていた。こうして、蟻川は問題の根を粛々と刈り取り、健全経営を徹底しつつ着実に資金量を増加させ、六五年にはようやく決算承認銀行の汚名を返上する。この時蟻川は名実ともに福岡銀行の「中興の祖」となったのである。

●一九六〇年代後半以降における福銀の躍進と蟻川の退任

一九六六年には、長く立て直しに専念してきた福岡銀行を猛烈な勢いで追い上げ、強力なライバル銀行へと成長してきた西日本相互銀行（現・西日本シティ銀行）が、森俊雄社長の陣頭指揮の下、資金量三〇〇〇億円を二年間で達成するという壮大な計画をぶち上げた。福岡生まれで、九州電力の瓦林潔、西日本電鉄の楠根宗生とともに、福岡財界三羽ガラスと呼ばれていた森は、日銀出身のエリートで地元財界との融和も少なかった蟻川とは好対照をなす人物であった。そのこともあってか、これ以降、二行の預金競争は熾烈を極めた。当時、福岡銀行の資金量はようやく二〇〇〇億円を超えたところであったが、二年後には三〇〇〇億円を突破し、その差わずか一五〇億円とはいえ、西日本銀行の猛追を振り切り資金量県内トップの座を維持した。

福岡銀行の業績を拡大軌道に乗せた蟻川は、一九七三年まで頭取を務めた後、同じ日銀出身の山下敏明を頭取に据え、自身は会長となって影響力を維持した。しかし、経営再建期には前向きに発揮された蟻川の妥協のなさ、頑固さは、この頃にはもう大きく変化していた銀行経営上の課題との間に齟齬をきたすようになっていた。オンライン化や、豪壮な福銀ホールの一般開放など、当時銀行が求められていた「近代化」を頑なに拒否する蟻川は徐々に孤立を深め、七七年冬、ついに取締役会は本人を除く全員の賛成で蟻川の退任を議決した。こうした会長時代の振る舞いや解任事件をもって、「蟻川は晩節を汚した」と評価することは容易である。しかし、後に自らを失脚させるほどの頑なさこそが、蟻川をして危機にあった福岡銀行の再建を可能たらしめた、あるいは、そうした人物であることを歴史が要請したのだと考えるならば、蟻川という経営者の歴史的評価はより慎重に行なわれる必要があるだろう。

（新井大輔）

参考文献

西日本新聞社経済部『わたしの経営――現代をつくる57社長の経営信条』西日本新聞社、一九六三年。『福岡銀行二十年史』一九六九年。「金融戦国史 福岡編」上・中・下（『日経金融新聞』一九九二年一〇月一一日、一九日、一一月二日）。地方金融史研究会『日本地方金融史』日本経済新聞社、二〇〇三年。

47 西日本相互銀行(西日本シティ銀行)と森俊雄

受け継がれた普銀転換の夢

西日本相互銀行(現・西日本シティ銀行)は、西日本無尽会社を前身として、一九五一(昭和二六)年一〇月に発足した。以後、八四年における単独での普通銀行転換まで、全国屈指の相互銀行として活動した。普通銀行転換後は、全国地方銀行協会に加盟し、同協会加盟六四行のうち唯一の相互銀行からの転換行となった。森俊雄は、六二年から七三年に急逝するまで同行の社長として陣頭指揮をとった。

遅咲きの人生

森の金融人としてのキャリアは、博多無尽に入社した一九三八年の秋に始まった。その時、森は既に三十代の半ばを過ぎていた。その後の活躍の華々しさとは対照的に、それ以前の森の人生は不遇であった。西南学院商科を卒業した二七年に金融恐慌が生じ、その三年後には昭和恐慌が発生した。未曽有の経済危機・就職難の中、森は妻子を抱えたまま、何度も勤め先の倒産に遭遇した。そうした悲惨な境遇は、生来の純粋な性格や行動力と相まって、森を社会大衆党の活動に駆り立てた。しかし、党の崇高な理念と組織の実態との矛盾に直面し、「裏切られた」という思いで活動から手を引いた。さらに、無情にも、失意の森を結核が襲った。幸いにも一命をとりとめた森は、久留米市役所勤務、福岡高等商業学校(現・福岡大学)設立への参画とそこでの講師生活、数年の浪人生活を経て、ようやく新聞の求人広告を通じて博多無尽に採用されたのである。「大学は出たけれど」の時代、長い浪人生活を、妻百代が生け花や茶を教えて支えた。ともあれ、森の金融人としての人生はこうして幕を開けたのである。

金融機関合同の荒波

博多無尽での森の活躍ぶりは目覚ましかった。本人の筆によれば、入社四年で社内で最高給の社員となった。しかし、その頃、無尽会社にも合同の波が押し寄せていた。戦時下において、大蔵省は「一県一行」「一県一社」への金融機関合同を推進したのである。博多無尽は、四島一二三率いる福岡無尽（後の福岡相互銀行→福岡シティ銀行、現・西日本シティ銀行）との好条件での合併話を蹴ったのち、一九四三年に九州無尽へと営業権を譲渡し、博多無尽の役員は総退陣した。その翌年、野村銀行（後の大和銀行、現・りそな銀行）の主導で、九州無尽を含む県内無尽会社五社が合併し、西日本相互銀行の前身である西日本無尽が設立された。因みに、この時、福岡無尽は合併を求められるもそれを拒否し、独立を維持した（そのちょうど六〇年後、西日本銀行と福岡シティ銀行の合併が実現するのである）。

合併後、森は驚異的なスピードで昇進していくが、そのプロセスは必ずしも順風満帆ではなかったようである。寄り合い所帯の常であるが、被合併会社の社員として冷遇され、自暴自棄になって辞表を提出したこともあったという。他社からの誘いもあったのによく踏みとどまったものだと後に述懐している。

◉戦火の中での奮闘

一九四五年六月一九日の福岡大空襲の際には、森は燃え盛る本店に一人駆けつけ、大金庫にバケツで水をかけ続け、これを死守した。敗戦が間近に迫る中、ひどい胃潰瘍にかかりながらも毎日出勤し、「死ぬときは武士のようでありたい」と諦観の境地にあった森は、この空襲の後、将来自分がこの会社の社長になること、そのために自分は死んではならないことを決意した。森は自伝の中で次のように書いている。

「ところが、この空襲を契機に絶対に死んではならないと思うようになった。あの夜、燃えさかる本店に駆けつけたのは、日頃愛社精神を説く幹部社員の誰でもなく、ただ私一人だった。

「こんなことでどうなるものか。もう人に任せては置けない。よし、どうあっても俺が社長になって、きっと会社を建直してみせる」と心中ふかく期するところがあったからである」。

終戦後、こうして焼失を免れた有価証券を担保にして会社再建に踏み出すのであるから、見事なまでの英雄譚である。またこの時、燃え落ちた看板からかろうじて燃え残った「西」の字をはぎとって持ち帰った森は、それを額に入れて保管し、終生自らの社長室に飾っていたという。こうしたエピソードが語り継がれることで、森のカリスマ性が

■森　俊雄（もり　としお）略年譜

1902（明治35）10・28　福岡県三潴郡鳥飼村（現・久留米市）で生まれる
1920・3　中学明善校卒業後、満州に放浪
1927（昭和2）3　西南学院高等部商科卒業
1932・2　久留米市役所勤務
1934・4　福岡高等商業学校（現・福岡大学）設立に参画し、講師となる
1938・9　博多無尽株式会社入社
1943・12　九州無尽株式会社入社
1944・12　西日本無尽株式会社入社、本店営業所所長
1947・4　同社企画課長
10　同社佐賀地区監督
1948・2　同社取締役
1950・1　同社総務部長
5　同社筆頭常務取締役
1951・10　西日本相互銀行に社名変更。常務取締役
1956・9　専務取締役
1962・2　取締役副社長
10　取締役社長
1973・7・11　逝去、72歳

いっそう強化されたことは想像に難くない。

●破竹の昇進

経営者へと転ずる機会は一九四八年に訪れた。役員改選の際、全支店長が森に投票し、取締役に抜擢されたのである。さらにその二年後には、多くの先輩役員を飛び越えて筆頭常務取締役となり、東令二郎初代社長（元・野村銀行福岡支店長）の下、総務部長、専務、副社長を歴任した。

森が第二代社長に就任したのは、六二年一〇月のことであった。それは、岩戸景気終焉後の不景気の時期に当たるが、その後間もなく東京五輪へ向けて再び景気が上向き始めるちょうど狭間の時期でもあった。森は就任後すぐに西銀綱領と社長訓を制定し、以後七三年に急逝するまで西銀の発展を牽引し続けた。

社長就任の翌年、資金量一〇〇〇億円の目標を半年繰り上げで達成した森は、一九六六年に第三次長期経営計画を立案した。その最大の柱は、創立二〇周年記念事業として建設された新本店が完成する六八年三月末までに資金量三〇〇〇億円を達成することであった。当時の資金量は一七四一億円なので、わずか二年間で七五％もの増加をはかる

必要があった。この目標に向けた森の決意は並々ならぬものがあった。当時、三〇〇〇億円達成へ向けて三つのパンフレット（『三〇〇〇億円に挑む私の経営態度』『三〇〇〇億円への道』『勝利をこの手に』）が作成されているが、そのひとつの中で、三〇〇〇億円を達成しなければならない理由を、森は次のように説明している。

「大型化した経済においては企業も大型化し、これに対応すべき金融力も大型化しなければ問題になりません。劣弱な金融力をもってしてはいかに高邁な理想をかかげ、いかに卓越した理論を説いても、所詮はこれ蟷螂の斧にすぎません。そういう意味から三〇〇〇億完遂は大型経済時代に処する当行のあり方としてなんとしてもなし遂げられねばならぬ目標であります」。

こうして、西日本相互は「何が何でも三千億」をスローガンに、全行あげての預金増強へと突き進むのであるが、これは県内のトップ行、福岡銀行に叩きつけた挑戦状でもあった。当時福岡銀行の資金量は二〇七三億円。熾烈な預金獲得競争の幕が切って落とされた。六八年三月末の資金量は、西日本相互銀行三〇三四億円、福岡銀行三一五九億円。森は三〇〇〇億円達成という壮大な目的を果たしたが、福岡銀行からの首位奪還は遂に成しえなかった。

「無尽の神様」との縁

寄り合い所帯の西日本無尽・相互銀行にあって、被合併会社である博多無尽出身の森が破竹の勢いで昇進しえた背景には、「無尽の神様」鶴喜代二の存在があった。終戦直後にいわゆる「新円無尽」を考案して大蔵省の認可を取りつけ、他に先駆けて爆発的なヒットを生み出し存続の危機にあった無尽業界を救った人物である。博多無尽の取締役支配人として森の採用に関わっていた鶴は、入社当初から森を評価し、要所要所で森の出世に大きな役割を果たしている。鶴は森と出会った印象について、「面接してみたら、実直で頭もよさそうなので直ぐ採用することにした」と追憶している。また、合併後の西日本無尽で、森を本店営業部長に推したのも鶴であった。これは旧九州無尽の先輩社員との序列という点で多くの反対にあったが、結局、本店営業部を本店営業所に格下げすることで、森を部長級よりも一段格下の所長にするという鶴の提案が通り、実現した。一九五〇（昭和二五）年に森が取締役の末席から筆頭常務に大抜擢された際には、森は鶴の自宅で喜びの涙を流したという。鶴は五六年に西日本相互銀行の副社長を辞し、当時経営が悪化していた正金相互銀行（現・福岡中央銀行）に社長として招かれ、経営再建を託された。

●研修所での「人づくり」

森の銀行経営者としての考え方を端的に示しているのが、徹底した社員教育である。森は次のように述べている。

「いまの人たちは、物質的にも金銭的にも恵まれすぎている。だから、逆境に生きる抵抗力に乏しく、本当に踏まれて育った雑草ではないので、逆境を跳ね返す力が弱い。このようなことで人生のあらゆる境遇に生きる意義を見いだし得るだろうかという危惧から、私は厳しい行員教育をやることにした」。

森が社長に就任した翌年の春に設立された大濠研修所では、新入男子行員に対して四月から六月まで三カ月の合宿形式での研修が行われた。合宿では、算盤、札勘定や、銀行員としての基礎知識を習得する座学研修だけでなく、毎日五キロの長距離走、草取り、公園の掃除、座禅、など心身の鍛錬を目的としたメニューが朝の六時から夜の一〇時までぎっしりと組まれていた。森は毎年研修所に泊まり込み、新入職員とともに公園の掃除をし、修了式の日には自ら修了証書を手渡した。森の後、社長を継いだ大村武彦は次のように回想している。

「三ケ月の研修を了えて第一線に配属されていく新入行員の一人一人の手をとって送り出すとき、永年苦労を共にした定年退職者をねぎらうとき、或はまた、可憐な女子行員や青年行員が真剣に研究発表するとき、森社長の目にはいつも涙が光っていました」。

前述のように、森はかつて福岡高等商業学校（現・福岡大学）設立に参画し、そこで数年の講師生活を過ごした。「私は教師としてきびしかったし、決して生徒に妥協しなかった。しかしいまでも当時教え子だった人がなつかしがって訪ねて来てくれる。私自身の体験からしても、いつまでも印象に残り、むしろなつかしい人は、中学時代に最もきびしく、容赦をしなかった先生である」と、後に講師時代を振り返る森は、おそらく銀行にあっても新入職員に対して正面から向き合う、厳しく情熱的な教師だったのだろう。

◉普銀転換の夢

一九六八年一二月、相互銀行最大手の日本相互銀行が都市銀行に転換し、太陽銀行（現・三井住友銀行）が誕生したことによって、西日本相互銀行が業界のトップ行となった。誰もが次は西日本相互銀行の番だと噂したが、森は普銀転換の夢を持ちながらも、今は体力をつけることが先決だとして、相互銀行に止まることを決めた。一九七二年、当時取締役審査部長だった市川慶三は、森から「転換してもやっていけるか、そろばんをはじいてみろ」と指示され、三カ月間の検討の末、転換したところで地銀にはまったく歯が立たず、問題にならないと結論づけた。福岡銀行との間で熾烈な三〇〇〇億円競争を戦い抜いたとはいえ、西日本相互銀行の実力はまだ地銀と同じ土俵で戦うには不十分だったのである。

普銀転換の夢がかなったのは、一九八四年四月。多額の不良債権を抱え経営難に陥っていた宮崎県の高千穂相互銀行との合併を契機に、ついに行名から「相互」の二文字を取り、西日本銀行となった。転換を実現したのは、その時四代目社長となっていた市川であった。相互銀行業界の一斉普銀転換（一九八九〔平成元〕年）に先駆けた単独での転換で、しかも相互銀行を前身とする唯一の地方銀行協会加盟行（一九八四年一〇月に加盟）となった。第一期生の入行式後の記者会見で、当時会長職にあった大村武彦は「普銀転換は、故森俊雄社長以来、二十四年間の悲願だった」と述べた。森亡き後も、その精神は役職員を鼓舞し続け、同行の原動力となってきたことがうかがい知れる。

（新井大輔）

◉参考文献

森俊雄氏追想録編纂委員会『森俊雄氏の追憶』西日本相互銀行、一九七四年。『普銀転換への道――西日本銀行四十年史』一九八五年。地方金融史研究会『日本地方金融史』日本経済新聞社、二〇〇三年。「金融戦国史 福岡編」上・中・下（『日経金融新聞』一九九二年一〇月一一日、一九日、一一月二日）。「証言九州経済五〇年の軌跡(1)――西日本銀行相談役市川慶三氏」（『日本経済新聞』一九九五年八月一五日）。

48 福岡相互銀行（西日本シティ銀行）と四島一二三

最大の会社たらんよりも最良の会社であれ

二〇〇四（平成一六）年一〇月、西日本銀行と合併し西日本シティ銀行となった福岡シティ銀行は、その八〇年前の一九二四（大正一三）年六月発足した福岡無尽を源流とする。同社は戦時期の無尽会社大合同に際して独立独歩の路線を貫き、戦後福岡相互銀行、福岡シティ銀行へと転換し、存在感を示し続けてきた。その福岡無尽、福岡相銀の舵取りに当たったのが四島一二三。彼は独自の人生哲学のもとに自己を厳しく律し、経営の陣頭指揮を執った。

●働くことの喜びをアメリカで知る

福岡市近在の農家の三男に生まれた四島一二三は、高等小学校を終えると、何の縁故もないアメリカに渡った。一八九七（明治三〇）年一〇月、一七歳のことである。ポートランドからサンフランシスコへ行き、同地で約一年間、働きながら夜間学校へ通い、ある程度の会話力を身につけると、サクラメントの農園に職を得、これを皮切りに農園で働いたり、線路工夫をしたりの流浪の後、ロスアンゼルスに近いサンタポーラのレモン園で働くことになった。このレモン園は、広さ三〇〇町歩（二九七万㎡）、従業員四五〇人という大農場で、魅力的に思えた。無謀とも言える渡米から三年、心機一転、四島はここで重労働に耐え、同僚の二倍も三倍も働いた。そうすることによって彼は、労働の尊さ、働くことの喜びを知り、仕事そのものを愛し、働くことに生き甲斐を感ずるようになった、という。

身を粉にした努力は総支配人に認められ、二年後には二二歳の若さでレモン園の経営責任者に抜擢された。四島は多数の作業員を束ねるにあたり、強い正義感と妥協を許さない意志をもって事を処理し、信望を高めた。日常生活では「欲しいものは買うな、要るものは買え」という方針を自らに課し、従業員にも勧めた。「金を残すなら四島キャンプに行け」という合言葉が生まれた。

こうした勤勉と倹約によって得た資金を元手に四島商会を設立、日用雑貨、食料品の販売や人材派遣など多角経営を行い、大いに繁盛した。しかしカリフォルニア州での日本人排斥運動の高まりもあって、一九一八（大正七）年一〇月、四島は日本に帰った。一一年間のアメリカ生活から十数万円の資産に加え、労働の尊さ、働くことの喜び、勇気、責任感、忍耐力、希望という徳目の重要さを体得しての帰郷であった。

懇請されて福岡無尽を生涯の仕事に

福岡無尽会社は一九二四（大正一三）年六月に発足するが、四島はその設立に途中から参加した。帰国二年後の二〇年二月、結婚を機に福岡市に転居し、やがて広辻信次郎の持ち家を借りたのが縁の始まりであった。親しくなった広辻に見込まれ、請われて、挫折の危機にあった福岡無尽設立に奔走することになる。

福岡無尽は広辻を設立発起人総代として計画され、二四年に大蔵省から内免許を受けた。資本金三〇万円、本店を福岡市に置き営業区域を福岡県全域とすることになった。県全域にわたる営業を認められたのは、総代広辻の社会的信用力――太宰府の名家の出身で、県内の郡長を歴任して得た名郡長としての高い評価に加え、資本金が多額であったことなどによった。

しかし、長びく不況の影響もあって、資本金の第一回払込金七万五〇〇〇円の調達が難航し、困り果てた広辻は借家人の四島に参画を促した。「その人柄から鉄のような意志と、潜めた不退転の行動力」を感じとったからであろう。協力を懇請された四島は、その任にあらずと断っていたが、広辻の熱意にうたれ、やがて「この無尽の仕事を生涯の仕事として誠心誠意やってみよう」と決心するに至った。

こうして予想だにしなかった事業に取り組むことになった四島は、持ち前の行動力と粘り強さをもって設立事務を進めた。計画を変更して、資本金を二〇万円に減額し、第一回払込金五万円を募集した。しかしそれも難航したため、地主として縁のある朝鮮で三〇〇〇円余を調達する有様であった。第一回株主名簿によれば、四島は広辻とともに五〇〇株（株式総数四〇〇〇株）を所有する最大株主である。

四島は二四年九月福岡無尽の取締役に選出され、専務に抜擢された。広辻社長は健康を害しており、発足したばかりの会社の経営は彼に託されることになったのである。その職責の重大さを痛感した四島は、祖先累代の霊に対し

「発願文」をしたため、たくましい闘魂、敢然とした信念、強烈な意志を与えられるよう祈願した、という。「希望なきは死なり満足は腐敗なり」とも記している。

彼はこの発願文を毎朝誦し、率先躬行、陣頭に立って、後発の福岡無尽の経営発展に全力を傾注したのである。

●野村銀行主導の大合同に不参加

四島は一九三六（昭和一一）年一月社長に就任した。初代社長広辻の没後、一一年間、専務として空席の社長職を代行してきたが、名実ともに社長として戦時下での経営の舵取りに当たることになった。そして取り組んだのが無尽会社の合同問題であった。

四島は湧金無尽（本社小倉市）との合併を計画した。この構想は順調に進み、実現見通しが立つまでに至った。しかし大蔵省はこの合併に反対意見を表明、福岡無尽に対し同じ福岡市に本社を置く博多無尽との合併を勧奨してきた。四〇年一一月のことである。やむなくこれに従い、新たな合併を計画したものの、軌道に乗ることなく終わった。このため彼は、将来に備えて営業網の拡充を図った。北九州地区や筑豊地区の有力者の協力を得て、無尽契約の募集を始めたのである。

福岡県では無尽会社の発展が著しく、数多く設立され、割拠的であった。四一年末でも大小一二の無尽会社が営業していた。しかし、合同問題は四三年になると新しい局面

■四島一二三（しじま　ひふみ）略年譜

1881（明治14）10・14　福岡県三井郡に久五郎、ミエの三男として生まれる、幼名は市次
1896・3　善導寺高等小学校を卒業
1897・10　渡米
1902　ロスアンゼルス近郊のサンタポーラレモン園の労務責任者になる
1907・11　サンタポーラに四島商会を設立、社長
1918（大正7）10　アメリカから帰国
1920・2　福岡市に居住
1923　福岡無尽の設立に参画
1924・9　同専務取締役
1936（昭和11）1　同取締役社長
1944　県内無尽会社の大統合に不参加を決断
1951・10　福岡無尽は福岡相互銀行転換、同行取締役社長
1969・5　取締役社長退任、取締役会長
1976・11・1　逝去、95歳

に入り、四四年に無尽会社は六社に半減、さらにこの六社の合同計画が浮上してきた。野村銀行（後の大和銀行）が県内のトップ無尽、九州無尽を母体とする統合案を提唱したのである。野村銀行支店長の東令三郎はまず、九州無尽の実力者、堀三太郎と麻生太七郎の了承を得、次いで他社へ合同への参加を働きかけた。そして西日本、南筑、共立、三池の四無尽はこれを受け入れた。この結果、五社大合同によって四四年一二月、福岡市に本店を置く西日本無尽（後の西日本相互銀行）が設立された。

一方、合併交渉を受けた四島には、福岡無尽は経営内容では全国一である、という強い自負があった。「最大の会社たらんよりも最良の会社であれ」――設立以来これを社是として掲げてきた四島にとって、野村銀行の傘下に統合することは納得できなかった。福岡無尽役員会は、四四年六月次のように決議し、独立路線を貫くことを表明した。

①　県下一社としての合併ならば同意する

②　野村財閥の介在する合併または譲渡ならば不賛成

四島は、この時の心境を「政府は権力によって会社の統合を命令してくるに相違ない。これで福岡無尽会社は終った」と覚悟した、と回想している。

●「企業は人なり」人材を育成

一九五一年一〇月、福岡無尽は福岡相互銀行に転換し、四島はその取締役社長に就任したが、彼の率先垂範は変わらなかった。例えば始発電車通勤。彼は長男孝の病死を機に早朝墓参をすませた後、五時の始発電車で会社へ通勤し、その日の課題を検討したりして始業に備えた。この日課は、休むことなく続けられ、「四島の一番電車」として知られるようになっていた。労働組合の要望により自動車通勤に変えたのは五七年であった。また中小企業者のニーズに親身になって応えるため、各支店を回りお客様を訪問する「顧客行脚」を五〇年から始め、一二〇年間続けた。

しかしその一方、最良の会社は社長一人で作れるものではないことを熟知していた。銀行を利用する人びとに役立つということは、社長一人で成し遂げられることではなく、行員の一人一人が顧客に満足を与える銀行員になることだ、信用が一番の宝である銀行にとって行員ほど大切なものはない、「企業は人なり」――彼はこのように考えていた。そして良い行員を作るためには、何よりも教育が重要であった。こうした認識のもとに相互銀行への転換を機に、相互銀行員にふさわしい人材の育成に本格的に取り組み始めた。五七年に開設された大濠研修所は、そうした信念の産物であり、「銀行の学校」として注目されたのである。

● 「格言社長」二宮佐天荘主人

四島は「二宮佐天荘主人」と号した。二宮尊徳、宮本武蔵、佐倉宗五郎、天野屋利兵衛の頭文字を取って、自宅を二宮佐天荘と称したが、それほどにこれら四人が備えていた徳性を四島は尊敬したのである。彼は「私ノ心ノ糧」と題する文章で四人に対して、彼らそれぞれの徳性——勤倹貯蓄、必勝不屈の勇気、義民精神と決行力、責任感と忍耐力を与えられるよう祈願をしている。これらの徳性を身につけたい、彼はこのように強く念じたのである。この号の原型は二七年一〇月、福岡無尽専務就任の三年後、新築の自宅に使用された。専務就任に際し祖先累代の霊に祈願文をしたためた四島は、さらに二宮尊徳らに祈願したのである。当初の号は二幡佐天荘主人であったが、戦後、幡随院長兵衛から採った「幡」を「宮」に変えた。

四島は「格言社長」と言われるほど、数多くの格言を作っている。自宅の前にライオン像を置き、その傍らの立て札には四カ条からなる「獅子の宣言」が記され、そこには例えば、「獅子ハ、捨身テ驀《まっしぐ》ラニ、自己ノ道ニ突入スル人ヲ愛シマス」「獅子ハ、迫力ト断行力ト、旺盛ナル精神力ヲ持ツ人ヲ愛シマス」とある。彼の好んだ格言に「堅持せよ、鉄の意志と火の精神力。断行せよ、信念の前に不可能なし」がある。

四島はこれらの格言を作り、誦することによって自らを厳しく律してきた。生涯の事業を発展させるためには、そうした自主、自律の精神が不可欠であるとの信念をもって精進し続けた経営者であった。

（杉山和雄）

● 参考文献

原田種夫『二宮佐天荘主人四島一二三伝』福岡相互銀行、一九六六年。『福岡相互銀行四十年史』一九六七年。『福岡シティ銀行80年のあゆみ』二〇〇四年。『西日本銀行五十年史』一九九五年。地方金融史研究会『日本地方金融史』日本経済新聞社、二〇〇三年。

■佐賀県

49 佐賀銀行と土井末夫

不退転の決意で経営を立て直し、故郷に貢献

佐賀銀行は、一九五五（昭和三〇）年七月、佐賀興業銀行と佐賀中央銀行の合併によって設立された。第二代頭取土井末夫は、一九六〇年に頭取として招聘されてから一三年に渡って経営の先頭に立った。土井は、行内の問題点を洗い出し、長期経営計画を実施する中で、業績低迷に苦しむ佐賀銀行の経営を立て直し、今日における同行の基礎を築いた。

●業績低迷に苦しむ佐賀銀行からの招聘

佐賀銀行は、一九五五年七月、佐賀興業銀行と佐賀中央銀行の合併によって設立された。佐賀県の銀行は、四四年までに、政府の推進する銀行合同により、ほぼ同規模の上記二行へと集約された。当時、両行の合併も取りざたされたが、歴史的事情、経営方針、営業基盤などの違いから実現には至らず、終戦を迎えた。戦後は、同一地域に店舗を展開するなど互いに激しい競争を繰り広げたため、両行とも預金コストをはじめ経営効率が悪化し、五二年下期には、決算に際して大蔵省の認可を必要とする「決算承認銀行」に指定された。そこで両行は、五四年に大蔵省が銀行政策を転換し、再び銀行合同を奨励するようになったことを期に、経営の効率化を図るため対等合併を行うことを決断したのである。

佐賀県の出身で元日本興業銀行理事の土井末夫が第二代頭取として招かれたのは、合併から五年後の一九六〇年のことだった。当時の佐賀銀行は業績が低迷し、五九年一月以降決算承認銀行に指定されていた。合併後、初代頭取手塚文蔵の下で経営の合理化が図られ、新銀行の基礎固めが進められたが、満足な成果は得られなかった。その背景には、佐賀県経済の低迷があった。五〇年代後半は、全国的には高度成長に沸いていたが、県内経済は産業全般に渡って低迷を続けていた。その要因として、第一に、構造的不況に陥っていた石炭産業を中心とする佐賀県には、高度成長の恩恵を受ける産業が少なかったことがある。また主要

産業であった農業生産も振るわず、人口の県外流出（とりわけ新規学卒者の流出）が顕著となっていた。こうした状況下で、手塚ら経営陣は、同郷の出身であり、日本興業銀行において優れた手腕を発揮した土井に佐賀銀行の立て直しを託したのである。

「私の残生10年余を佐賀銀行に捧げ、銀行を立派に伸展させる」

土井は、佐賀県佐賀市に生まれ、二四歳で東京商科大学（現・一橋大学）を卒業すると同時に、当時半官半民の特殊銀行として工業金融に力を注いでいた日本興業銀行（現・みずほ銀行）に入行した。昭和恐慌の発生直後の一九二七年四月のことだった。興銀では、庶務部長、中小工業部長、第二管理部長を歴任した。

終戦後、四八年一一月に、GHQによる占領政策の転換を背景に、債券発行による長期金融機関としての興銀の存続が決まった。土井はその翌月に同行の理事となった。興銀を辞した後、関係会社である東邦海運（後の新和海運、現・NSユナイテッド海運）の常務取締役、小幡亜鉛鍍金工場（現・ガルバテックス）の常務取締役を経て、六〇年五月に佐賀銀行からの招聘に応じることとなった。頭取就任後はじめて開催された支店長会議で、土井は次のような並々ならぬ決意を表明している。

「私は〝伊達や酔狂〟で頭取になったのではない。故郷佐賀のため、多少の銀行経験を元手に、私の残生一〇年余を佐賀銀行に捧げ、銀行を立派に伸展させることを希望として生きて行きたい。この信念を実行するための〝力〟と〝腕〟となってほしい」。

またこの時土井は、経営を抜本的に刷新するために、次のような施策を示した。第一に、行内における意思疎通の改善と愛行心の涵養（「一心一体の徹底」）である。そこには、歴史的ないきさつからくる派閥間の不協和音の解消という意味が込められていたのではないかと推察される。第二に、地元銀行としての使命の徹底、預金の増強、不良債権の整理、常務会運営の強化という四つの「業績の進展策」を設定し、業績目標を完遂するために努力することを求めた。

長期経営計画を通じた経営の抜本的刷新

土井が就任した年の七月、池田内閣が所得倍増計画を発表し、積極的な経済政策がとられた。また、佐賀県でも一九六〇年から六七年の八年に渡る産業振興計画が策定され、佐賀銀行に対する資金需要も増大することが予想された。こうした情勢の中で、土井は六一年八月に初めての長期経営計画を策定した。計画は六一年度から六三年度までの三年計画であり、以下の経営基本方針が打ち出された。

1. 銀行は地域社会の発展に奉仕する。
2. 銀行は預金者と株主の信頼に応える。
3. 銀行は行員の福祉を考える。

この基本方針は、現在でもほとんど同じ形で引き継がれているが、そのことは、土井がこの時期にイメージしていた佐賀銀行のあるべき姿が、全行で共有され、目標とされ続けてきたことを物語っている。また、この基本方針を達成するために、次の五つの具体的施策が展開された。

1. 内部体制の確立、すなわち常務会の運営を中心として、本部機構の簡素化・経営方針の徹底化・権限と責任体制の確立・人事管理の適正化・研修方針の確立を図る。
2. 預金の増加を推進するため、得意先活動の強化・サービス面の改善・新種預金の企画を促進する。
3. 貸出に当っては、地域・業種・資金の長短など弾力的配分に留意し、第二次産業の成長支援に重点を置き、とくに地元中小企業の育成に力を入れる。
4. 管理債権の整理を促進し、資産の流動性保持に努め、預貸率は八〇%を目途とする。
5. 経常収支の改善を図り、内部留保を充実させるため、業務運営の合理化を促進し、コストの低下・経営効率の向上を図る。

このように、土井は行内の問題点を洗い出し、長期経営計画を実施する中でそれらを全般的に改善し、経営の立て直しを図った。中でも行員の育成には特に力を入れた。一つ目の施策の中に見られるように、これ以降、五七年から行われていた集合研修に加えて新しい研修方針が確立された。すなわち、業務一般の研修としては、上位職（部・室・店長）から次長・代理クラスを対象とした管理者研修、主任を対象とした監督者研修、新入、初級、中堅と段階的に行われる一般行員研修が行われるようになった。また、融資やオンライン業務など業務ごとの研修も行われた。こうして、行内における研修は量質ともに充実し、体系化されていった。

また、行外の研修にも積極的に参加するようになった。従来から参加していた地銀協の「銀行講座」や「支店長講座」に加え、一九六二年四月から開催された地銀の全行員を対象とした「通信講座」を、受講料を銀行が全額負担して受講させるなど、積極的に行員の学習意欲を促した。さらに、日本興業銀行や第一勧業銀行の研修などにも参加す

■土井　末夫（どい　すえお）略年譜

1902（明治35）1・6　佐賀県佐賀市で生まれる
1927（昭和2）3　東京商科大学卒業
1927・4　日本興業銀行入行
　同行庶務部長
　同行中小工業部長
　同行第二管理部長
1948・12　同行取締役理事
1951・6　東邦海運株式会社入社、常務取締役
1959・4　小幡亜鉛鍍金工場入社、常務取締役
1960・5　佐賀銀行入行、取締役頭取
1973・5　相談役（～73・11）
1976・6・5　逝去、74歳

るようになった他、職場内研修も強化された。

●「決算承認銀行」の指定解除とその後の躍進

第一次長期経営計画は目標をはるかに上回る成果をおさめた。その目標は終了年次を待たずに達成され、預金、資産内容の改善、損益収支の均衡、経営収支率の改善が果たされた。その結果、一九六四年三月には、決算承認銀行の指定が解除された。また、長期計画の中で早期開設が企図されていた東京支店が、六五年四月に開設された。東京支店の開設により、中央との取引や情報交換が円滑化・迅速化し、地元金融機関としての使命を果たすための体制がいっそう整った。

こうして、業績低迷にあえいでいた佐賀銀行は、土井の頭取就任後の五年間でその後の発展の基礎を確立し、六五年七月には創立一〇周年を迎えた。土井は、創立一〇周年記念行事の一環としての頭取メッセージの中で次のように述べている。

「当行の今日までの推移と現段階を病気の治療状態にたとえるならば、第一段階として病状の進行をとめたので、第二段階として体力の回復と施薬による治療を続ける段階

であります。内外面の諸般の合理化を推進するにしても、体力の回復と施薬による治療を続けながら、これをすすめていかなければならないところに当行としてはまだ苦しいところであります」。

一九六〇年代後半に入ると、佐賀銀行は佐賀県経済とともに大きく躍進する。六六年八月には、第二次長期経営計画が策定、実施された。第一次と同様に、三年間の計画であり、その内容は事務の合理化を主軸とし、預金残高一〇〇〇億円の早期実現を図るものだった。その結果、銀行の体質は強化され、業容も大きく拡大した。期中の六八年一二月には預金一〇〇〇億円の大台を突破した。

創立以来伸び悩んでいた預金と貸出金は、土井が頭取に就任した一九六〇年以降増勢に転じた。預金については、六〇年九月期から七〇年九月期までの一〇年間における対前期比平均増加率は約九・〇%で、全国地銀平均とほぼ同じ水準であった。貸出の伸び率も同様に高く、その内容も大きく改善した。例えば、石炭業を主とする鉱業への融資比率は、一〇年間で全体の一一%から〇・七%に低下した。他方、県の産業振興計画の進展に伴う旺盛な設備投資需要を背景に、製造業への融資比率は二七・二%から三五・八%へと上昇した。また、収益状況については、経常収支率（経常収支／経常収入）が六〇年度下期以降改善に向かい、六一年上期には創立以来初めて大蔵省指導ラインの七八%を下回り、六四年下期には全国地銀平均以下にまで低下した。しかし、六九年下期以降は経費率が大きく下がらず、経常収支率は徐々に増加した（大蔵省の指導ラインは六八年上期に廃止された）。

一九七一年三月には、念願の大阪支店が開設された。六五年に一度申請したものの、当時の大蔵省が店舗を抑制する方針だったため、却下されていた。六七年度現在、佐賀県には大阪の企業が二三社進出しており（これは九州では福岡に次ぐ数であった）、また大阪からの入荷額は県の総入荷額の一五%、大阪への出荷額は県の総出荷額の一六・八%と、経済的結びつきは強かった。大阪支店の開設により、取引の円滑化・迅速化が促進され、また佐賀銀行の経営基盤も拡大された。

また、一九七一年からは、五年間に渡る第三次長期経営計画が実施された。しかし、土井は、この計画の半ばで七三年五月に辞任を表明する。当時の経営陣は、土井に役員として残るよう慰留したが、土井は固辞して相談役に就任した。当時マスコミを騒がせた行員の不祥事の責任と、健康状態がその理由であった。その半年後に相談役からも退いた土井は、七六年六月に帰らぬ人となった。残りの人生を故郷と佐賀銀行の発展に賭す、という就任時の決意通りの後半生であった。

（新井大輔）

◉参考文献

『佐賀銀行史』一九七一年。『佐賀銀行百年史』一九八二年。地方金融史研究会『日本地方金融史』日本経済新聞社、二〇〇三年。

50 十八銀行と清島省三

生涯一書生

大蔵省北九州財務局長であった清島が、十八銀行に招聘され頭取に就任したのは一九五六（昭和三一）年三月七日である。今日では考えられないが、四七歳であった。これ以降、会長職に就く八三年まで三〇年近くも経営の第一線に立った。在職二〇年を超える頭取が珍しくなかった往時の地方銀行界でも、オーナー頭取を除けば、やはり出色の長さであろう。清島が頭取として手がけ、成し遂げた仕事は、労使関係の正常化、本店建築、コンピュータの採用（オンライン化）と言われている（十八銀行『百年の歩み』五三一頁）。いずれも経営の根幹に関わる課題であった。

清島は、頑固一徹な「肥後モッコス」の一人であるが、同時に快活で好奇心に富み、話し相手の気分をワクワクさせるところがあった。清島が醸し出す「書生」の雰囲気は、長崎の風土にピッタリ合うのである。

病気と対決、泰然とした死生感を生む

清島は、一九〇八（明治四一）年五月、熊本県飽託郡古町村（現・熊本市西区二本木）に父徳平、母タニの三男として生まれた。省三《しょうぞう》の名前は、酒、女、博打の三つを省くとの願いを込めて付けられたという。清島家は、代々庄屋を務めた家柄であり、省三の両親は母方の祖父が始めた酒屋を手広く営んでいた。しかし清島が八歳の時にタニが、一〇歳の時には徳平が死去した。さらに四男二女の子供たちのうち四人が若くして亡くなっている。いずれも結核である。その後、清島は熊本中学校、第五高等学校を経て東京帝国大学法学部に学んだ。とくに五高時代には、後年様々な形で清島を支えたいわゆる五高人脈が形成されている。他方で肋膜炎を患い、東大時代も完治せず苦しんだ。省三も病弱であったが、結局、弟の芳郎と二人だけが生き残り長命を保つのである。清島の泰然とした死生観は、家族への思いや病気との対決の中から生まれたものであろう。

一九三三年三月に東大を卒業した清島は、結婚して新天地「満州」に渡った。翌三四年九月、満州国財政部属官に

採用され、金融司（局）配属を皮切りに上海事務所駐在、第二次近衛内閣の企画院調査官、満州国経済部（旧財政部）経済司金融科長を歴任した。四五年八月一五日の玉音放送は新京（現・長春）で聞いた。清島は、敗戦後の大混乱の中で組織された日本人会に参加、避難してくる同胞の世話をした。在満日本人の引き揚げが一段落した後に、清島夫妻も四六年一〇月、ようやく帰国するのである。満州に賭けた清島の青春が終わった。敗戦国民の惨めさを思い知っての帰国であった。

●北九州財務局長から十八銀行頭取へ

一九四七年からは薦められて大蔵省に入り文書課に勤務、東京裁判にも関わった。経済安定本部に出向後は、財政金融局の企業課長、金融政策課長、産業資金課長を務めた。五〇年に大蔵省に戻り閉鎖機関監理官となった。そして五三年六月、二代目の北九州財務局長を拝命、福岡市に赴任するのである。着任直後に大水害と福岡銀行のストライキという洗礼を受けた。清島が関わった重要なトピックに五五年七月の佐賀銀行誕生がある。各々固有の歴史を持つ佐賀中央銀行と佐賀興業銀行の合併が円滑に進むように清島も少なからず尽力したのである。五五年に経済企画庁審議官に転出するが、今しばらく北九州財務局長であったならば、十八銀行と親和銀行の合併を進めるように指示されていただろう。

十八銀行は、一八七七年に開業した。十八とは国立銀行法に基づき一八番目に認可されたことを意味しており、いわゆるナンバー銀行の一つである。明治初期には全国で一五三行のナンバー銀行が誕生したが、幾多の荒波のなかで消滅・改称した。十八銀行は創業以来のナンバーを堅持してきた数少ない名門銀行であった。しかし戦後は、労使関係が悪化し、経営状況も芳しくなかった。こうした同行の再建を清島は引き受けた。その際、大蔵省幹部は「長崎県内にある二行を合併させる課題は私が頭取として仕事をしたうえで、その判断を尊重して決定するのが至当である」（野中大蔵『生涯一書生　清島省三』七二～七三頁）という清島の提案を了解した。北九州財務局長時代に、労使問題で揺れていた十八銀行幹部の求めに応じて「この銀行は組合問題など全くなっていない」（同前、七二頁）と手厳しい批評をしていた清島である。後年、「私は敵陣へ単身、パラシュートで飛び降りる心境でした。」（同前、七三頁）と語っている。

労使関係を正常化し業容拡大へ

清島は、一九五六年三月八日午後五時、本店営業部ロビーに本支店役職員を集め、「私は諸君を信頼する。諸君も私の信頼に応えていただきたい。私は経営再建のため人事の刷新、労使関係の正常化に取り組む。そのため信賞必罰主義で臨む方針だ。この銀行を経営者と行員がなんのわだかまりもなく、スクラムを組んで打ちとけることのできるような明るい、働きがいのある職場、大衆に信頼される銀行にしたい。」（同前、七四頁）と就任第一声を放った。しかし十八銀行の行内は、清島が事前に想像していた以上に荒れていた。いわば「重度の結核にむしばまれ」（同前、七五頁）た状況であった。

行内の一体化を心底から望む清島から見れば、厳しい経営状況を無視する当時の従業員組合と過激派執行委員は、「腹の虫が収まらない」（同前、七七頁）存在であった。敗戦の惨めさを骨髄に徹して味わった清島は、二度と負けたくなかったのである。「勝つか、負けるか、とことん戦う姿勢」である清島頭取によって銀行側の組合対策は徹底的に行われた。他方で銀行の考え方は『人事部通信』によっていち早く行員に伝えられた。毎週金曜日の夕方二時間、頭取が一般行員の声を直接聞く時間が設けられたことも有効であった。頭取や新設された常務会の意思と行員の考えが、幾つかのチャネルを通じて交流し始めると行内の雰囲気は急速に変わった。例えば、組合役員の改選において過激派の執行役員はすべて落選したのである。

わずか一年足らずのうちに、労使関係の改善は目に見えて進捗した。これを踏まえて一九五七（昭和三二）年四月からスタートしたのが、「業務拡張長期計画」であった。これは向こう三年間で十八銀行の業容を地銀の平均水準に引き上げようとするものである。十八銀行の経営内容は悪かった。例えば、五六年三月期の経常収支率は地銀平均七五・七九％をはるかに上回る八五・四四％であり、行員一人当たりの預金残高も地銀平均より三〇〇万円近く低かった。大蔵省の決算承認銀行という烙印が押されていたのである（同前、八三頁）。

清島の強力なリーダーシップのもとに行員の潜在能力が

清島　省三（きよしま　しょうぞう）略年譜

1908（明治41）5・10　熊本県飽託郡古町村（現・熊本市二本木町）に徳平、タニの三男として生まれる
1933（昭和8）3　東京帝国大学法学部卒業
1934・9　満州国財政部属官
1940・11　内閣企画院調査官
1943・11　満州国経済部経済司金融科長
1946・10　満州から帰国
1947　大蔵省入省
9　経済安定本部財政金融局企業課長
1949・9　同局金融政策課長
12　同局産業資金課長
1950・8　大蔵省管財局閉鎖機関監理官
1952・4　同省副財務官
8　同省大臣官房財務調査官
1953・6　同省北九州財務局長
1955・10　経済企画庁審議官
1956・3　十八銀行取締役頭取
1975　全国地方銀行協会副会長（〜79）
1983・10　十八銀行取締役会長
1989（平成元年）6　同行取締役相談役
1990・6　同行相談役
1993・3・7　逝去、84歳

引き出され、目覚しい運動が展開された。業務拡張計画は良好なパフォーマンスで終結、経常収支率は大きく改善された。ようやく決算承認銀行の汚名を返上したのである。何よりの成果は、行内一体となって業容拡大に取り組めたことであり、やればできるとの自信が備わったことであった。そしてこうした行員の意識改革が、高度成長時代の幕開けに間に合ったことも重要な成果であろう。

●オンラインシステムを導入

一方で清島は、一九五八年に日本生産性本部が企画したアメリカ中小企業金融専門視察団の一員として渡米した。比較的早くに巨大かつ奥ゆきの深いアメリカを見た経験は、清島の経営観を豊かにした。とくに事務が手作業ではなく、パンチカードシステム（ＰＣＳ）によって処理される姿は、強烈な印象を与えた。後年、清島は事務の機械化やオンラインシステムの導入に積極的な姿勢を採るが、その淵源はこの辺にあるのであろう。

●創立九〇周年で新本店建設

三カ年計画による業容の継続的な拡大に伴い行員の意識は大きく変わった。地域からの信頼も揺ぎないものになっ

た。さらに意識改革を進めようとしたのが、創立九〇周年記念事業として起案された新本店の建設であった。一九六五年に本店建設企画本部を設置し、六七年着工、六九年六月末に完成した。新本店は、一八八九（明治二二）年に建設された旧本店を取り壊した跡地に建設し、同行の変化を行内外に示すシンボルとなった。開店式にあたり清島は、「新本店の完成を契機に地域社会の皆さんに対し、感謝の念を一層深めてほしい。そして銀行の理想水準に挑んでほしい。力量の低いもの同士が競争して、その中で勝っても成功とはいえない。これからの当行は次元の高い活動を目指して前進しなければならない。」（同前、一〇七頁）と訓示したのである。

行風を成長志向タイプに変える

清島は、何事につけても慎重、保守的であった十八銀行の行風を成長志向タイプに変えた。清島は、一九二七年の金融恐慌やその後の昭和恐慌を体験し「預金取付恐怖症」や「貸出焦付恐怖症」に罹患した世代ではない。また外地の役人であったことから罹病世代の薫陶も受けていない。戦後の地方銀行経営者の中には、この二つの恐怖症から自らの経営観をなかなか解放できず、そのため高度成長に対応した成長志向への切り替えが遅れてしまった銀行も少なくない。銀行家としての清島には、そうした悩みがそもそもなかった。清島が自然と目指した意識改革の方向は、戦後の混乱と復興の中で満身創痍となり臆病になった安全第一の行風を改め、積極進取の行風を打ち立てるもの以外になかった。なぜなら、清島の戦後の人生は、敗戦によって根底から瓦解した自らの生き様を今一度建て直していくものだったからである。それは銀行の再建と見事に重なり、さらには日本の輝く復興へとつながるものであった。その意味で、文字通り「生涯一書生」の歩みと言えるのである。

（佐藤政則）

参考文献

十八銀行『百年の歩み』一九七八年。野中大蔵『生涯一書生　清島省三』西日本新聞社、一九八五年。地方金融史研究会『続地方銀行史談』第一集、一九八九年。

51 大分銀行と後藤三郎

堅実経営で戦後の基礎を築いた生え抜き頭取

大分銀行の設立は一八九三（明治二六）年二月一日である。昭和恐慌期の一九二七年一〇月、ライバル行の二十三銀行を吸収合併して大分合同銀行となり、一九四三（昭和一八）年一二月には大分県で唯一の本店銀行となった。一九四五年四月、頭取に就任した後藤三郎は、堅実経営で復興期の厳しい時代を凌ぎ、一九五四年に相談役に退くまで最前線で陣頭指揮に当たり、その後の発展の基礎を確立した。

●空襲激しくなる中での頭取就任

大分銀行の歴史は九州の中では鹿児島銀行に次いで古く、その設立は一八九三年二月一日である。大分銀行は、昭和恐慌期の一九二七年一〇月、ライバル行の二十三銀行を吸収合併し、大分合同銀行となった。大分合同銀行の初代頭取には、日本銀行の斡旋により元・台湾銀行理事の首藤正寿が就任した。合併後の業績不振のため多忙を極めた首藤が病に倒れると、大分県出身の元・日銀総裁で当時は大蔵大臣だった井上準之助の推薦により、藤田軍太が一九三〇年七月に頭取に就任した。藤田は同じく大分県の出身である。日銀から日本勧業銀行（後の第一勧業銀行、現・みずほ銀行）に転じ、当時は大阪支店長の職にあった。

戦時金融統制期になると、全国で銀行合同が本格的に進められた。大分合同銀行は、一九四〇年五月に百九銀行、四二年七月には日田共立銀行、同年八月に豊和銀行、同年一〇月に中津銀行と共同野村銀行を買収合併した。四三年一二月には豊前銀行本店などを譲り受け、大分県における一県一行が実現した。四五年五月、藤田は常務取締役後藤三郎に頭取の席を譲り、会長に退いた。

後藤三郎は、一八八五年二月に大分郡東庄内町で生まれた。後藤の母親は若くして夫を亡くし、苦労して八人の子ども達を育てたという。後藤は一九〇七年三月に神戸高等商業学校（現・神戸大学）を卒業すると同時に日本綿花（現・双日）に入社した。一九〇九年には二十三銀行に入行し、大阪支店長、本店支配人を歴任した後、一九二四（大正一三）年一月に取締役に就任した。一九二七年一〇月、二十三銀行と大分銀行が合併し大分合同銀行が発足した際には監査役に就いた。その後三〇年から一五年間に渡って常務取締役を務め、終戦直前の四五年四月、藤田の後を継いで頭取となった。入行三六年目、六〇歳の時であった。創立以来初の行員出身の生え抜き頭取であった。

後藤は、頭取に就任した翌月の五月五日、全行員に向けて次のような内容の訓示を行った。第一に、金融人の心構えである。すなわち、金融人は、戦線における兵士のように討ち死にする覚悟を持って職域を一歩も退くことのないように、特に役席者は、全艦員を下船させ、自分は艦と運命を共にする艦長のようにあるべし。第二に、戦争を完遂するために、貯蓄を奨励しインフレを防止すること、第三に、仕事は忙しく人手は少ない現状だが、金融人は最後まで顧客に対して親切丁寧であるべし。すべてはお国への御奉公のため、という当時の日本社会を覆い尽くしていた建前の奥に、金融業務に対する後藤の真摯な態度を読み取ることができる。

後藤が頭取になった頃、日本の主要都市はほとんど空襲に焼かれ、物資は極端に不足し、敗戦色は既に濃厚であった。大分市は一九四五年三月中旬からしばしば空襲に見舞われるようになっていた。男子行員の多くは出征し、残された男子行員は戦闘帽とゲートル、女子行員はモンペ姿で出勤していた時代である。特に激しかったのは七月一六日の夜の空襲で、市内の中心部のほとんどが被災した。その際に、大分合同銀行のシンボルでもあった赤レンガの本店本館、および旧大分銀行本店だった竹町支店が消失した。また、八月一〇日午前には焼け残った本店別館（本店焼失後臨時営業所としていた）にも焼夷弾が降り注いだが、これは後藤の陣頭指揮の下に消し止めることができた。当時後藤の秘書だった兒玉馨は、後藤の退職を祝う文章の中で次のように回顧している。

「この困難な時代に頭取を引き受けたことは戦災で廢亡する銀行の葬儀委員長を引き受けたようなものであつた。頭取御自身も葬儀委員長たることを決意しての就任であつたと思われた」。「この時代に、頭取秘書役であった私は、戦時内閣の書記官長のような氣持で、頭取と共に銀行を枕に戦死を覺悟したのであつた」。

●戦後の基礎固め

一九四六年二月、「金融緊急措置例」「日本銀行預入令」が公布・施行され、大分合同銀行でも全行員総出で新旧日銀券の引き換え業務に追われた。また同年八月には「金融機関経理応急措置令」が公布・施行され、資産負債が新旧二勘定に分離された。この時、ほとんどの地方銀行と同様に、資本金の九割と預金の大部分が切り捨てられた（損失を負担した預金者と株主には、五〇年代以降に負担全額と利息が支払われた）。

新勘定へ移行した後、大分合同銀行の再建は順調に進んだ。一九四八年三月には従業員組合との協議を経て就業規則が制定された。翌四九年四月には本店社屋の再建工事が完了し、仮店舗からの移転が行われた。焼け残った周壁の赤レンガは十分使用に耐えることが確認されたため、本店は元の姿へと完全復旧された。また、五一年頃までには、機構の拡充、戦後再建のための増資、店舗網の整備などが行われ、こうして大分合同銀行の戦後復興は一段落し、組織としての基盤が確立された。翌五二年には合併二五周年を迎え、五三年一月に行名を大分銀行へと改めた。さらなる飛躍を目指し、また大分県の地元銀行であることを簡明に表現するためである。

また、後藤は行員の育成のため、自主的に勉強して専門知識を身に着けることを奨励し、専門雑誌購読料の半額を銀行が負担する制度を作った。前述の兒玉は次のように述べている。

「頭取は私共に常に勉強せよ、書物を読めと勧められ、

■後藤　三郎（ごとう　さぶろう）略年譜

1885（明治18）2・6	大分郡東庄内町で生まれる
1907・3	神戸高等商業学校卒業。日本綿花入社
1909・3	二十三銀行入行
	同行大阪支店長
	同行本店支配人
1924（大正13）1	同行取締役
1927（昭和2）10	大分合同銀行監査役
1930・1	同行常務取締役
1945・4	同行取締役頭取
1953・1	大分銀行に行名変更
1954・4	相談役
1962・12・1	逝去、77歳

銀行員は銀行に關する専門雑誌の一、二冊位は讀まねば駄目であるといつもいわれた。そして昭和二十六年六月に専門雑誌、バンキング、新銀行實務等の銀行半額負擔制度を設けられた。その爲め、それ迄六十名に過ぎなかつた購讀者が六百名にふえた。これも頭取が銀行の永遠の繁榮は人物の養成にあるとの信念に基づく施策で、頭取の一面觀ともいうことが出來よう」。

金融恐慌、昭和恐慌期に既に役員を務めていた後藤は、同じような境遇のバンカーが多かれ少なかれそうだったように、戦後も徹底した堅実経営を貫いた。例えば、預貸率は八〇％前後を保ったが、これは地方銀行平均よりも低かった。また同様に、流動資産比率は平均よりも高かった。このように、後藤は積極的な拡大策を打つことは決してなかったが、主要産業である農業の豊作を背景に、業績は順調に伸長した。預金の対前年比伸び率は、一九四九年三月末は七八・八％（全国地方銀行平均一〇六・四％）、五〇年三月末四六・五％（同四三・三％）、五一年三月末四〇・五％（同三六・三％）、五二年三月末四七・〇％（同五二・四％）、五三年三月末四四・九％（同三九・五％）、五四年三月末九・五％（同一九・六％）と、全国平均と比べても引けを取らなかった。また、毎期確実に純益をあげ、その額を順調に伸ばしていった。こうして、後藤は堅実な舵取りによって復興期の厳しい時代を凌ぎ、経営の基礎固めを行った。

「古武士的風格」を備える反面「温情慈父の如く」

一九五四年四月、後藤は健康上の理由から、副頭取野内四郎七に職を譲り、相談役に退いた。同時に、元日銀大分支店長で当時経理局長だった木下常夫が取締役会長として招かれた。大分県野津原村出身の一万田尚登日銀総裁の推薦であった。後藤の退任の際、野内は次のような賛辞を送っているが、ここには、戦前から戦後にかけての大分銀行に対する後藤の貢献が手短かだが的確に表現されている。「明治四二年三月、二十三銀行に入行以来四五年間、ほとんど全生涯を当行の経営に捧げ、大正末期から昭和初頭にかけての金融苦難時代、および戦時統制経済時代にもよく対処し、終戦当時頭取に就任以来、一〇年間当行の基礎を築いた」。

頭取辞任後も長く相談役を務めた後藤は、一九六二年一二月一日、老衰のため七七歳でこの世を去った。銀行葬における弔辞の中で木下（当時は頭取）は次のように述べた。

「戦時中県下各銀行を統合し、昭和二十年頭取に就任、つねに従業員の先頭に立って戦局あわただしき頃の経営に当り終戦後は産業界の混迷とインフレ時代を克服し、よく県経済界の安定発展のため努力し、当行今日の基礎を固められたのであります。

昭和二十九年頭取辞任後も尚引続き相談役として尽力され金融界多年の功労に対し昭和三一年には黄綬褒章の栄に浴されました。

相談役はよく「士魂商才」を口にされていましたように清廉にして古武士的風格をそなえ烈々たる気概を蔵される反面温情慈父の如く知己後輩の集い来る者あとをたたなかったことよりしても、人徳の一端を窺い知ることができるのであります」。

また、後藤の死の二年後に出版された『大分銀行七十年史』は、後藤の行葬を紹介し、そこで次のように評している。

「翁は生来清廉潔白、身を律するに厳、その性格は秋霜烈日の反面また温情慈父の如く、行員に接するにも峻厳、骨髄を刺すが如き厳しさがあった反面些細なことまで心を配り何くれとなく面倒を見たことは我等のよく知るところである」。

ここで言われているように、後藤は堅実な銀行経営者としての冷静で厳格な面を強く持ちつつ、行員に対しては「いざという時に責任をとる」という種類の温かさを備えていた。前述の兒玉は、若いころに後藤に救われた経験を次のように語る。

「昭和七年の頃私が一介の青年行員時代に、保證被りで千圓の金に窮した時、常務であられた頭取が両豊銀行の常務、後藤喜作氏に後口添の上、保證までしていただいたこともあります」。

また、後藤の人柄は、従業員組合に関わる次のようなエピソードからも窺い知ることができる。終戦直後の一九四五年一〇月、GHQが労働組合結成の奨励を幣原内閣に指示したこと、および猛烈なインフレの中で多くの行員たちの中に待遇改善の要求が渦巻いていたことで、組合結成への機運は高まっていた。こうした中で、大分合同銀行従業員組合は、四六年六月、約九〇〇人の行員の総意を結集して結成された。組合結成時の世話役の一人である横山保武によれば、こうした動きに最初に目をとめ、当時の営業部長に内々に組合の指導を命じたのは後藤頭取だった。また、五〇年一一月頃、レッド・パージが銀行の組合に吹き荒れた際には、後藤は「大分銀行からは犠牲者を出さない」と横山に約束し、当局から目を付けられていた組合員に対し何かにつけて気を配っていたという。横山よりもかなり若い世代の組合員で、五七年当時の委員長山田昌治は、組合十周年を記念する座談会の中で、レッド・パージ期の後藤の姿勢について次のように語っている。

「後藤さんはああいうときは行員のことは非常によく心配してくれますね。とくに若い行員のことなんか親身になってみてくれる」。

このように、当時の極めて戦闘的な組合幹部や若手組合員も、後藤には立場を超えた人間的な信頼を寄せていたことがわかる。

（新井大輔）

●参考文献

大分銀行従業員組合十周年記念誌編集委員会『組合一〇年のあゆみ』一九五七年。『大分銀行七十年史』一九六四年。『大分銀行百年史』一九九四年。地方金融史研究会『日本地方金融史』日本経済新聞社、二〇〇三年。

52 肥後銀行と川田栄三

安田銀行出身の「中興の祖」

肥後銀行は、一九二五（大正一四）年七月、熊本銀行、植木銀行、飽田銀行の三行合併によって、肥後協同銀行として発足した。戦後は安田銀行（戦後の富士銀行、現・みずほ銀行）の系列から脱し、熊本県下で唯一の地方銀行として順調な成長を遂げた。川田栄三は四六年六月以降二五年に渡って頭取として陣頭指揮をとり、戦後の肥後銀行の復興とその後の飛躍の基礎を築いた。

●安田銀行から肥後銀行へ

合併の際に安田銀行の援助を受けたため、設立当初から安田銀行の強い影響下にあった。肥後銀行に改称したのは一九二八（昭和三）年三月。金融恐慌に際して行った一〇〇万円の増資のうち、五〇万五〇〇〇円を安田銀行が引き受け、完全に安田系銀行として再編された時のことだった。

その後、肥後銀行は芦北銀行、小国銀行、八代共立銀行、井芹銀行を合併し、一九四二年一二月には県内唯一の銀行となった。

安田銀行松本支店長だった川田栄三が肥後銀行の派遣重役として取締役支配人に就任したのは、一九四三年の夏であった。川田は一八九六（明治二九）年に群馬県で生まれ、一九二三年に東大法学部を卒業すると同時に安田銀行に入行した。安田銀行が大学卒業者を採用しはじめた第二期生に当たり、当時の副頭取は後の日本銀行総裁結城豊太郎であった。川田が入行した年は、関東大震災、安田系一一行の合同合併など、波乱の年であった。その後、京都、大阪の支店勤務を経て、一九三〇年には会津若松支店長となった。当時川田は三四歳であり、行内で最も若い支店長だった。その後、宇都宮支店長、長野支店長を歴任した後、四一年には甲信越一四店舗を統括する松本支店長に命ぜられた。肥後銀行に派遣されたのはその二年半後、南方諸島で戦局が転換しようとしていた時期であった。

終戦後、占領軍指令に基づいて、財閥の解体が行われた。一九四五年一〇月一五日、他の財閥本社に先立って安田財閥の持ち株会社である安田保善社が解散を決議したことによって安田家が関係会社から総退陣することとなり、一一月三〇日には肥後銀行の安田善五郎取締役会長、安田孝一郎取締役が辞任した。この時、川田は肥後銀行の常務取締役となった。また、その半年後の四六年六月には四九歳の若さで取締役社長（四八年に頭取と名称変更）となり、以来七一年に会長に退くまで二五年にその座にあった。こうして川田は、終戦直後より、地元の資本によって支えられる地方銀行として再出発した肥後銀行を指揮することとなったのである。

◎終戦直後の施策

川田の社長就任と同時に、行員の中から取締役が選任され、また一九四七年九月には前日本銀行熊本支店営業課長の中田菊太郎が常務取締役となるなど、経営陣の強化が図られた。また、本部機構を確立し、復員行員の受け入れや新規採用を進め、拡大する業務に対応して内部体制の確立をはかった。

一九四六年一一月以降、戦後の激しいインフレを抑制すべく衆議院内に設置されていた通貨安定対策本部は、全国で救国貯蓄運動を展開した。肥後銀行においてもそれに呼応した貯蓄増強運動が進められ、組合の自主的な協力もあり、全行をあげた運動が展開された。既に預金封鎖・旧円回収によって肥後銀行には多額の預金が流入し、その総額は四六年三月には五億二〇〇〇万円を超えていたが、その後全国平均を上回る伸長率で増加し続けた。四八年九月の一六億円達成貯蓄運動、同年一二月の二五億円達成貯蓄運動を経て、朝鮮戦争直前の五〇年三月末には三六億一九〇〇万円を記録した。ドッジラインによってインフレは四九年中に収束し、救国貯蓄運動も終結したが、その後も日本経済の自立、復興・発展を目的とした貯蓄運動が大蔵省、日銀の呼びかけの下全国で展開された。

◎昭和天皇へのご進講

一九四九年五月二九日、昭和天皇の行幸の際、川田は、「熊本県の金融と商工業について」と題する進講を行った。その中で、県内中小企業の状況と、それを支える肥後銀行の姿勢について、次のように説明している。

「総じて県外資本による大工場を除きますと県内工業は比較的小規模でありまして、景気が下向きとなる場合は直ちに経営の困難をきたしますので、これに備えて金融機関といたしましては、できる限り規模を大きくするよりも内容を固めるよう、すなわち形より内容という方針で進み一面またその需要に沿うことが出来ますように鋭意手元資金力の増大を図っているのでございます。

最近経済の一般的情勢から県内の商工業、ことにその大多数を占めます中小企業は資金難に陥り、経営の困難を訴えるものも出てまいっているのでありますが、地元銀行といたしましては、とくに県内地元産業の育成振興に意をいたしまして、たとえ経営者が替わるようなことがありましても、企業そのものをつぶすことのないよう保護いたし、県内産業の繁栄に寄与致す所存でございます。幸いこれらの資金難を緩和するよう県主唱のもとに熊本県信用保証協会の設立をもみまして、中小企業の育成と保護をはかることになりましたので、今後は着々とその実績をあげるものと考えております」。

地方銀行として地元中小企業の育成を図りながらも、徹底した堅実経営を貫く正統派バンカーとしての川田の考え方がここにはよく現れていると言えるだろう。

●激動の一九五〇年代前半——朝鮮特需、占領からの解放、大水害

一九五〇年六月から約三年間に及ぶ朝鮮戦争は、日本経済に特需をもたらし、その規模を飛躍的に拡大させていたが、当初熊本県においてはその影響は僅少であり、デフレ不況の継続により預金の伸長率は高くなかった。そのよう

■川田　栄三（かわだ　えいぞう）略年譜

1896（明治29）11・17　群馬県邑楽群大箇野村で生まれる
1923（大正12）3　東京帝国大学法学部政治学科卒業
　4　安田銀行入行
1930（昭和5）　同行会津若松支店長
　同行宇都宮支店長
　同行長野支店長
1941・8　同行松本支店長
1943・7　肥後銀行入行・取締役支配人
1945・11　常務取締役
1946・6　取締役社長
1948・6　取締役頭取（名称変更）
1971・11　代表取締役会長
1976・12　常任顧問
1985・6・14　逝去、88歳

な中で、五一年九月にサンフランシスコ講和条約が調印されると、「講和記念特別貯蓄運動」が全国的に実施された。また翌年に講和条約が発効し日本が占領状態から解放されると、「独立記念特別貯蓄運動」が展開された。熊本県でも、熊本日日新聞が「心は豊かに暮らしは地味に」という標語を掲げ「新生活運動」を提唱し、肥後銀行がこれに協賛した。五二年には好況の波が徐々に熊本県にも及び、消費ブームをもたらした。預金、貸出金ともに順調に伸び、肥後銀行は、同年末には資金量一〇〇億円の大台を突破した。しかし、五三年に入ると景気は再び後退し、地力の足りない企業の淘汰が生じた。

一九五三年六月二六日、こうした景気の停滞の中、西日本を未曽有の水害が襲った。熊本県では七〇〇ミリを超える雨量のため各河川が氾濫し、特に熊本市内は一部の高台を除きほとんどの地域が浸水し泥土に埋もれた。被害は、死者・行方不明者五〇〇名以上、物的被害総額八三一億円、被災者三八万人以上という甚大なものであった。川田は、七月九日、全銀協に対し、被害状況を報告している。その中で、銀行に関係する被害と、被災直後の様子について次のように述べている。

「弊行店舗の浸水は七箇店（内二ヶ店は金庫も浸水土砂に埋まる）北里監査役死亡、行員の死傷はありませんでしたが、家族の死亡三名、床上浸水以上の罹災者は二〇〇名に達し、その家族は一二〇〇名にも及びましたが、行員の一致協力による努力の結果、災害翌日の二八日には日曜日にもかかわらず地元銀行たる使命達成のため市内全店舗はともかくも預金業務の取扱を開始、市民への安心感を与え、以来営業店舗は平常通り営業に従事しております。得意先の多大な被害、これらの今後の復旧に要する資金、県下の災害復旧に要する資金等々今後に残された問題は、非常な努力を要するものであります」。

この時、川田は熊本銀行協会長として応急金融措置をとり、金融相談所を開設した。また、肥後銀行は災害発生と同時に災害救助班を組成し、救助活動や被害店舗の整備、被害行員への炊き出しなどを行い、三〇〇万円の見舞金も拠出した。また、上記のように、被災後すぐに営業を開始し、定期預金の期限前解約払戻や、通帳や印鑑を流出した場合でも払戻に応じるなど、被災した取引先に対して便宜を図った。さらに、応急復旧資金の融資（地方公共団体に対する資金運用部資金によるつなぎ融資、金融機関に対する政府指定預金、銀行局通牒による特別措置、熊本市の別枠など）を積極的に行い、経済的復旧を金融面から支えた。

●高度成長期における業容拡大

一九五五年以降の急速な経済成長に伴う景気の拡大は国際収支を悪化させ、五七年に入ると外貨危機の様相を呈し始めた。そのため、政府は公定歩合の引き上げや輸入抑制措置、財政投融資計画の変更（繰り延べ）など国際収支改善のための一連の緊急対策を講じた。これに対応して、肥後銀行では、五七年七月から半年に渡って、預金二〇〇億円達成運動を実施した。この時川田は、この長期計画について全行員に対して示達したが、そこではその趣旨が次のように丁寧に説明されている。

「貯蓄増強はいつの場合でも必要であることは申すまでもないが、国際収支の悪化から日本経済が危機に直面している現在、貯蓄増強の重要性は国家的見地からもますます増大してきている。

一昨年来急速な成長を示しているわが国経済が、健全性を維持しつつその拡大発展を実現していくためには、必要資金を賄う蓄積が不可欠の条件であり、特に基礎産業の拡充と輸出増進という刻下の命題を遂行するためには、資本の蓄積貯蓄の増強が最も緊要であり、『三三年は貯蓄の年』として一大国民運動が展開されているのも右の事情に因るものである。

……同時にまた当行資金事情からしても地元産業の開発育成に必要とする資金需要に応じて行く上において絶対的な使命であると考えられるほか、さらに今後金融逼迫の度合は一層強まってくる見込であるし、またこの度の金融諸対策としての金利の引上に伴うコスト高に対処するためにも、絶対に預金量の増大をはかることに努めねばならないのである。

すなわち、現在ほど預金増強が内外の諸情勢からして絶対の命題とされる時はないのである」。

預金二〇〇億円を達成した後、一九五八年七月の創立記念日には、預金三〇〇億円達成を目指す二年間の長期計画が示され、これも十分な成果をあげた。その後も肥後銀行は順調な業容拡大を続け、六五年には一〇〇〇億円の大台に乗せ、七〇年には二〇〇〇億円を達成した。

こうして、川田は終戦直後の混乱を乗り切った後、七一年まで頭取として陣頭指揮を執り続け、高度成長期に適応しながら肥後銀行の基礎を固め、九州における地銀の雄としての地位を確固たるものにした。川田は七六年に会長を退いた後も、創立六〇周年を翌月に控えた八五年六月に亡くなるまで、常任顧問として肥後銀行の発展を見守った。『肥後銀行八十年史』において、川田は次のように評されている。

「川田常任顧問は、当行在職四二年の永きにわたり、全生涯のほとんどを当行発展と地域社会への貢献のために尽くし、当行の〈中興の祖〉といわれている」。


（新井大輔）

●参考文献

『肥後銀行史』一九六〇年。『肥後銀行五十年史』一九七七年。『肥後銀行七十年史』一九九六年。『肥後銀行八十年史』二〇〇六年。地方金融史研究会『日本地方金融史』日本経済新聞社、二〇〇三年。牧野幾重「川田栄三頭取伝」（熊本県教育委員会編『熊本県近代文化功労者　昭和四一年度顕彰』一九六六年）。地方金融史研究会『続地方銀行史談』第一集、一九八九年。

53 宮崎銀行と増田吉郎

和をもって行運発展の原動力とする

宮崎銀行の前身である日向興業銀行は、一九三二（昭和七）年に県債を主要な資金源として設立された。五二年に日向興業銀行の専務取締役として日銀から迎えられた増田吉郎は、六一年から七五年までの間頭取として経営にあたった。頭取就任の翌年、創立三〇年の節目に、行名を宮崎銀行に変更するとともに、現在も引き継がれている「校是綱要」を策定し、人間関係の融和、積極果敢な行風への転換を図った。

●戦後の日向興業銀行――目まぐるしい頭取交代の中での基礎固め

日向興業銀行の設立は一九三二年である。一九二七年に発生した金融恐慌後の銀行合同によって誕生した日向中央銀行が三二年に取り付けにあって破たんした際、県知事の主導で、県債を主要な資金源として設立された。戦後には増資の度に県立銀行的性格を脱し、創立五〇周年に当たる八二年には、一〇大株主から宮崎県の名前はなくなっていた。

終戦直後の日向興業銀行では、頭取が目まぐるしく交代した。第二代頭取の松田専一が一九四六年九月に急死すると、常任監査役だった森永貞右衛門がその後を継いだ。森永は敬虔なクリスチャンで、地元西都県郡小林（現・小林市）に教会と幼稚園を設立した他、地域経済の振興にも尽力した人物である。また銀行家としても豊富な経験を有し、設立当初から日向興業銀行の監査役を務めていた。森永は、日本銀行監事門川暴を自らの後任として招聘し、頭取を退任した後、五〇年に西諸信用組合（五三年より信用金庫、現・高鍋信用金庫）を創立し理事長として最後まで地域の発展に尽力した。後の日本銀行総裁森永貞一郎の父でもある。四八年九月に第四代頭取となった門川は、増資、預金増強、組織機構の強化、新たな融資施策への着手、および幅広い文化活動の展開など、全般的な刷新を実行し、画期的な業績を残した。しかし、多忙の中で病に倒れ、五二年五月、五七歳の若さで永眠した。急遽門川の後を継いだのは、当時専務の座にあって門川を補佐していた日銀時代の部下、大原友幸だった。後に第六代頭取となる増田吉郎は、同年八月、大原の依頼で日銀から招かれ専務取締役となった。

日銀時代の活躍

増田は一九〇四（明治三七）年に青森市で生まれ、函館に育った。早くに父親を亡くし、奨学金を受けながら函館商業学校に通い、一九二二（大正一一）年三月の卒業と同時に、若干一七歳で日本銀行に入行した。函館支店で札勘定などの事務を長く務めた後、一九三七年に名古屋支店に移り、後の総裁佐々木直の下で毛織物や陶器など地元産業の聞き取り調査に従事した。その後配置換えで金融機関の調査担当になり、一九四一年の東海銀行（現・三菱ＵＦＪ銀行）の発足時には、増田が本部への報告を書いた。また、名古屋支店時代には、当時三菱銀行の名古屋支店次長だった宇佐美洵（後の日銀総裁）や、同じく三井銀行の支店次長田中久兵衛（後の三井銀行社長）らと知り合い、多くを学んだ。四一年に本店に呼び戻された増田はすでに深刻となっていた人員不足の問題もあって、調査局や営業局などを終戦間際まで転々とした。

しかし、増田が終戦の日を迎えたのは東京ではなく神戸であった。四五年七月二一日に再び転勤を命じられ、支店の消火作業中に焼夷弾の直撃を受けて亡くなった営業課長の後釜として、リュックサックひとつで神戸に赴いたのである。終戦後、神戸支店に殺到したフィリピンからの上陸兵が、軍票を日本円と交換するよう迫ってきて、断るのに難儀したという。時にはピストルで脅してくることもあったというから、大変な苦労が偲ばれる。

一九四五年一一月には山形事務所長を命ぜられ、翌年二月からは預金封鎖・新円交換の業務が始まった。それが一段落すると、増田は山形で救国貯蓄運動の先頭に立つこととなる。当時、通貨安定本部が衆議院に設置されたが、実際に貯蓄運動を取り仕切っていたのは日銀に置かれた通貨安定対策委員会であった。増田は毎日、県の担当者とともに各地の村や町を歩いて回り講演を行った。四八年には、全国の貯蓄運動の功労者一〇人が総理大臣表彰を受けることとなり、増田はその一人に選ばれた。その翌年に通貨安定委員会が貯蓄推進部へと再編成されると、増田は貯蓄課長として本店に呼び戻された。その後、発券局管理課長、日本信用調査株式会社への出向を経て、五二年八月に日向興業銀行からの招聘に応じることとなった。増田は当時のことを次のように回顧している。

「昭和二七年に（日本信用調査株式会社から――引用者）日銀に戻り、これでやっと楽ができるかと思っておりましたら、日向興業銀行に行かないかということでした。当時まだ私は四八歳でしたから、定年までまだ何年も間があるのに。いま民間銀行に行くということに踏切れなかったですね。今回は見送ってくださいと言ったら、銀行としては行くべきだと、押込むのではなくて招かれたんだから行くべきだというわけです」。

●創立三〇周年に際しての行名変更と「行是綱要」の策定

着任早々、増田は同行の、都市銀行並みのオーバーローンに驚かされることになる。戦後復興による資金需要に加えて、度重なる台風被害からの復旧のための市町村への貸出が膨らんでいたのである。そのため、同行は日銀鹿児島支店から頻繁に指導を受けていた。増田は、預金増強に力を尽くし、一方で貸出や有価証券の増加抑制に努め、一〇年ほどかけて資金ポジションを改善した。

一九六一年に増田が頭取になると、創立三〇周年に当たる翌六二年に、行名を宮崎銀行に変更した。増田は、三〇

■増田 吉郎（ますだ きちろう）略年譜

1904（明治37）6・3 青森県青森市で生まれる
1922（大正11）3 函館商業学校卒業。日本銀行入行、函館支店勤務
1937（昭和12） 同行名古屋支店勤務
1941 同行調査局勤務
1944・10 同行営業局勤務
1945・5 同行資金統合銀行資金課長
7 同行神戸支店営業課長
11 同行山形事務所長
1949・5 同行貯蓄推進部貯蓄課長
1950・1 同行発券局管理課長
6 日本信用調査㈱常務取締役（二年間の出向）
1952・8 日向興業銀行入行・専務取締役
1961・10 同行取締役頭取
1962・8 宮崎銀行と行名変更
1975・12 顧問（～80・12）
2005（平成17）1・22 逝去、101歳

周年記念式典における挨拶の中で、行名変更の理由について次のように述べている。

「また本日より行名を「宮崎銀行」と改めることになりましたが、これは時勢の進展につれて「日向」の呼び名が使用されなくなったこと、六文字の行名が非常に不便であり、全国的に地元銀行のほとんどが県名を冠するようになったことなどによるものでありますが、当行の歴史からみればこれは正に画期的なことなのであります」。

「本日より行名を改称するに至ったのは、さきに申し上げたような理由からではありますが、ここで諸政一新の気をもって躍進したいという意味もあるのであって、三十年の良き伝統のうえに、新しい、若さのあふれた、活気にみちた宮崎銀行を、みなさんとともにつくりあげたいと念ずるものであります」。

行名変更に合わせて、銀行や行員のあるべき姿をまとめた「行是綱要」が制定された。原案を作った増田は制定当時、「家訓・社訓といった上からの命令・説教ではなく、宮崎銀行の全役職員が肩を組み、手をたずさえて、〝われわれはこれでいこう〟という合言葉のようなもの」と述べている。「行是綱要」はこの時に制定されて以来、そのままの形で現在に引き継がれているのであるが、ここには頭取に就任した当時の増田がどのような銀行づくりを進めようとしていたのかが明瞭な形で表現されていると考えられるので、全文を引用しておきたい。

一．本行は地域社会の大衆に誠実に奉仕し、地元産業の発展に努力し、相共に繁栄することをもって根本信条とする。

一．本行は和をもって行運発展の原動力とする。人の和は職場の規律、秩序を厳正にすると共に、相互の人格を尊重し、絶対的信頼を基調とする自由闊達、明朗、融和の人間関係により醸成されるものとする。

一．本行はその公共的使命に深く徹してこれに十分応えると共に、旺盛なる企業精神を以て積極果敢に行運の伸張を図り、よって預金者、取引先の信頼を高め、従業員の福祉及び株主の利益を増進するものとする。

一．本行は組織と機構による合理的運営の厳正を期し、権限と責任の明確化をもって業務遂行の根幹とする。

一．本行は堅実経営を旨とし、すべてに亘り実質実益を追求し、粉飾糊塗を排し、資産の充実、運用の適正を図り、もって健全強固なる企業体質をつくり、内容の優秀をもって全国に誇る地位を占めることを目標として努力するものとする。

とりわけ、第二項の「本行は和をもって行運発展の原動力とする」という箇所には、行内における信頼関係を強固にすることを通じて、規律を保ちながらもコミュニケーションを促進し組織の風通しをよくしたいという格別の思いが込められている。増田が、頭取と行員との距離を詰めようと、頭取室のドアを常に開けておいたり、行員と話をする時にテーブルを挟まずにあえて目の前で話したのもそのためであった。

また、第三項の「旺盛なる企業精神を以て積極果敢に行運の伸張を図り」という箇所にも重要な意味が込められている。増田がここで念頭に置いているのは、「従来の当行計画は、どんなに転んでもこれだけは達成できるという手堅さ、裏を返せば消極的というそしりを免れなかった」ことである。つまり増田は、旧来の堅苦しい人間関係を廃して自由闊達な議論を促し、それまでの積極性に欠ける行風を一新しようとしたのである。

●積極果敢な行風への転換、業容の順調な拡大

創立三〇周年当時の心機一転の意気は、同年に作成された初めての長期経営計画にも反映された。この時からより積極的に高い目標が掲げられるようになったのである。しかもこの長期計画は、一九六五年より第二次高度成長期に入ったことが追い風となり、計画の途中で目標をさらに上方へと修正することとなった。そのことは、当時の行員を励まし、行風の転換を後押しした。

またそうした変化は、一九六七年から着手された電子計算機の導入という形でも現れた。当初一般的に「金食い虫」と思われていた電子計算機について、増田は部下からの積極的な提案を受け入れる形で導入を決めた。増田は「機械については、私は素人だから、まったく言いなりになった」と回顧している。結果、総合オンライン化の達成は九州では長崎の十八銀行に次いで二番手という早さであった。このことについて、増田は次のように述べている。

「判らないのに、無理に取り下げたら、皆やる気がなくなりますから。わかったような顔をして、どうせやらせる

ならば渋々やらせるよりも、どんどんやらせる方がいいと思いますね」。

こうして、一九六〇年代後半には宮崎銀行の業容は高度成長の波に乗り順調に拡大した。宮崎銀行の「中興の祖」として発展期へと舵を切った増田は、退任後も宮崎県観光審議会会長として、宮崎の主力産業のひとつである観光業の振興に力を尽くすなど、最後まで宮崎県経済の発展に寄与した。

（新井大輔）

◎参考文献

『宮崎銀行五十年史』一九八四年。地方金融史研究会『日本地方金融史』日本経済新聞社、二〇〇三年。地方金融史研究会『続地方銀行史談』第六集、一九九六年。

鹿児島県

54 鹿児島銀行と鷹野孝徳

高コスト体質を改善し健全経営へ

鹿児島銀行の歴史は、現在存続している九州の地銀の中で最も古い。その創業は一八七九（明治一二）年一二月六日、当時の行名は第百四十七国立銀行である。同行は、一八九七年に株式会社に転換した後、多くの県内銀行を吸収合併し、その基盤を築いた。一九四四（昭和一九）年二月には、大蔵省による「一県一行主義」の推進により、第百四十七銀行、（旧）鹿児島銀行、鹿児島貯蓄銀行の対等合併が行われ、鹿児島興業銀行が誕生した。しかし、高コスト体質という難題を抱えてのスタートであった。その解決は一九六〇年代へと持ち越され、鷹野孝徳の手腕に委ねられることになる。

●終戦から一九五〇年代までの鹿児島銀行の苦悩

一九四四年二月の三行合同の斡旋に当たった若命又男（日本銀行初代鹿児島支店長）は、行内の統合をスムーズに行うため、頭取を外部から招くことを提案した。白羽の矢が立ったのは、かつて日銀熊本支店長を務め、当時日銀国庫局長（参事）だった勝田信である。

戦後の鹿児島興業銀行（一九五二年一二月以降は鹿児島銀行）の経営は大変苦しかった。四八年三月末までに勝田は二度に渡って定年引き下げを断行し高齢の職員を整理したが、それでもなお一人当たり預金量は地方銀行平均に比べ低位にあった。五〇年代に入ると、支店に対して能率向上を求め、人員増を抑えて一人当たり預金の増加を期したが、期待した成果は全くあがらず、五四年にはついに新規採用の全面停止に追い込まれた。五〇年代初頭には、人員増の要因（定年再延長、都市店舗の設置、大島五支店の琉球銀行からの譲受など）が重なった上、緊縮政策下の不況と従業員組合とのトラブル（後述）によって預金の伸びが急速に低下していたのである。この時期の預金の年間増加率の推移を見ると、五二年三月末の六六・二％（全国地方銀行平均五二・四％）、五三年三月末三一・二％（同三九・五％）、五四年三月末一六・四％（同一九・六％）、五五年三月末六・五％（同一四・二%）という落ち込みようである。また、県内預金シェアもこの間に一〇%も低下した。

厳しい経営の背景には、拗れた労使関係があった。激しいインフレの中で窮乏生活を強いられていた職員たちは、一九四六年八月に従業員組合を結成し、四九年には銀行と労働協約を締結した。五二年一一月には専従職員を得て活動を本格化し五三年七月に賃金引き上げを掲げて本店ストライキが行われた。この時は短期間で解決したものの、翌五四年九月のストライキは五日間におよんだ。鹿児島地労委による非公式斡旋によってようやく解決を見たが、これらのストライキは地元に大きな衝撃を与え、預金の伸び悩みに拍車をかけたと言われている。こうしたことから、当時の鹿児島銀行は一人当たり預金量が少なく、そのため経常収支率が高かった。組合の要求に応じて賃上げをすれば経常収支率七八%という大蔵省の基準を超えてしまう、しかし賃上げをしなければ労使交渉が紛糾し、預金の伸びをいっそう鈍化させるというジレンマに陥っていたのである。

こうした事態を打開するために、一九五五年四月には頭取を会長とし委員に重役を配置する業務改善委員会が発足し、従業員の資質向上、業務の簡素化、機械化、合理化、部課の統廃合による職制の改正などの施策を図った。また、五八年下期から五九年下期にかけて「創業八〇周年記念貯蓄増強運動」を展開し、総預金額を二〇〇億円台に乗せた。

しかし、こうした取り組みにも関わらず、鹿児島興業銀行（五二年一二月以降は鹿児島銀行）における一人当たり預金量は全国地銀平均の七八・五%（五一年下期）から七三・五%（五九年下期）へと、相対的にはむしろ悪化した。また、経常収支率も悪化し、大蔵省の指導ラインである七八%を超過するようになった。様々な取り組みにも関わらず、一九五九年三月末時点において、鹿児島銀行の預金額は地方銀行六四行中第四一位、人件費率は第二位という、超高コスト体質であった。

一九五九年一一月九日、株主総会において定款が変更され、副頭取制が導入された。また同時に、後に第二代頭取となる鷹野孝徳の取締役就任が承認され、同日に開催された取締役会で鷹野は副頭取に就任した。勝田と同じく日銀からの招聘で、当時の役職は出納局長であった。翌六〇年五月には鷹野が頭取に昇進し、勝田は相談役に退いた。こうして、上述のジレンマをいかに解決するかという最大の経営課題は一九六〇年代へと持ち越され、鷹野の手腕に委ねられることとなった。

●激戦下のフィリピンにおける「日本銀行精神の発露」

　鷹野孝徳は山梨県に生まれ、一九二八年に長崎高等商業学校を卒業すると同時に日本銀行に入行した。戦時中には中国の戦線で三年間軍務に就いた後、戦争末期の一九四四年四月には南方開発金庫（南発）に転出し、激戦の繰り広げられたフィリピンで九死に一生を得て終戦後に帰還する。

　南発は、日本軍が占領した南方地域における資源の開発・利用に必要な資金を供給し、通貨・金融の調整を図ることを目的として、一九四二年に設立された。鷹野は南発に転出する際の心持ちを次のように書いている。

「此の頃、当時の一万田考査局長から、招集されて軍務に服するのも南発に行つてやるのもお国に尽すことに於て変りはなく、むしろ本業の銀行業務の方が軍人より一層役に立つであろうから、一つ思い切つてマニラへ行つたらどうだと云うお話があつたので、私としてもどうせ招集されて遠からず外地にやらされるのならと、二つ返事で南発に行く事にした」。

　こうして南発比島支金庫業務課長の辞令を受け取った鷹野は、一九四四年四月二〇日に陸軍の爆撃機で立川（福生）の飛行場を発った。宮崎県の新田原、那覇、台湾の屏東を経て、猛暑のマニラに着いた鷹野は、猛烈なインフレの中

■鷹野　孝徳（たかの　たかのり）略年譜

1907（明治40）2・15　山梨県甲府市で生まれる
1928（昭和3）　長崎高等商業学校卒業。日本銀行入行
　同行門司支店勤務
　同行営業局勤務
　同行国庫局総務課長
1944・4　南方開発金庫比島支金庫業務課長
1950・6　日本銀行大分支店長
1954・9　同行前橋支店長
1955・11　同行管理部長
1957・7　同行出納局長
1959・11　鹿児島銀行入行・取締役副頭取
1960・5　取締役頭取
1979・12　取締役会長
1986・6　相談役
1997（平成9）5・8　逝去、90歳

で使われなくなった少額ペソ券（南方開発金庫券、南発券）の詰まった木箱が所狭しと積まれた倉庫のような支金庫で、鷹野と同じく日銀から転出して来ていた川村支金庫長の下で業務にあたった。

マニラではインフレが昂進する一方で、激しくなる空襲のため内地との連絡は難しくなっていった。内地から南発券を船で輸送しても、届くまでに撃沈されてしまうため、鷹野たちは現地での印刷を試みるなど大変苦心したという。

一〇月に入ると、いよいよ戦局は差し迫り、在留邦人の招集が始まった。南発支金庫の職員は軍人の身分のまま職場で勤務するという特例扱いだったが、鷹野は一週間に一度行われる応招訓練の第一中隊長に任命された。一二月には、現地召集の部隊にマニラ防衛の命が下った。この時、一度は鷹野の中隊は機関銃隊として国会議事堂に立てこもることとなった。しかし、川村支金庫長が現地の第一四方面軍経理部に掛け合い、南発職員は方面軍経理部へ転属となった。鷹野は一命をとりとめたのである。

一九四五年に入るとすぐ、南発比島支金庫は、方面軍経理部と共にマニラを撤退し、二五〇キロほど北に位置するバギオへ撤退することとなった。鷹野たちは一月六日の夕方、トラック一台と乗用車五台に積めるだけの食料と身の回り品を積んで出発した。しかし、闇夜に紛れてマニラを撤退する無数の車の群れの中で六台はすぐにバラバラになってしまった。結局鷹野たちの車はバギオには行くことができず、バギオから遠く離れたバヨンボンで数カ月を過ごすことになる。

マニラを去る際にも、バヨンボンでの生活においても、鷹野たちが気にしていたことは南発券の処理であった。鷹野たちはマニラを発つ際、余ったガソリンを軍に渡し、交換条件として南発券の焼却を頼み、書面でその証拠を残した。また、バヨンボンでは、奥地では使い道がないため溜まるばかりで保管に困った南発券を少しずつ焼却し、それだけでは間に合わず煮炊きの燃料とし、処分に努めた。このように、生死の境においても業務に忠実であろうとした当時のことを鷹野は後に次のように振り返っている。

「発券銀行にとつて銀行券はその生命である。日本銀行出身の吾々が如何に匆匆の間とは云え、これを蔑ろにしたとあつては恥を後世に残すことになる。……戦争が終つた時に南発のものは南発券を放置して撤退したと云われては一言もない」。

「今になつて振返つてみれば、あの場合真剣にこんなことを考えたのは、正直の上に馬鹿がつくと云われそうであるが、生死の土壇場に来ても尚こう云うことを考えるのは、長年日本銀行に育った川村支金庫長の日本銀行精神の発露とも云うべきものであり、もし支金庫長が日本銀行出身者でなかつたらこんなことは考えもしなかつたであろう」。

一九四五年六月六日以降、鷹野たちは、バヨンボンの拠点を捨て、雨期の山中を雨具もなしに奥へ奥へと逃げ続けることになった。この逃避行は途中で多くの死者を出しながら終戦まで続いた。

終戦後、帰還した鷹野は日銀に復帰し、大分支店長、前橋支店長、管理部長、出納局長などを歴任した後、一九六〇年に鹿児島銀行に招聘されることとなった。

●鷹野頭取の下での経営刷新

鹿児島銀行の頭取に就任した鷹野は、一九六三年下期から「総預金平残五〇〇億円達成預金増強運動」を展開し、同期中に五一四億円を達成するなど、特に個人預金を重視した預金増強運動を推進した。六五年上期から二年半に渡って実施された「総預金一〇〇〇億円アタック作戦」は最終期である六八年上期九九五億円と今一歩及ばなかったとはいえ、大きな成果をあげた。こうした預金増強運動の結果、最大の課題だった従業員一人当たり預金は増加し、地方銀行平均と比べても、六一年下期の七五・一%から、一九六七年下期の八五・八%と格差を大きく縮めた。その結果経費率が低下し、一九六一年の預金金利引き下げも幸いして、六一年上期以来、経常収支率は大蔵省の指導ラインである七八%を下回るようになった。また伸び悩んでいた利益も改善した。

同じ時期、大蔵省の店舗行政が転換したこともあり、鷹野は店舗の拡充も積極的に行った。一九六三年一一月には念願の東京支店を開設した。地方交付税交付金等の為替取組の効率化だけでなく、東京支店を通じた大企業融資やコール取引などの余資運用は、当時の地銀経営に大きく寄与した。また北九州や熊本との経済交流の活発化を背景に、六五年四月には福岡支店、同年一〇月には熊本支店を開設した。こうして、五五年末の六一（うち県外一一）店舗から、六八年末には県内の本支店五二店舗、県外の支店一二（大阪、東京、福岡、熊本、宮崎県内八）店舗、出張所一六、預金代理店七と大きく拡充された。

もともと中小企業に重点を置いていた貸出も、この時期にますます充実した。一九六一年八月には、「中小企業長期資金融資制度」が実施された。また、県や市が創設した各種制度融資や政府系金融機関などの代理貸付の積極的な活用により、地元企業の育成に努めた。さらに、東京、福岡という大都市店舗の新設を機に、県内への進出大企業やその関連企業にも取引を広げ、経営基盤を拡大した。鹿児島銀行の中小企業向け貸出比率は五九年三月末時点で六九・二％（地銀平均五五・五％）と、もともと全国の地銀平均と比べて高かったが、こうした取引拡大を反映して一九六三年三月末六二・五％（同四九・七％）、一九六七年三月末五九・四％と地銀平均との差は縮小した。

こうして、戦後ながらく業績低迷に苦しんでいた鹿児島銀行は、鷹野の頭取時代にようやく苦境を脱し、経営の基礎を築くことができた。七九年一二月まで頭取を、八六年六月まで取締役会長を務めた後、鷹野は神奈川県藤沢市に居を移し、相談役として毎朝鹿児島銀行東京支店に通い、晩年まで同行の発展に尽くした。

（新井大輔）

◉参考文献

鷹野孝徳『比島の思い出』一九五九年。『鹿児島銀行百年史』一九八〇年。『日本銀行職場百年　下巻』一九八二年。地方金融史研究会『日本地方金融史』日本経済新聞社、二〇〇三年。

55 琉球銀行と崎浜秀英

ドル経済と円経済の三〇年を生き抜く

琉球銀行は、一九四八(昭和二三)年五月、当時、沖縄を統治していた米国軍政府(一九五〇年一二月以降は米国民政府)布令第一号「琉球銀行の設立」および「琉球銀行条例及び付則」に基づいて設立された。軍政府は同行株式の五一%を保有しており、軍政府の代行機関であるとともに、中央銀行的機能も付与されるという特殊な金融機関としてのスタートであった。崎浜秀英は、琉球銀行の創設時から同行に参画し、第三代総裁・頭取として、六三年から八一年まで、沖縄復帰前の九年間、復帰後の九年間の計一八年間にわたり、同行の運営と発展に尽力した。

琉球銀行創設に参画

崎浜秀英は、一九〇九(明治四二)年一一月九日、父崎浜秀主、母ゴセイの四男として那覇市上之蔵町に生まれた。父秀主は、那覇市立商業高校の校長を長く務めた教育者であったが、戦後は、乞われて沖縄中央銀行の頭取、琉球農林漁業中央金庫理事長等を務めた。崎浜は、三一年台湾総督府台北高等商業学校卒業、同年四月に日本勧業銀行台北支店に入行し、以後一七年間同支店に勤務した。日本の敗戦とともに、同行は中国土地銀行に接収されたため、崎浜は、その引継ぎ作業を終えた後、四六年一一月に沖縄に引揚げた。そして、引揚げ二カ月後の四七年一月、父秀主が頭取を務めていた沖縄中央銀行に入行し、直ちに糸満支店長となった。その後、軍政府のもとで琉球銀行創設が図られ、崎浜秀英は、初代総裁就任が決まっていた池畑嶺里の誘いによって、これに参画することとなった。四八年一月、崎浜は、沖縄中央銀行を辞し、琉球銀行創設準備に参画した。企画立案等に必要な人材としての要請が、入行の直接のきっかけであったという。

調査の重要性を強く主張

入行後、崎浜は、直ちに調査課長兼企画課長に就き、以後、調査部長、復金局第一融資部長兼経理部長、総務局長、理事秘書役等を歴任した。入行時に、「沖縄の戦後復興を金融面からバックアップするためには、まず数字面からの実状把握が不可欠である。それを主管する部として調査部を設置することは絶対必要だ」と強く主張し、それが認められた。当時の混沌とした経済・金融情勢のなかで、調査部の果たした役割は大きく、沖縄における金融政策立案に大きく寄与した。また、崎浜は、人材育成の重要性も強調し、理事秘書役に就任後、米国留学制度、国費沖縄学生制度を活用することを提案した。この方針に沿って、琉球銀行入行者のうち成績優秀で米留選抜試験に合格した者には、米国生活を支える休職給を支給することとした。この制度は、帰国後、一定期間の勤務後は進退自由という、当時としては破格のものであった。この米留制度を利用して米国の大学に学んだものは約七〇名にのぼり、多くの人材を輩出した。さらに、総裁就任後の一九六四年六月には海外トレーニー制度を導入し、六カ月間二名を米国のメジャーバンクに派遣した。この制度は沖縄の本土復帰直前まで継続された。

第三代総裁に就任

一九六三年五月、崎浜は、第三代の理事会長総裁に任命された。崎浜総裁誕生の直接のきっかけは、当時沖縄に吹き荒れた「キャラウェイ旋風」であった。六二年三月、ケネディ大統領は、沖縄が日本国の一部であることを認め、日本政府の沖縄援助につき継続的に協議するという趣旨の「新政策」を発表した。しかし沖縄の基地機能に障害が出ることを懸念した米陸軍は、琉球政府の自治権拡大や米国民政府の権限縮小に否定的で、キャラウェイ高等弁務官は、沖縄立法院の採決した法案や決議を次々と拒否し、強硬路線をとった。また、経済面でも、積極的にアメリカ資本の導入・拡大を図り、立法院や金融検査部の反対を押し切って、ＡＭＥＸ（米国証券取引所 Ameican Stock Exchange）、ＢＯＡ（Bank of America corporation）の免許改定を認可した。さらに、沖縄金融界の業務運営が不健全であるとして、沖縄の普通銀行や相互銀行の検査を行い、首脳陣を退陣に追い込んだ。六三年五月の琉球銀行年次株主総会には、自らが乗り込んで、理事会に対し批判を加え、総会終了後、「琉銀は経営が旧態依然としている。諸君の任期はあと一年あるが、みんな辞表を出すよう」と指示し、理事総裁、理事副総裁、理事調査部長、外部理事を解任し、崎浜理事支配人を次期理事会長総裁とする理事の名簿作成を指示した。「琉球銀行条例及び付則」に基づく人事権の発動であった。富原第二代総裁は、当時、那覇銀行協会会長を務めており、那覇銀行協会は、外資の権限拡大に反対の立場をとっていた。民政府の統治方針に反する立場をとるものは解任するという措置が強行されたのである。

大幅な機構改革と人事刷新

総裁となった崎浜がまず行ったのが、大幅な機構改革と人事刷新であった。就任一〇日後の一九六三年五月三一日、銀行経営近代化のための大幅な機構改革を遂行するために合理化室を設置することを決定した。また、六月から七月にかけて、課長クラス三二名の人事異動、続いて部長、支店長など中堅幹部四〇名の人事異動を行い、大胆な若手人材の登用と抜擢が行われた。翌六四年には、同行初めての「長期経営計画」を、合理化計画と人事計画を柱に策定した。上述の海外トレーニー制度は、この長期経営計画に基づいて実施されたものであった。さらに、六六年には、那覇市久茂地に、地上三階、地下二階の新本店を建設、七〇年から七二年にかけて主要事務のオンライン集中処理を実現した。

この間、沖縄をめぐる情勢は徐々に変化していた。一九六四年八月、キャラウェイに代わって就任したワトソン高等弁務官は、就任直後に、琉球政府の自治権拡大、日米協調による経済的諸条件の改善という方針を表明し、キャラウェイによる政治的混乱の収拾を図った。六六年六月には、

■崎浜　秀英（さきはま　しゅうえい）略年譜

1909（明治42）11・9　那覇市上之蔵町に崎浜秀主、ゴセイの四男として生まれる
1931（昭和6）4　日本勧業銀行入行、台北支店勤務
1947・1　沖縄中央銀行入行糸満支店長
1949・5　琉球銀行入行調査課長兼企画課長
　以後、同行調査部長、復金局第一融資部長兼経理部長、総務局長、理事秘書役等を歴任
1960・6　理事支配人
1963・5　理事会長総裁
1972・1　定款制定、理事役員制廃止、役員取締役制への移行に伴い代表取締役頭取
1981・6　頭取退任、代表取締役会長
1985・6　会長退任、取締役相談役
1994（平成6）9・4　逝去、84歳

米国防省・国務省両メンバーから構成された「琉球特別作業班」が設置され、沖縄返還によって現行の日米安保条約が適用されても沖縄基地の主要な機能は維持できる、という結論を提示した。この報告がだされて後、それまで返還問題を討議することすら拒否してきた軍部は、政治的要素を重視する国務省の見解を受け入れるようになった。こうして問題は、沖縄を返還するかどうかではなく、いつ、どのように返還するか、へと旋回した。六七年一一月の佐藤・ジョンソン会談において、小笠原の返還が実現されるとともに沖縄返還への道筋がつけられ、六九年一一月の佐藤・ニクソン会談において七二年中の沖縄返還が決定された。

◉返還決定と民政府所有琉銀株式処理問題

返還の決定は、琉球銀行に、解決すべき様々な課題を新たに発生させた。一九五八年九月以降、沖縄は米ドルが法定通貨となっていたから、復帰にあたりドルから円への通貨交換が必要となった。また、琉球銀行は、民政府の布令銀行であったから、商法上の株式銀行への転換が必要であった。これに伴い、民政府保有の同行株式の開放も必要となった。この民政府保有株式の開放については、崎浜は、六七年七月、民政府への株式開放の正式申入れを行っており、申入れに基づいて、六八年二月より民政府との具体的折衝が開始されていた。しかし、琉球政府と琉球銀行の意見の不一致により、この問題は決着をみないままに中断した。株式開放問題は、六九年に入って改めて登場した。BOA、FNCB、AMEX等が琉球銀行株式の取得を希望しており、米財務省に強い圧力をかけたという事情がその背景に存在していた。当時、米側が日本側に買取りを要求した在琉球米資産のなかに、民政府保有琉球銀行株式を加えたという出来事もあった。日本側の大蔵省は、復帰後普銀になるであろう琉球銀行の株式を外銀が保有することは、大蔵省の金融行政に大きな支障をきたすとして、外銀による買取りには強く反対した。最終的には、民政府と琉銀との協議により、株式公開は地元沖縄の要望に応える形で行われることとなり、七二年二月に株式公募売却が、琉球に本籍を有する個人、法人、地方公共団体に対して実施された。

普通銀行への改組

また、これと並行して琉球銀行の普通銀行への改組も進行した。同行は、民政府布令によって設置・運営されている特殊法人であった。同行が沖縄の普通銀行と完全に同一な状態になるためには、①復帰前に同行を沖縄商法上の株式会社に改組し、②沖縄銀行法による免許をえた銀行としておく必要があった。民政府は、復帰前に布令の全面廃止はできない、という立場に固執したため、復帰前に同行を商法上の法人に改組し、その際現行布令で矛盾する部分は修正布令をだすという形で処理されることになった。結局、一九七二年一月一四日の株主総会で沖縄商法に基づく株式会社への改組が行われ、同年五月一二日の復帰直前、同行は営業免許を取得した。

通貨交換に関しては、ドルから円への交換を円滑に実施するためにまず必要なことは通貨確認であった。一九七一年一〇月八日、琉球銀行は、民政府の許可なしに琉球政府金融検査庁の営業停止命令に応じ、全店閉鎖を行い、翌九日通貨確認業務を遂行した。崎浜は、この措置が条例違反であることは十分承知しており、「これで首になるかも知らん」と考えていた。しかし、「確認作業は沖縄住民の利益を守るために実施され、それが沖縄経済の現在および将来にわたって重大な影響を与えるものであると信じ」ていたため、「責任は後で私がいかようにも負う所存」として、敢えてこの措置を断行した。

ドル経済から円経済への移行と経営基盤確立への尽力

一九七二年五月一五日、日米共同声明に基づく沖縄返還協定は発効し、沖縄は日本に復帰した。復帰後に、崎浜が直面した課題は、円経済への移行後の沖縄経済の活性化とそれに適合する純粋の民間銀行としての琉球銀行の体制整備であった。このため、一九七二年から八一年にかけて八回に及ぶ組織改革を実行し、同時に、七三年度を初年度とする「長期経営計画」を策定した。また、七二年七月には東京支店を設置し、金融取引における本土との一体化を進めた。この間、沖縄経済は海洋博のブームと海洋博終了後のブーム崩壊という波乱に直面した。海洋博終了後の七六年の企業倒産は一五二件、負債総額三五七億円という史上最大の規模となった。そうしたなかで、崎浜は、琉球銀行本体の経営基盤の充実と経営の効率化、取引先企業の経営体質の向上に全力を挙げて取り組んだ。

一九七八年五月、琉球銀行は創立三〇周年を迎えた。崎浜の努力は実を結び、同行は「地域社会の繁栄に寄与する銀行」という基本理念を正面から掲げられるようになった。七九年八月から、ニュー・バンク・キャンペーンをスタートさせ、新生琉銀としての大衆化路線を推進していった。八一年六月、同行の安定を打ち立てた崎浜は頭取を辞して会長となり、八五年には相談役となった。「得意淡然　失意泰然」を座右の銘とし、「人事の崎浜」といわれるほどの優れた人材を育成し続けた崎浜は、九四年九月、多くの人に惜しまれながら逝去した。八四歳であった。

（伊藤正直）

◉参考文献

『琉球銀行十年史』一九六二年。『琉球銀行三十五年史』一九八五年。琉球銀行調査部『崎浜秀英を語る』一九八八年。

56 沖縄銀行と瀬長浩

琉球政府幹部から民間銀行トップへ

戦後、米国の統治下において沖縄に設置された銀行のうち、琉球銀行が一九四八（昭和二三）年五月、米軍政府布令に基づいて設立されたのに対し、沖縄銀行は一九五四年一〇月制定の銀行法に基づいて五六年六月に設立された唯一の民間普通銀行であった。沖縄銀行の設立以前も、民間市中銀行設置の要請は何度かなされていた。しかし、その要請は、軍基地の維持を最優先する米国軍政府（のち民政府）によって、ことごとく却下された。その後、極東情勢が一定安定するなどの状況の変化を背景に、五二年には、ルイス首席代表が琉球政府に対し、市中銀行の設立を要請するようになった。こうして、五三年には、「相互銀行法」が公布され、五四年には「銀行法」が制定された。この間、五三年から五五年にかけて、琉球復興金融基金（後の琉球開発金融公社）、協同組合中央金庫、移民金庫、大衆金融公庫などが設立され、民間市中銀行設立の機運が高まってきた。

民間市中銀行としての沖縄銀行の発足

沖縄銀行は、この機運に後押しされて、一九五六年三月設立発起人会、同年六月に設立総会を開いた。(1)沖縄銀行の設立であり、資本金五〇〇万B円、新規採用一〇〇名、琉球銀行からの転入者二五名、計一二五名でのスタートであった。その後、同行の経営は短期間で急速に拡大したが、五九年八月には、琉球政府より業務改善勧告を受け、内部体制の強化、自己資本の充実、資産の健全化を求められるなど、銀行経営上の問題点が顕在化した。しかし、経営の健全化は遅々として進まず、六一年一二月にはいわゆる沖銀事件を引き起こすに至った。不正融資、粉飾預金、特定企業との癒着などが、警察の内偵調査、さらには公開捜査のなかで明らかとなり、コンプライアンス問題が噴出したのであった。

「キャラウェイ旋風」と銀行首脳陣の交替

ちょうどこの時期、沖縄では「キャラウェイ旋風」が吹き荒れていた。琉球における自治権の拡大を認めようというケネディ「新政策」に対し、米陸軍は、沖縄の基地機能に障害が出ることを懸念していた。琉球政府の自治権拡大や米国民政府の権限縮小に否定的で、赴任したポール・キャラウェイ高等弁務官は、沖縄立法院の採決した法案や決議を次々と拒否し、強硬路線をとった。また、経済面でも、積極的にアメリカ資本の導入・拡大を図り、立法院や金融検査部の反対を押し切って、ＡＭＥＸ、ＢＯＡの免許改定を認可した。旋風が最も激しく吹き荒れたのは金融業界で、普通銀行、相互銀行、さらには協同組織金融機関や保険会社にまで検査を行い、容赦ない摘発を強行して、首脳陣を次々に退陣に追い込んだ。

　沖縄銀行もその嵐を免れず、首脳陣の交替を余儀なくされた。キャラウェイ高等弁務官の強権発動は基地としての沖縄の機能も逆に揺るがせるとして、一九六四年四月キャラウェイは更迭され、同年八月、アルバート・ワトソン高等弁務官が着任した。嵐が通り過ぎると、沖縄銀行の再建が改めて課題となった。同行は、六三年に三和相互銀行、六四年に東洋相互銀行、七一年に南陽相互銀行を合併して、地域金融機関としての体質の改善、経営強化に努めた。六九年一一月の佐藤ニクソン会談において七二年中の沖縄返還が確定すると、本土との金融一体化のための措置、民間金融機関としての体制と体質の強化が追求された。七一年には、「本部および本店営業部機構改革」を実施し、組織の効率化とスリム化を実現した。また、琉球政府時代と同様の指定金融機関の獲得を復帰後も果たすことを目指し、復帰初年度となった七二年度の指定を獲得した。また、復帰当日の七二年五月一五日には琉球銀行とともに、全国地方銀行協会への加盟を果たし、日本銀行代理店としての認可も受けた。さらに、七三年一〇月には、東京支店の設置も実現した。

●琉球政府の役職を歴任

　瀬長浩が、沖縄銀行の頭取となったのは、まさにこのさなか、復帰直前の一九七二年四月二八日のことであった。沖縄財界総意の歓迎を受けての就任で、以後八三年六月に頭取を退き会長に就任するまで、一一年にわたって、同行の発展の陣頭指揮をとった。それは、瀬長が、早くから戦後沖縄の政財界の中枢にあって、幾多の実績を残してきたからであった。

瀬長は、一九二二（大正一一）年五月六日沖縄県小禄に生まれた。沖縄県立第二中学卒業後、旧満州新京（現・吉林省長春）の工業技術院大学に行き、次いで、横浜工業学校、東北帝国大学理学部へと進んだ。東北帝大在学中に海軍技術学生となり、横須賀の航海実験部で終戦を迎えた。戦後、東北帝大に戻り、卒業後沖縄帰還を望んだが、米軍占領下で帰還は叶わず、八重山中学で教鞭をとりながら本島への帰還を待った。四六年四月、ようやく帰還が叶うと、直ちに沖縄民政府工業部に籍を置き、住民の生活物資調達に奔走した。四八年九月、ハワイ県人会の招きによりハワイ大学に留学、帰国後、琉球貿易庁企画局長、琉球政府商工部長、経済企画室長、経済局長を歴任し、五九年一〇月、琉球開発金融公社初代総裁に任命された。しかし、その一カ月後、政府に戻ることを要請され、同年一一月、琉球政府行政副主席となった。

●「保守も革新もない、超党派だ」

一九六四年六月、琉球政府副主席を離任後、六四年から六七年まで中部精糖（株）の社長を務めた。六七年一一月の佐藤・ジョンソン会談の合意に基づき、本土と沖縄の一体化を目的に「日米琉諮問委員会」が設置されると、瀬長は、琉球政府代表に就任した。「諮問委員会」は米民政府高等弁務官の諮問機関であり、米国政府代表（ローレンス・

■ 瀬長　浩（せなが　ひろし）略年譜

1922（大正11）5・6　沖縄県小禄で生まれる
1945（昭和20）9　東北帝国大学理学部卒業
1946・4　沖縄民政府工業部
1948・9　ハワイ大学留学
帰国後、琉球貿易庁企画局長、琉球政府商工部長、経済企画室長、経済局長歴任
1959・10　琉球開発金融公社初代総裁
11　琉球政府行政副主席
1964・6　中部精糖（株）社長（～67）
1967・11　日米琉諮問委員会琉球政府代表
1969・11　復帰準備委員会顧問代理
1970・11　復帰対策室長職務代行者（兼務）
1972・4　沖縄銀行頭取
1983・6　会長
1996（平成8）　相談役
1997・10・21　逝去、75歳

C・バース公使)、日本政府代表(高瀬侍郎大使)、琉球政府代表(瀬長)の三者で構成され、多くの勧告を行った。六九年一一月の佐藤・ニクソン会談により、七二年中の沖縄返還が決まると、日米両政府の取決めにより「復帰準備委員会」が設置された。委員会は、ジェームス・B・ランパート高等弁務官(米国側)、高瀬大使(日本側)が委員となり、沖縄側からは、屋良朝苗行政主席が顧問として加わった。瀬長は、この委員会に顧問代理として加わり、実質的に沖縄の代表となった。

一方、琉球政府でも復帰対策のため「復帰対策室」を発足させた。瀬長は、屋良行政主席に請われて、復帰対策室長職務代行者となった。瀬長は、いったんは、「復帰準備委員会は出先だからよいものの、対策室のような行政府プロパーの仕事に革新でない私が就くことは、主席にとっても私にとっても具合が悪い」といって、着任を断った。しかし、屋良主席の「復帰準備に保守も革新もない、超党派だ」という重ねての要請によって、二つの職務を同時に遂行することとなった。瀬長は、「復帰対策要綱」の第一次から第三次にわたる対本土政府要請の取りまとめに全力を尽くし、琉球政府と本土政府双方の間で頻繁・密接に行われた調整に責任者として関わった。

頭取への就任

沖縄銀行は、このような人物を、頭取として迎えたのである。一九七二年四月の頭取就任後、瀬長は、既述のような本土復帰に伴う一体化の推進に始まり、事務センターの建設、第一次オンライン、第二次オンラインの導入、海洋博覧会終了後の経営体質改善など、沖縄銀行の基盤構築に注力した。瀬長は、まず復帰後の融資の基本方針を、①地域の中枢金融機関として地元企業の育成と地域の発展に寄与する、②県民生活の安定向上に資するため消費者金融を積極的に進めると定め、地域金融機関としての性格を鮮明にした。具体的には、七八年一一月には、おきぎん商業ローンの取扱い開始、七九年一月、揮発油業者向け保証貸開始、八〇年九月平和通商店街振興融資、八一年三月電力料金値上げ緊急融資、八二年六月小口資金融資、八二年一一月地域エネルギー開発利用業者普及促進融資などを次々に実施し、地域事業者向けの制度融資を拡充した。また、七六年九月パーソナルローン取扱要領を制定し、七七年五月以降住宅ローンの利用拡充、七八年二月教育ローン、七八年九月自動車ローン、八〇年一〇月ソーラーシステムローン、八二年一二月おきぎん大型フリーローンなど消費者ニーズに合わせた個人向けローンも次々に拡充していった。

●創立二五周年を迎えて

一九八一年七月、沖縄銀行は創立二五周年を迎えた。瀬長は、ここで、①堅実経営の基本理念を一層進展させる、②質、量両面で全国地銀に追いつく、③地域で一番評判の良い銀行を目指す、という三つをスローガンとし、具体的には「五〇〇〇億円銀行」を目標に掲げ、新本店を建設することとした。五〇〇〇億円の目標は、八三年九月末残で五二五二億円となった。二五周年を機に着工された新本店建設も、八三年八月、那覇市久茂地に地上六階、地下一階として完成した。これにより、瀬長は、八三年六月、一一年間続けた頭取を退任し、取締役会長に就任した。その後、一三年間、会長を務めたのち、九六年相談役となった。この間、また、県社会福祉協議会会長、県共同募金会会長、沖縄振興開発審議会委員、県公安委員会委員などを歴任するなど、県経済・社会の発展に貢献した。また、九三年に勲三等旭日中綬章、九五年に琉球新報賞を受賞した。沖縄銀行相談役に就いた翌年の九七年一〇月二一日、腎不全により逝去した。七五歳であった。

（伊藤正直）

●参考文献

沖縄銀行『おきぎん25年の歩み』一九八一年。『沖縄銀行三十年史』一九八七年。『沖縄銀行五十年史』二〇〇七年。瀬長浩『世がわりの記録――復帰対策作業の総括』若夏社、一九八五年。

●注

（1）B円＝B型軍票、アメリカの占領下に、米軍が発行した円表示の軍票。一九四八～五八年の間の法定通貨。一九五八年に一二〇B円＝一ドルでドルと交換され、以降、返還までドルが法定通貨となった。

岩間剛城（イワマ コウキ）執筆：3, 4, 7

近畿大学経済学部准教授
東北大学大学院経済学研究科博士後期課程修了　博士（経済学）
「大正期における地方信託会社の展開――福島県伊達郡梁川信託株式会社を事例に」『経営史学』第41巻第3号、2006年12月

黒羽雅子（クロハネ マサコ）執筆：9

公立大学法人山梨県立大学国際政策学部教授
法政大学大学院社会科学研究科経済学専攻博士後期課程満期退学　経済学修士
「州法銀行再建整理の経験は連邦預金保険制度に引き継がれたのか――1930年代のネブラスカ州を事例に」法政大学経済学部学会『経済志林』第82巻第4号、2015年3月

小島庸平（コジマ ヨウヘイ）執筆：20, 21

東京大学大学院経済学研究科講師
東京大学大学院農学生命科学研究科博士課程修了　博士（農学）
「戦前日本の産業組合における信用審査の実態と開発途上国への含意――長野県小県郡和産業組合を事例として」『アジア経済』第58巻第2号、2017年6月（高橋和志氏との共著）

内藤隆夫（ナイトウ タカオ）執筆：16, 17

東京経済大学経済学部教授
東京大学大学院経済学研究科博士課程修了　博士（経済学）
「国用糸金融と地方銀行」『経営史学』第45巻第2号、2010年9月

早川大介（ハヤカワ ダイスケ）執筆：11, 27, 42, 44, 45

愛知大学経済学部准教授
東京大学大学院経済学研究科博士課程単位取得退学　修士（経済学）
「両大戦間期の日銀支店開設と地域――日銀松山支店を事例に」『歴史と経済』第49巻第4号、2007年7月

邉英治（ホトリ エイジ）執筆：15

横浜国立大学経済学部准教授
東京大学大学院経済学研究科博士課程修了　博士（経済学）
"The role of financial elites in banking supervision in Japan from 1927 to 1998", EABH Papers vol.16 (1) March 2016

■編著者紹介（五十音順）

伊藤正直（イトウ　マサナオ）執筆：1, 6, 12, 13, 18, 25, 39, 40, 55, 56

大妻女子大学学長、学校法人大妻学院理事長、東京大学名誉教授
東京大学大学院経済学研究科博士課程単位取得満期退学　経済学博士
『戦後日本の対外金融――360円レートの成立と終焉』名古屋大学出版会、2009年。共編著『戦後IMF史　創生と変容』名古屋大学出版会、2014年

佐藤政則（サトウ　マサノリ）執筆：序, 5, 8, 19, 22, 23, 24, 26, 37, 38, 41, 50

麗澤大学大学院経済研究科・経済学部教授
東京大学大学院経済学研究科第二種博士課程修了　経済学博士
『日本銀行と高橋是清――金融財政ガバナンスの研究序説』麗澤大学出版会、2016年。共著『都市の中小企業はどの金融機関を取引先にしたのか？――「名古屋商工名鑑」による分析』麗澤大学経済社会総合研究センター Working Paper 76、2016年9月

杉山和雄（スギヤマ　カズオ）執筆：2, 10, 14, 28, 29, 31, 43, 48

成蹊大学名誉教授
東京大学大学院社会科学研究科博士課程単位取得満期退学　経済学博士
共編著『金融危機と地方銀行――戦間期の分析』東京大学出版会、2001年。日経金融新聞編、地方金融史研究会著『日本地方金融史』日本経済新聞社、2003年

■執筆者紹介（五十音順）

新井大輔（アライ　ダイスケ）執筆：46, 47, 49, 51, 52, 53, 54

名城大学経済学部准教授
中央大学大学院商学研究科博士後期課程修了　博士（金融学）
「1970年代における都銀と信金の競争激化とリレーションシップバンキング」『商学論纂』（中央大学）第52巻第5・6号、2011年6月

今城徹（イマジョウ　トオル）執筆：30, 32, 33, 34, 35, 36

阪南大学経済学部准教授
大阪大学大学院経済学研究科博士後期課程修了　博士（経済学）
「中小企業の国際競争力を決定するもの　金融」橘川武郎・黒澤隆文・西村成弘編『グローバル経営史　国境を越える産業ダイナミズム』名古屋大学出版会、2016年、第13章

戦後日本の地域金融
——バンカーたちの挑戦

2019年5月17日　第1刷発行　　定価（本体4600円+税）

編著者　伊藤正直
　　　　佐藤政則
　　　　杉山和雄

発行者　柿﨑均

発行所　株式会社 日本経済評論社
〒101-0062　東京都千代田区神田駿河台1-7-7
電話　03-5577-7286　FAX　03-5577-2803
URL：http://www.nikkeihyo.co.jp/

装幀＊徳宮峻　　印刷＊文昇堂／製本＊誠製本

乱丁落丁はお取替えいたします。　Printed in Japan

ISBN978-4-8188-2516-1